KB134876

실무 예제로 배우는
데이터 공학

Data Engineering with Python

실무 예제로 배우는 데이터 공학

1쇄 발행 2021년 7월 20일

지은이 폴 크리커드
옮긴이 류 광
펴낸이 장성두
펴낸곳 주식회사 제이펍

출판신고 2009년 11월 10일 제406-2009-000087호
주소 경기도 파주시 회동길 159 3층 3-B호 / **전화** 070-8201-9010 / **팩스** 02-6280-0405
홈페이지 www.jpub.kr / **원고투고** submit@jpub.kr / **독자문의** help@jpub.kr / **교재문의** textbook@jpub.kr

편집팀 김정준, 이민숙, 최병찬, 이주원 / **소통기획부** 송찬수, 강민철 / **소통지원부** 민지환, 김유미, 김수연
진행 및 교정·교열 김정준 / **내지디자인** 이민숙 / **내지편집** 북아이 / **표지디자인** 미디어픽스
용지 신승지류유통 / **인쇄** 해외정판사 / **제본** 장항피엔비

ISBN 979-11- 91600-14-8 (93000)
값 27,000원

제이펍은 독자 여러분의 아이디어와 원고 투고를 기다리고 있습니다. 책으로 펴내고자 하는 아이디어나 원고가 있는
분께서는 책의 간단한 개요와 차례, 구성과 저(역)자 약력 등을 메일(submit@jpub.kr)로 보내 주세요.

실무 예제로 배우는 데이터 공학

폴 크리커드 지음 / **류 광** 옮김

제이펍

차례

PART I 데이터 파이프라인 구축: 추출, 변환, 적재 1

옮긴이 머리말

지난 몇 년간 여러 권의 인공지능, 특히 심층학습 관련서를 번역하면서, 학습에 필요한 데이터를 수집하고 관리하는 측면을 중점적으로 다루는 책이 있으면 좋겠다는 생각을 했습니다. 데이터 과학에 관한 책이 꽤 많이 나왔지만 데이터 공학에 관한 책은 별로 많지 않았는데, 우연히 Packt 웹사이트에서 원서 《Data Engineering with Python》을 발견했고, 기쁘게도 번역까지 하게 되었습니다.

어느 분야나 마찬가지겠지만, 인정받는 데이터 공학자가 되려면 이론뿐만 아니라 경험과 노하우가 중요하다고 합니다. 개념이나 도구를 간결하게 소개한 후 바로 실습 예제로 들어가서 필요할 때마다 보충 설명을 추가하는 스타일의 책이라는 점과 파이썬을 비롯해 현업에서도 널리 쓰이는 여러 도구가 등장한다는 점에서, 데이터 공학자가 되고 싶지만 실무 경험을 쌓을 기회가 별로 없는 독자에게 이 책이 크게 도움이 될 것입니다. 더 넓게는, 인공지능과 데이터 과학을 공부하면서 뭔가 빠진 게 있다고 느껴온 사람들에게도 아주 반가운 책이 되리라 희망합니다.

실습 예제와 관련해서 한 가지 언급하자면, 소프트웨어 버전 변화와 기타 운영 환경의 변화 때문에 일부 예제들이 제대로 실행되지 않을 수 있습니다. 번역하는 과정에서 발견한 문제점은 본문 자체를 수정하거나 역주를 추가해서 어느 정도 해결했지만, 번역서가 나온 후에도 소프트웨어들이 계속 갱신될 것이므로 또 다른 문제점이 생길 수 있습니다. 가능하면 본문의 단계들을 무작정 따라 하는 것이 아니라, 각 단계의 의도를 파악하고 그 의도에 맞게 단계를 수정해 보길 권합니다. 또한, 이 책을 위한 공간을 제 홈페이지(occamsrazr.net)에 마련해 두었으니 예제 실행과 관련해서 정보를 나누거나 오타·오역을 제보하는 데 활용해 주세요. 주소는 다음과 같습니다.

URL *http://occamsrazr.net/book/DataEngineeringWithPython*(단축 URL *http://bit.ly/ORPDE*)

꼭 필요한 책의 출간을 결정하고 제게 번역을 맡겨 주신 제이펍 장성두 대표님과 번역 및 교정 과정을 매끄럽게 이끌고 부족한 번역 원고의 여러 개선점을 제시해 주신 김정준 부장님, 번역 원고를 번듯한 IT 전문서로 조판하신 김수미 님을 비롯해 이 책의 출간에 기여한 모든 분께 감사드립니다. 끝으로, 교정 전문가로서 크고 작은 오타와 오역을 무수히 잡아낸 아내 오현숙에게 사랑과 감사를 보냅니다.

재미있게 읽으시길!

옮긴이 **류광**

이 책에 대하여

데이터 과학과 데이터 분석의 토대를 제공하는 데이터 공학은 모든 업무에서 중요한 요소이다. 이 책은 데이터 공학에 필요하거나 유용한 여러 개념과 기법, 도구를 살펴보고, 데이터 공학의 여러 측면에서 흔히 마주치는 난제들을 해결하는 방법을 제시한다. 먼저 이 책은 데이터 공학의 기초를 소개하고, 대형 데이터 집합을 다루는 데이터 파이프라인을 구축하는 데 필요한 기술과 프레임워크를 개괄한다. 여러 예제를 통해 데이터를 정제하고 변환하는 방법과 데이터를 분석해서 데이터에서 최대한 많은 것을 얻는 방법을 배우게 될 것이다. 또한 이 책은 복잡하고 덩치 큰 데이터를 다루는 방법과 실무 환경에 적합한 데이터 파이프라인을 구축하고 관리하는 방법도 이야기한다. 현실적인 예제들을 통해서 데이터 파이프라인을 위한 기반구조를 구축하고 데이터 파이프라인을 실무 환경에 배치하는 방법을 배우게 될 것이다.

이 책을 다 읽고 나면 파이썬과 오픈소스 프로젝트들을 이용한 데이터 공학이 어떤 것인지 확실하게 이해하게 될 것이며, 데이터를 추출하고, 그 품질을 점검하고, 용도에 맞게 적절히 변환하는 데이터 파이프라인을 구축할 자신감이 생길 것이다.

이 책의 대상 독자

이 책은 데이터 분석가(data analyst)와 실무에서 데이터를 추출-변환-적재해야 하는 현업 개발자뿐만 아니라 데이터 공학 분야에 진입하고자 하는 현업 개발자와 파이썬을 자신의 업무에 적용하고자 하는 기존 데이터 공학자에게도 적합하다. 또한 이 책은 데이터 공학자나 IT 전문가가 되고자 하는 학생에게도 유용할 것이다. 데이터 공학에 대한 사전 지식은 필요하지 않다.

이 책의 구성

제1장 **데이터 공학이란 무엇인가?**는 데이터 공학을 정의하고, 데이터 공학자의 역할과 임무, 필수

기술을 소개한다. 또한 데이터 공학이 데이터 과학 같은 다른 분야와 어떻게 연관되는지도 설명한다.

제2장 데이터 공학 기반구조 구축은 이 책 전체에 쓰이는 도구들을 설치하고 설정하는 방법을 설명한다. 데이터베이스 두 가지(일래스틱서치Elasticsearch와 PostgreSQL)와 여러 데이터 공학 도구들(NiFi, 키바나Kibana, 에어플로Airflow)을 여러분의 개발 환경에 갖추게 될 것이다. 파이썬은 이미 설치되어 있다고 가정한다.

제3장 파일 읽고 쓰기는 파이썬과 NiFi 데이터 파이프라인에서 파일을 읽고 쓰는 방법을 설명하고, NiFi 데이터 파이프라인도 소개한다. 주된 초점은 **CSV**(Comma Seperated Values) 파일과 **JSON**(JavaScript Object Notation) 파일을 읽고 쓰는 방법이다.

제4장 데이터베이스 다루기는 SQL 데이터베이스와 NoSQL 데이터베이스의 기초를 설명한다. 파이썬과 NiFi에서 두 종류의 데이터베이스를 질의하고 결과를 표시하는 방법과 파일에서 읽은 데이터를 데이터베이스에 삽입하는 방법을 배우게 될 것이다.

제5장 데이터의 정제, 변환, 증강은 파일 또는 데이터베이스에서 가져온 데이터를 이용해서 기본적인 탐색적 데이터 분석(EDA)을 수행하는 방법을 설명한다. 데이터를 분석하면 데이터에 흔히 있는 문제점들을 발견할 수 있다. 제5장은 또한 파이썬과 NiFi를 이용해서 데이터를 정제하고 변환해서 문제점들을 제거하는 방법도 설명한다.

제6장 실습 프로젝트: 311 데이터 파이프라인 만들기에서는 완결적인 데이터 파이프라인을 실제로 만들어 본다. API를 이용해서 웹사이트에서 데이터를 읽는 방법도 배울 것이다. 이 예제 프로젝트에서 여러분은 제5장까지에서 배운 기술들을 활용해서 데이터를 정제 및 변환하고, 추가적인 정보로 데이터를 증강하고, 데이터를 데이터 웨어하우스에 삽입하는 데이터 파이프라인을 구축해 볼 것이다. 마지막으로, 데이터를 시각화하는 대시보드도 구축한다.

제7장 실무용 데이터 파이프라인의 특징은 실무에 맞는 데이터 파이프라인을 만드는 데 필요한 사항들을 설명한다. 트랜잭션을 원자적으로 수행하는 빙법과 데이터 파이프라인의 멱등성을 갖추는 방법을 배우게 될 것이다.

제8장 NiFi 레지스트리를 이용한 버전 관리는 데이터 파이프라인의 버전 관리 방법을 설명한다. NiFi 레지스트리를 설치하고 설정하는 방법과 함께, 깃허브GitHub 저장소를 NiFi 프로세서들의 저장소로 사용하도록 NiFi 레지스트리를 설정하는 방법도 이야기한다.

제9장 데이터 파이프라인 모니터링은 데이터 파이프라인 모니터링 및 로깅의 기초를 설명한다. NiFi GUI가 제공하는 모니터링 기능들과 함께, NiFi 처리기를 이용해서 데이터 파이프라인의 성능을 기록하고 감시하는 방법도 배우게 될 것이다. 또한, 제9장은 기본적인 NiFi API 사용법도 소개한다.

제10장 **데이터 파이프라인 배치**는 시험 환경과 실무 환경에서 NiFi 데이터 파이프라인을 구축하고 검사하는 방법 하나를 제안한다. 버전 관리하에서 데이터 파이프라인을 실무 환경으로 이동하는 방법을 배우게 될 것이다.

제11장 **실습 프로젝트: 실무용 데이터 파이프라인 구축**은 실무용 데이터 파이프라인을 구축하는 방법을 설명한다. 제6장에서 만든 데이터 파이프라인에 버전 관리를 적용하고, 모니터링과 로깅을 위한 기능들을 추가한다.

제12장 **아파치 카프카 클러스터 구축**은 3노드 아파치 카프카^{Apache Kafka} 클러스터를 설치하고 설정하는 방법을 설명하고, 카프카의 기본 개념인 스트림, 토픽, 생산자·소비자를 소개한다.

제13장 **카프카를 이용한 데이터 스트리밍**은 카프카 토픽에 메시지들을 추가하고(생산) 읽는(소비) 방법을 설명한다. 생산자와 소비자 모두, 서드파티 파이썬 라이브러리를 이용해서 파이썬으로 구현한다.

제14장 **아파치 스파크를 이용한 데이터 처리**는 3노드 아파치 스파크^{Apache Spark} 클러스터를 설치하고 설정하는 과정을 설명한다. 파이썬을 이용해서 스파크의 데이터를 다루는 방법도 배우게 될 것이다. 스파크는 이 책의 제1부에 등장하는 pandas 라이브러리의 DataFrame과 비슷한 DataFrame 객체를 제공한다.

제15장 **MiNiFi, 카프카, 스파크를 이용한 실시간 엣지 데이터 처리**는 사물 인터넷(IoT) 기기 같은 저사양 장치에서 NiFi 데이터 파이프라인을 실행하기 위해 만들어진 MiNiFi라는 프로젝트를 소개하고, MiNiFi에서 NiFi로 데이터를 보내는 데이터 파이프라인을 구축해 본다.

부록 A **NiFi 클러스터 구축**은 아파치 NiFi의 기본적인 클러스터화 방법을 설명한다. 데이터 파이프라인을 여러 서버(노드)에 분산해서 실행하는 방법과 관련 주의사항 및 해결책을 배우게 될 것이다. 또한, 데이터 파이프라인의 특정 처리기를 특정 노드 하나에서만 실행함으로써 경쟁 조건을 피하는 방법도 배우게 될 것이다.

이 책을 최대한 활용하려면

무엇보다도, 파이썬에 관한 기초 지식은 꼭 필요하다. 특정 서드파티 라이브러리들에 관한 지식은 필요하지 않다. 변수, 함수, 객체 등 언어의 기본에 관한 지식과 파이썬 스크립트를 작성하고 실행하는 기본적인 방법을 알고 있으면 된다. 또한, 리눅스에 관한 기초 지식도 필요한데, 명령줄 환경(터미널)에서 명령을 실행하는 방법과 새 터미널 창을 띄우는 방법 정도면 충분하다.

이 책이 다루는 소프트웨어	필요한 운영체제
파이썬 3.x	Windows, macOS, 리눅스(배포판 무관)
아파치 스파크 3.x	리눅스
NiFi 1.x	Windows, macOS, 리눅스
PostgreSQL 13.x	Windows, macOS, 리눅스
일래스틱서치 7.x	Windows, macOS, 리눅스
아파치 키바나 7.x	Windows, macOS, 리눅스
아파치 카프카 2.x	리눅스, macOS

전자책의 경우 전자책 뷰어에서 예제 코드를 직접 복사하면 복사가 안 되거나 불필요한 문자들이 포함되어서 실행에 문제가 있을 수 있다. 아래에서 소개하는 깃허브 저장소에 있는 코드를 사용하기 바란다.

예제 코드 내려받기

이 책의 예제 코드를 *https://github.com/PacktPublishing/Data-Engineering-with-Python*(단축 URL *https://bit.ly/PythonDE*)에서 내려받을 수 있다. 예제 코드가 갱신된 경우 본문에 나온 것과는 다를 수 있음을 주의하자.

원색 이미지 내려받기

이 책에 나오는 스크린샷/도표의 원색 버전을 담은 PDF 파일을 다음 URL에서 내려받을 수 있다.
http://packtpub.com/sites/default/files/downloads/9781839214189_ColorImages.pdf(단축 URL *https://bit.ly/PDEColor*)

조판 관례

다음은 이 책 전반에 쓰인 조판 관례이다.

예제 코드에 등장하는 식별자나 데이터베이스 테이블 이름, 디렉터리·파일 이름, 사용자 입력 등은 DAG()처럼 고정폭 코드용 글꼴로 표시한다.

코드 블록은 다음과 같이 표시한다.

```
import datetime as dt
from datetime import timedelta
from airflow import DAG
from airflow.operators.bash_operator import BashOperator
```

명령줄의 입력이나 출력(파이썬 셸에서 실행한 코드의 출력 포함)은 다음과 같이 표시한다.

```
# web properties #
nifi.web.http.port=9300
```

새 용어나 중요한 단어, 또는 화면에 등장하는 문구(메뉴 항목, 버튼, 링크 등)는 **굵은 글씨**로 표시한다. 예: "**DAG**를 클릭한 후 **Tree View**를 선택한다."

팁이나 주의해야 할 것들은 아래와 같은 형태로 표시한다.

> **airflow 명령 실행 오류**
>
> 만일 airflow를 실행했을 때 명령을 찾지 못했다는 오류가 난다면 airflow 실행 파일이 있는 디렉터리를 다음을 참고해서 시스템 경로에 추가하기 바란다.
>
> ```
> export PATH=$PATH:/home/<사용자이름>/.local/bin
> ```

감수자 소개

스테판 마르와 Stefan Marwah

10년 넘게 프로그래밍을 즐겼으며, 그 덕분에 명문 Monash University에서 컴퓨터 과학 학사 학위를 땄다. 대학생 시절에는 자연어 처리, 음성 인식, 신경망을 이용해 노인 사용자의 알츠하이머를 진단하는 모바일 앱을 개발해서 Microsoft에서 상을 받았다. 공학과 분석 모두에 열정을 가진 그는 여러 조직에서 데이터와 인공지능을 활용해서 중요한 결정을 내리는 작업에 참여했다. 현재 데이터 공학자로 일하고 있으며, 부업으로 Step Function Coaching에서 데이터 과학을 가르친다.

안드레 시오넥 Andre Sionek

런던 Gousto 사의 데이터 공학자이다. 대학생을 위한 무료 과학 기술 잡지를 발간하는 Polyteck를 창업하는 것으로 경력을 시작했지만, 얼마 후 브라질 한 은행의 데이터 수집 부서에서 수습사원으로 일하면서 데이터 및 분석의 세계로 뛰어들었다. 런던에 오기 전에는 대형 화장품 회사와 스타트업들에서 신용 모형을 만드는 일도 했다. 데이터 공학을 정기적으로 가르치는데, 초점은 코드형 기반구조(infrastructure as code)와 실무화(productionization)이다. 또한 블로그에 데이터에 관한 글을 올리고, 가끔은 Kaggle 공모전에도 참가한다.

마일스 오베어 Miles Obare

Microsoft 애저 팀의 소프트웨어 기술자이다. 현재는 고객이 서버 부하를 클라우드로 옮기는 데 사용할 도구들을 만들고 있다. 또한 기업 고객을 위한 실시간 규모가변적 뒷단(backend) 시스템과 데이터 파이프라인도 구축한다. 그전에는 금융 분야 스타트업에서 데이터 공학자로 일하면서 데이터 파이프라인과 기계학습 모형을 개발하고 실무 환경에 배치했다. 분산 시스템, 컴퓨터 아키텍처, 데이터 공학의 전문 지식을 갖춘 그는 Jomo Kenyatta University에서 전기 공학과 컴퓨터 공학 학사 학위를 땄다. 여가 시간에는 오픈소스 프로젝트들에 기여한다.

베타리더 후기

 박조은(오늘코드)

매일 실시간으로 흘러들어오는 복잡하고 큰 데이터를 관리하기 위해서는 좀 더 유연하고 다양한 기법이 필요하게 됩니다. 이 책은 데이터 엔지니어링에 필요한 다양한 도구를 소개하고 실제 프로젝트처럼 데이터를 생성하고 관리하는 데이터 공학 기법에 대해 다룹니다. 데이터 파이프라인을 구축하는 데 필요한 여러 기법과 오픈소스에 대한 사용법을 익힐 수 있는 책입니다. 데이터를 통해 인사이트를 얻기 위해 분석을 하거나 예측 모델을 만드는 책은 많았지만, 재료가 되는 데이터를 수집하고 관리하는 책을 찾기가 어려웠는데, ETL, ELT를 다루는 책이 출간되어 반가운 마음에 읽었습니다. 대용량 데이터를 추출, 변환, 적재하는 과정에 필요한 오픈소스와 팁을 얻을 수 있는 책이었습니다. 여러 라이브러리를 다루다 보니 설치하고 관리해야 할 도구들이 점점 늘어나게 되는데, 이런 복잡함을 덜어줄 수 있는 도구들을 소개해 주는 점이 좋았습니다.

이용진(삼성SDS)

데이터 분석을 위해 해야 하는 작업을 A부터 Z까지 순차적으로 잘 설명해 주고 있습니다. 필요한 도구를 설치하는 것부터 사용 방법, 그리고 실제 업무에서 어떻게 써야 하는지에 대해서 잘 설명해 주고 있습니다. 데이터 공학을 해보고 싶다면 입문서로 추천할 만한 책입니다. 파이썬을 이용한 다양한 방법을 기대했으나, NiFi와 같은 도구들에 대한 설명이 주로 이루어지고 있는 것은 아쉬운 부분입니다. 하지만 초보자들에게는 좋은 접근이라고 생각됩니다.

이지현

데이터 엔지니어링 분야는 다뤄야 하는 도구들이 많아 유독 시작이 어렵게 느껴집니다. 이 책은 데이터 엔지니어가 다룰 수 있는 도구들을 경험해 보는 것부터 도구들을 이용한 파이프라인을 실무에 적용하는 것까지 넓은 범위를 다루고 있습니다. 단순히 도구들을 경험해 보는 것뿐만 아니라 엔지니어링 전반에 대한 이해와 통찰을 얻을 수 있는 책입니다. 직접 실습해 보기에 좋은 예제들과 설치부터 시작되는 안내 과정이 참 좋았습니다.

정현준(Agoda)

여러 가지 데이터 업무를 하기 위해서는 여러 가지 도구가 필요한데, 이 책은 그런 도구들을 설치부터 활용까지 잘 알려줍니다. 역자의 꼼꼼하면서도 수준 높은 번역이 이해하기 쉽게 도와서 읽기도 편합니다. 흩어진 채 활용하지 못하는 데이터가 있다면 이 책을 통해 데이터 파이프라인을 구축하고 미처 찾지 못했던 가치를 발견할 수 있을 겁니다.

차준성(서울아산병원)

데이터 처리 파이프라인 구축에 필요한 프로그램을 설치하고 환경 설정하는 것이 쉽지 않은데, 그에 대한 설명이 친절하지 않은 것은 조금 아쉬운 점입니다. 이 책은 파이프라인의 구축을 따라 해보면서 큰 흐름을 잡는 가이드로 활용할 수 있을 것 같습니다.

제이펍은 책에 대한 애정과 기술에 대한 열정이 뜨거운 베타리더의 도움으로
출간되는 모든 IT 전문서에 사전 검증을 시행하고 있습니다.

데이터 파이프라인 구축:
추출, 변환, 적재

PART I은 데이터 공학의 기초를 소개한다. **PART I**의 장(chapter)들에서 여러분은 데이터 공학이 어떤 것이고 데이터 과학 같은 비슷한 분야들과 어떻게 관련되는지 배울 것이다. 파이썬^Python^으로 파일과 데이터베이스를 다루는 방법과 아파치^Apache^ NiFi 사용법 등 데이터 다루기의 기초를 익힌 다음에는 데이터를 정리하고 변환하는 기술들을 소개한다. 그런 다음에는 SeeClickFix에서 311 데이터^역주1^를 추출해서 변환하고 다른 데이터베이스에 적재하는 데이터 파이프라인을 구축해 본다. 이 부분이 **PART I**의 백미라 할 수 있다. 마지막으로는 데이터베이스에 적재한 데이터를 시각화하는 대시보드(현황판)를 키바나^Kibana^를 이용해서 구축하는 기본적인 방법들을 살펴본다.

PART I의 장들은 다음과 같다.

역주1 311은 뉴욕 등 미국의 여러 도시에서 종합적인 민원서비스를 제공하는 전화번호이다. 한국의 120 콜센터(서울 다산콜센터 등)를 연상하면 될 것이다.

## CHAPTER 1

데이터 공학이란?

이 책 **실무 예제로 배우는 데이터 공학**을 펼친 독자 여러분을 환영한다. 사실 데이터 공학(data engineering) 이 새로운 분야는 아니다. 그러나 많은 사람에게 데이터 공학은 최근 들어 갑자기 무대의 전면에 등장 한 것처럼 보일 것이다. 이 책은 데이터 공학이라는 분야를 소개한다. 이 책은 데이터 공학자들이 흔히 사용하는 도구들과 기법들을 설명하고, 그것들을 조합해서 데이터 파이프라인data pipeline을 구축하는 방법을 알려준다. 이 책을 다 읽고 나면 여러분은 다수의 데이터 공급원(자료의 출처)에 연결해서 데이터 를 추출하고, 변환하고, 새 장소에 적재할 수 있게 될 것이다. 또한, 응용 프로그램들의 클러스터링으로 데이터 처리 능력을 향상하는 기능을 포함한 여러분 자신만의 데이터 공학 기반구조를 구축하는 능력 도 갖추게 될 것이다.

이번 장의 주요 주제는 다음과 같다.

- 데이터 공학자가 하는 일
- 데이터 공학 대 데이터 과학
- 데이터 공학 도구들

1.1 데이터 공학자가 하는 일

데이터 공학(data engineering)은 소위 빅데이터 생태계(big data ecosystem)의 일부로, 데이터 과학(data science)과 밀접한 관련이 있다. 데이터 공학자(데이터 엔지니어)는 무대 뒤에서 일하다 보니 데이터 과 학자만큼 주목을 받지는 못하지만, 그래도 데이터 과학의 처리 공정에 꼭 필요한 존재이다. 데이터 공학자의 역할과 임무는 해당 조직의 데이터 성숙도 수준 및 인원 구성에 따라 다르다. 그렇지만 거의 데이터 공학자가 공통으로 수행하는 기본적인 작업들은 있는데, 데이터의 추출, 변환, 적재가 그런 작업에 속한다.

가장 낮은 수준에서 데이터 공학에는 데이터를 한 시스템에서 다른 시스템으로 이동하거나 다른 형식(format)으로 변환하는 작업이 관여한다. 좀 더 일반적인 용어로 말하자면, 데이터 공학자는 자료원, 즉 데이터 공급원에서 데이터를 질의하고('추출'), 데이터를 어떤 방식으로든 수정하고('변환'), 데이터를 사용자가 접근할 수 있는, 그리고 거기에 있는 데이터가 실무 품질임을 아는 어떤 장소에 넣는다('적재'). **추출**(extract), **변환**(transform), **적재**(load)라는 용어들은 이 책 전체에 쓰이며, 종종 **ETL**로 줄여서 표기하기도 한다. 그런데 데이터 공학의 이러한 정의는 다소 광범위하고 단순화된 것이다. 그럼 데이터 공학자가 과연 어떤 일을 하는지를 예제를 통해서 좀 더 깊게 살펴보자.

다양한 위젯widget(소형 장치, 부품 등)을 파는 온라인 쇼핑몰을 생각해 보자. 예제를 간단하게 하기 위해 위젯들이 색상으로만 구분된다고 가정한다. 쇼핑몰 웹사이트의 뒷단(back-end)에는 관계형 데이터베이스가 있다. 모든 거래(트랜잭션)는 이 데이터베이스에 저장된다. 지난 4분기에 쇼핑몰이 파란색 위젯을 몇 개나 팔았는지 파악하려면 어떻게 해야 할까?

한 가지 방법은 데이터베이스에 대해 SQL 질의(query)를 수행하는 것이다. 이 정도 작업에는 굳이 데이터 공학자가 필요하지 않다. 그러나 쇼핑몰이 성장하다 보면 실무(production)^역주2 데이터베이스를 직접 질의하는 것이 비현실적인 일이 된다. 더 나아가서, 거래들을 기록하는 데이터베이스가 하나가 아니라 여러 개일 수도 있다. 그리고 그런 데이터베이스들이 여러 지역이나 국가에 나뉘어 있을 수도 있다. 예를 들어 북미 사용자를 위한 사이트의 데이터베이스는 아시아나 아프리카, 유럽 사용자를 위한 사이트의 데이터베이스와 다를 수 있다.

문제의 규모가 그 정도로 커지면 데이터 공학이 필요해진다. 데이터 공학의 영역에서는 이 예제 문제를 다음과 같이 해결한다. 데이터 공학자는 모든 지역(region)의 데이터베이스에 연결해서 데이터를 추출하고 데이터 웨어하우스에 적재한 후 그곳에서 파란색 위젯들의 판매량을 계산한다.

파란색 위젯 판매량을 구하는 것 외에, 기업들이 답을 구하고자 하는 질문의 예를 들면 다음과 같다.

- 위젯을 가장 많이 판매한 지역은 어디인가?
- 위젯이 가장 많이 팔린 시간대는 언제인가?

역주2　production은 현장에서 실제로 운영되는 어떤 시스템이나 소프트웨어를 가리키는 말이다. 이 번역서에서는 문맥에 따라 '실무'나 '현업' 등으로 옮긴다.

- 위젯을 카트에 담았다가 삭제한 이용자는 몇 명인가?
- 함께 팔린 위젯들의 조합은 무엇인가?

이 질문들에 답하려면 그냥 데이터를 추출해서 한 곳에 적재하는 것으로는 부족하다. 추출과 적재 사이에 변환이 필요하다. 또한, 시간대 및 지역의 차이에 따른 차이점도 고려해야 한다. 예를 들어 미국만 해도 시간대가 네 가지이다. 이 때문에 시간 필드들을 하나의 표준 필드로 변환할 필요가 있다. 또한, 판매량을 지역별로 구분하는 방법도 필요하다. 그러려면 데이터에 위치(location) 필드를 추가해야 한다. 그 필드에 공간적인 수치(GPS 좌표 등)를 넣을지, 또는 미리 정해진 이름들(지명 등)을 넣을지, 아니면 임의의 텍스트를 허용하되 데이터 공학 파이프라인의 변환 과정에서 적절히 처리할 것인지도 결정해야 한다.

지금 예제에서 데이터 공학자는 각 데이터베이스에서 데이터를 추출해서 위치를 식별하는 필드를 데이터에 추가해야 할 것이다. 시간대를 비교하려면 데이터 표준들에 익숙해야 한다. 시간 데이터의 경우에는 **국제 표준화 기구**(International Organization for Standardization, ISO)가 제정한 **ISO 8601** 표준이 있다.

앞의 질문들에 답하기 위해 데이터 공학자는 다음과 같은 과정을 수행한다.

- 각 데이터베이스에서 데이터를 추출한다.
- 데이터의 각 거래에 해당 위치를 가리키는 필드를 추가한다.
- 날짜를 지역 시간 형식에서 ISO 8601 형식으로 변환한다.
- 데이터를 데이터 웨어하우스에 적재한다.

이러한 데이터 추출, 변환, 적재를 위해서는 데이터 파이프라인을 만들어야 한다. 데이터는 이 파이프라인에 미가공된(raw) 형태로 들어온다. 오타나 결측값이 있다는 점에서 '더러운(dirty)' 상태로 들어온다고 말할 수도 있다. 더러운 데이터는 파이프라인을 통과하면서 깨끗해진다. 그림 1.1은 문제 해결에 필요한 파이프라인을 도식화한 것이다.

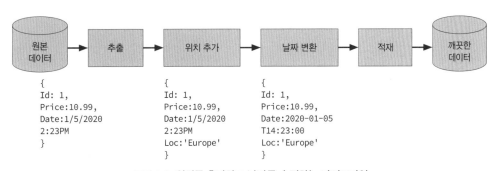

```
{
Id: 1,
Price:10.99,
Date:1/5/2020
2:23PM
}
```

```
{
Id: 1,
Price:10.99,
Date:1/5/2020
2:23PM
Loc:'Europe'
}
```

```
{
Id: 1,
Price:10.99,
Date:2020-01-05
T14:23:00
Loc:'Europe'
}
```

그림 1.1 위치를 추가하고 날짜를 수정하는 파이프라인

데이터 공학이 무엇이고 데이터 공학자가 어떤 일을 하는지 조금은 알게 되었으니, 이제 데이터 공학자가 어떤 일을 책임지며 어떤 기술을 갖추어야 하는지 감을 잡을 수 있을 것이다. 그럼 그런 기술들을 좀 더 자세히 살펴보자.

1.1.1 데이터 공학자에게 필요한 기술과 지식

앞의 예제에서 보았듯이, 데이터 공학자에는 다양한 기술에 익숙해야 한다. 또한 업무 공정들과 사업상의 요구사항들도 파악할 필요가 있다.

데이터 파이프라인의 시작 부분에서 데이터 공학자는 다양한 형식의 파일이나 다양한 종류의 데이터베이스에서 데이터를 추출하는 방법을 알아야 한다. 이는 다양한 과제를 수행하는 데 쓰이는 다수의 언어들(SQL이나 파이썬 등)을 알아야 한다는 이야기이기도 하다.

데이터 파이프라인의 변환 단계에서는 데이터 공학자가 데이터 모형화(modeling)와 구조에 익숙할 필요가 있다. 또한 업무(비즈니스)를 이해해야 하고 데이터에서 뽑아내고자 하는 지식과 통찰(insight)이 어떤 것인지도 이해해야 한다. 이들을 잘 이해하느냐 아니냐에 따라 데이터 모형의 설계가 달라지기 때문이다.

데이터를 데이터 웨어하우스에 적재하기 위해서는 해당 데이터를 담을 스키마schema를 갖춘 데이터 웨어하우스가 필요하다. 일반적으로, 그런 데이터 웨어하우스를 마련하는 것 역시 데이터 공학자의 임무이다. 데이터 공학자는 데이터 웨어하우스 설계의 기초를 알아야 하며, 데이터 웨어하우스를 만드는 데 쓰이는 데이터베이스의 종류들도 알아야 한다.

마지막으로, 때에 따라서는 데이터 파이프라인이 운용되는 기반구조(infrastructure) 전체의 관리 역시 데이터 공학자가 책임져야 할 수 있다. 그러려면 데이터 공학자는 리눅스 서버를 관리하는 능력과 아파치 Airflow나 NiFi 같은 소프트웨어를 설치하고 설정하는 방법도 알아야 한다. 그리고 요즘은 조직(기업, 단체, 학교 등)들이 클라우드로 이동하는 추세인 만큼, 데이터 공학자는 조직이 사용하는 클라우드 플랫폼(아마존 AWS나 구글 클라우드 플랫폼, Microsoft 애저 등)에 데이터 파이프라인 기반구조를 마련하는 방법도 알아 두어야 한다.

데이터 공학자가 어떤 일을 하는지를 예제를 통해 살펴보았고 데이터 공학자에게 어떤 기술이 필요한지도 이야기했으니, 그에 기초해서 데이터 공학을 좀 더 엄밀하게 정의해 보자.

> **정의**
>
> 데이터 공학은 데이터 기반구조를 개발하고 운영하고 유지보수하는 활동이다. 여기서 데이터 기반구조는 데이터를 추출, 변환, 적재하기 위한 파이프라인과 데이터베이스로 구성되며, 조직이 직접 운영할 수도 있고(온프레미스) 클라우드에 둘 수도 있다(또는 그 둘을 혼합하거나, 다수의 클라우드에 두는 옵션도 있다).

1.2 데이터 공학 대 데이터 과학

데이터 과학은 데이터 공학이 없으면 불가능하다. 물론, 조직의 성숙도에 따라서는 분석에 필요한 데이터를 정리하고 이동하는 작업을 데이터 과학자가 수행할 수도 있다. 그러나 이는 데이터 과학자의 시간을 가장 잘 활용하는 것이 아니다. 데이터 과학자와 데이터 공학자가 비슷한 도구들(이를테면 파이썬)을 사용하긴 하지만, 전문 분야는 다르다. 데이터 공학자는 효율적인 데이터 전송을 위해 데이터 형식, 모형, 구조를 고민하는 반면, 데이터 과학자는 그런 데이터를 활용해서 통계 모형을 구축하고 수학 계산을 수행하는 방법을 고민한다.

데이터 과학자는 데이터 공학자가 만든 데이터 웨어하우스에 연결해서 기계학습 모형과 분석에 필요한 데이터를 추출한다. 데이터 과학자가 자신의 모형들을 데이터 공학 파이프라인에 집어넣는 경우도 있다. 그런 만큼 데이터 공학자와 데이터 과학자는 밀접한 관계를 맺어야 한다. 데이터 과학자가 데이터에서 무엇을 필요로 하는지를 파악하는 것은 데이터 공학자가 더 나은 제품을 제공하는 데 도움이 된다.

다음 절에서는 데이터 공학자들이 흔히 사용하는 주요 도구들을 살펴본다.

1.3 데이터 공학 도구들

데이터 공학자가 데이터 파이프라인을 만들려면 도구(tool)들을 잘 선택해야 한다. 데이터 공학은 빅데이터 생태계의 일부인만큼, 데이터 공학 도구들은 빅데이터의 다음 세 측면(영어로는 모두 v로 시작한다)을 감당할 수 있어야 한다.

- **크기**(volume): 최근 데이터의 크기가 엄청나게 커졌다. 1분 안에 데이터베이스 레코드 수백만 개를 옮기거나 수백만 거의 트랜잭션을 처리하려면 레코드 수천 개 정도를 옮기는 데 필요한 것과는 다른 도구와 기술이 필요하다.
- **다양성**(variety): 데이터 공학자에게는 다양한 장소(데이터베이스, API, 파일)에 있는 다양한 형식의 데이터를 처리하는 도구가 필요하다.
- **속도**(velocity): 데이터의 속도는 계속해서 증가한다. SNS 이용자 수백만 명의 활동을 추적하거나 전 세계 쇼핑몰 이용자의 구매 활동을 추적하려면 거의 실시간(real time)으로 작동하는 도구들이 필요할 때가 많다.

1.3.1 프로그래밍 언어

데이터 공학의 '만국 공용어'는 SQL^{에스큐엘 또는 시퀄}이다. 코드를 작성할 필요가 별로 없는 도구 (소위 로코드^{low-code} 도구)를 사용하든 아니면 특정한 프로그래밍 언어를 사용하든 결국은 SQL을 마주치게 되므로 SQL을 알아둘 필요가 있다. SQL에 익숙하면 질의문을 최적화해서 질의 속도를 높일 수 있으며, 데이터 변환 작업에도 도움이 된다. 데이터 공학에서 SQL이 너무나 널리 쓰이다 보니, 데이터 레이크^{data lake}와 비 SQL 데이터베이스조차도 데이터 공학자가 SQL로 질의를 수행하는 수단을 제공한다.

많은 수의 오픈 소스 데이터 공학 도구는 **자바**^{Java}와 **스칼라**^{Scala}(아파치 프로젝트 중 하나)를 사용한다. 자바는 대중적인 주류 객체 지향 프로그래밍 언어이다. 동의하지 않는 사람도 있겠지만, 자바는 천천히 **JVM**(Java Virtual Machine; 자바 가상 기계)에서 실행되는 다른 언어들로 대체되고 있다. 스칼라가 그런 언어의 하나이다. 그밖에 JVM에서 실행되는 언어로는 **Clojure**와 **Groovy**가 있다. 다음 장에서는 아파치 **NiFi**^{나이파이}를 소개한다. NiFi를 이용하면 자바나 Clojure, Groovy, 또는 **Jython**을 이용해서 커스텀 데이터 처리기(data processor)를 개발할 수 있다. 자바는 객체 지향 언어이지만, 함수형 프로그래밍 언어로의 흐름도 존재한다. Clojure와 스칼라가 함수형 프로그래밍 언어이다.

이 책의 초점은 파이썬을 이용한 데이터 공학이다. 파이썬은 사용자가 많고 문서화가 잘 되어 있으며 다양한 플랫폼을 지원하는 프로그래밍 언어이다. 파이썬은 현재 데이터 과학과 데이터 공학을 위한 기본 언어로 자리 잡았다. 파이썬은 상세한 표준 라이브러리를 갖추었을 뿐만 아니라 방대한 서드파티 라이브러리들이 존재한다. 파이썬 기반 데이터 과학 환경은 다른 그 어떤 언어를 능가한다. pandas나 matplotlib, numpy, scipy, scikit-learn, tensorflow, pytorch, NLTK 같은 라이브러리 덕분에 파이썬은 엄청나게 강력한 데이터 공학 및 데이터 과학 환경을 제공한다.

1.3.2 데이터베이스

대부분의 실무 시스템에서 데이터는 **관계형 데이터베이스**(relational database)에 저장된다. 대부분의 상용(독점) 데이터 공학 솔루션은 **Oracle**이나 **Microsoft SQL Server**를 사용하지만, 오픈소스 솔루션들은 흔히 **MySQL**이나 **PostgreSQL**을 사용한다. 이런 데이터베이스 시스템들은 데이터를 행(row) 형태로 저장하는데, 이런 형식은 효율적인 트랜잭션에 적합하다. 또한, 이런 데이터베이스들에서는 테이블들 사이에 관계가 존재하며, 기본 키를 이용해서 한 테이블의 데이터를 다른 테이블의 데이터와 결합(join)한다. '관계형'이라는 이름은 이런 특성에서 비롯된 것이다. 그림 1.2는 테이블들 사이에 관계가 존재하는 간단한 데이터 모형을 나타낸 것이다.

Widget	Region
Blue	1
Green	2
Red	3

RegionID	Name
1	N.America
2	Asia
3	Europe

그림 1.2 Region = RegionID를 조건으로 결합된 관계형 테이블들

데이터 웨어하우스에서 많이 쓰이는 데이터베이스 시스템으로는 **아마존 레드시프트**Redshift, **구글 BigQuery**빅퀴어리 또는 빅쿼리, **아파치 카산드라**Cassandra가 있으며, 그밖에 **일래스틱서치**Elasticsearch 같은 NoSQL 데이터베이스들도 쓰인다. 아마존 레드시프트와 구글 BigQuery, 아파치 카산드라는 데이터 레코드들을 열 기반(columnar)으로 저장한다는 점에서 전통적인 관계형 데이터베이스(행 우선)와 차이를 보인다. 그림 1.3에 열 기반 데이터 형식의 예가 나와 있다.

Widget	Region
Blue	1
Green	2
Red	3

Widget	Blue
	Green
	Red
Region	1
	2
	3

그림 1.3 행 기반 레코드들(왼쪽)과 열 기반 레코드들(오른쪽)

열 기반 데이터베이스는 질의(조회)가 빠르기 때문에 데이터 웨어하우스에 적합하다. 언급한 세 열 기반 데이터베이스 모두 SQL을 이용해서 질의할 수 있다. 단, 카산드라는 SQL과 비슷하지만 같지는 않은 Cassandra Query Language라는 질의 언어를 사용한다.

열 기반 데이터베이스들 외에, 문서(document) 데이터베이스라고도 부르는 NoSQL 데이터베이스들도 있다. 일래스틱서치가 좋은 예이다. 사실 일래스틱서치는 **아파치 루씬**Lucene에 기초한 하나의 검색 엔진으로, **아파치 Solr**솔러와 비슷하되 좀 더 사용자 친화적이다. 일래스틱서치는 오픈소스지만 독점 구성요소도 있다. 특히, 기계학습과 그래프, 보안, 경고/감시를 위한 X-Pack 플러그인들이 독점(proprietary) 구성요소이다. 일래스틱서치는 Elastic Query DSL이라는 질의 언어를 사용한다. 여기서 **DSL**은 Domain-Specific Language(영역 특화 언어 또는 도메인 특화 언어)를 뜻한다. Elastic Query DSL은 전통적인 SQL과는 다른, JSON 문서의 질의를 위한 언어이다. 일래스틱서치는 데이터를 문서 단위로 저장하는데, 문서와 문서 사이에 부모-자식 관계를 둘 수는 있지만 관계형 데이터베이스는 아니다(열 기반 데이터베이스가 관계형 데이터베이스가 아니듯이).

데이터 공학자가 데이터베이스에서 데이터를 추출한 다음에는 그것을 변환 또는 처리해야 한다. 빅데이터 환경에서는 데이터 처리 엔진을 사용하는 것이 도움이 된다.

1.3.3 데이터 처리 엔진

데이터 공학자는 데이터 처리 엔진(data processing engine)을 이용해서 데이터를 일괄적으로(batch) 또는 연속적으로(stream) 변환한다. 다수의 변환 작업을 병렬로 실행하는 것도 가능하다. 가장 유명한 엔진은 **아파치 스파크**Apache Spark이다. 아파치 스파크에서 데이터 공학자는 변환 작업을 파이썬이나 자바, 스칼라로 작성할 수 있다.

아파치 스파크는 파이썬 DataFrames를 지원하기 때문에 파이썬 프로그래머에게는 이상적인 도구라 할 수 있다. 스파크는 또한 **RDD**(Resilient Distributed Dataset; 복원성 데이터 집합)도 제공한다. RDD는 객체들의 불변적인(immutable) 분산 컬렉션(distributed collection)이다. RDD를 이용하면 데이터 처리를 빠르고 분산된 방식으로 수행할 수 있다. 하나의 RDD에 속한 여러 작업은 클러스터 안의 여러 노드에서 실행된다. DataFrames와는 달리 RDD는 데이터의 스키마를 추측하려 들지 않는다.

그 밖에 **아파치 스톰**Storm도 인기 있는 처리 엔진이다. 이 엔진은 Spout스파우트라고 부르는 처리 단위를 이용해서 데이터를 읽고 처리한다. 아파치의 **플링크**Flink와 **삼자**Samza는 좀 더 현대적인 스트림 및 일괄 처리 프레임워크로, 무제한 스트림의 처리를 지원한다. 무제한 스트림(unbounded stream)이란 데이터의 끝이 정해져 있지 않은 스트림인데, 예를 들어 온도 측정기에서 공급되는 온도 수치들이 무제한 스트림이다. 고장 나지 않는 한 온도 측정기는 끝없이 온도를 보고한다. 아파치 카프카Kafka를 이용해서 한 시스템에서 데이터를 스트리밍한다면 플링크와 삼자가 아주 적합하다. 아파치 카프카에 관해서는 이 책에서 나중에 좀 더 배우게 될 것이다.

1.3.4 데이터 파이프라인

트랜잭션 데이터베이스와 프로그래밍 언어, 처리 엔진, 데이터 웨어하우스를 조합하면 하나의 파이프라인이 만들어진다. 예를 들어 데이터베이스에서 위젯 판매 레코드들을 모두 선택하고, 그 데이터를 스파크를 이용해서 위젯 이름과 판매 개수로 축약하고, 그 결과를 데이터 웨어하우스에 적재하는 것이 하나의 데이터 파이프라인이다. 그런데 이 파이프라인을 필요할 때마다 여러분이 매번 직접 실행해야 한다면 별로 유용하지 않을 것이다. 데이터 파이프라인에는 일정한 주기로 파이프라인을 실행해 주는 스케줄러가 있어야 한다. 가장 간단한 방법은 **crontab**을 사용하는 것이다. X 시간마다 적절한 파이썬 스크립트를 실행하는 cron 작업을 설정해 주기만 하면 된다.

파이프라인이 어느 정도 많아지면 crontab으로 모든 파이프라인을 관리하기가 어려워진다. 파이프라인의 실행 성공과 실패를 어떻게 추적해야 할까? 즉, 잘 실행된 것과 그렇지 않은 것을 어떻게 파악할 수 있을까? 배압(backpressure; 또는 역압)을 어떻게 처리해야 할까? 그러니까, 작업 A가 작업 B보다 빨리 실행되어서 데이터가 작업 B에 몰리는 상황을 어떻게 해결해야 할까? 파이프라인이 복잡하고 정교해짐에 따라 crontab으로는 감당할 수 없는 상황이 곧 닥친다. 따라서 더 나은 틀(프레임워크)이 필요하다.

1.3.4.1 아파치 에어플로

파이썬으로 데이터 공학 파이프라인을 구축할 때 가장 인기 있는 프레임워크는 **아파치 에어플로** Apache Airflow이다. 에어플로는 Airbnb가 만든 작업 흐름(workflow) 관리 플랫폼으로, 서버와 스케줄러, 메타 저장소(metastore), 대기열 처리(queing) 시스템, 그리고 다수의 실행기(executor)들로 구성된다. 에어플로를 하나의 인스턴스로서 실행할 수도 있고, 여러 실행기 노드들로 분할하고 그 노드들로 하나의 클러스터를 형성해서 실행할 수도 있다. 실무 현장에서는 후자가 더 일반적이다. 에어플로는 **유향 비순환 그래프**(Directed Acyclic Graph, DAG)를 이용한다.

좀 더 구체적으로, 에어플로에서 말하는 DAG는 특정한 작업(task)을 명시하는 파이썬 코드 조각들로 이루어진다. 그래프는 일단의 노드들이 특정한 관계(특히 의존 관계)로 연결된 자료구조이다. 에어플로에서 두 노드(작업을 명시하는 코드) 사이의 연결에는 방향이 있다. 두 노드 사이의 연결은 해당 두 작업의 의존 관계(선후차 관계)를 나타낸다. 앞에서 예로 든 위젯 판매량 파이프라인의 경우 DAG의 첫 노드는 모든 위젯 판매 레코드를 가져오는 SQL 질의문을 수행하는 코드일 것이다. 이 노드는 위젯별(색상별) 판매량을 집계하는 코드를 실행하는 또 다른 노드로 연결되고, 그 노드는 판매량 데이터를 웨어하우스에 적재하는 마지막 노드로 연결될 것이다. 그림 1.4는 그러한 파이프라인 DAG를 도식화한 모습이다.

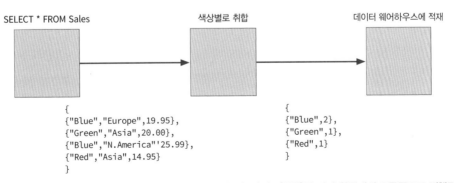

그림 1.4 **노드들 사이의 데이터 흐름을 보여주는 DAG 작업들은 화살표(유향)를 따라 왼쪽에서 오른쪽으로 진행된다.**

이 책에서 아파치 에어플로의 기초를 다루긴 하지만, 데이터 공학의 원리들을 설명하는 데는 주로 아파치 NiFi를 사용한다. 다음은 에어플로 GUI 화면에서 DAG를 표시한 예다.

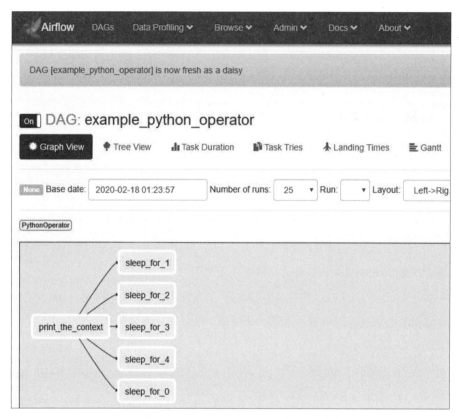

그림 1.5 DAG의 세부사항을 보여주는 에어플로 GUI

다음 절에서 소개할 NiFi에 비하면 GUI가 덜 세련된 편이다.

1.3.4.2 아파치 NiFi

아파치 NiFi는 데이터 공학 파이프라인 구축을 위한 또 다른 파이프라인으로, 에어플로처럼 DAG를 사용한다. 아파치 NiFi는 미국 국가안보국(National Security Agency)이 만들었고 미연방의 여러 기관에서 쓰인다. 아파치 NiFi는 설정하기 쉬워서 신입 데이터 공학자에게 유용하다. GUI가 훌륭할뿐더러 파이썬뿐만 아니라 Jython이나 Clojure, 스칼라, Groovy로도 처리기를 작성할 수 있다. 게다가 프로그래밍 없이 기존 처리기들의 설정을 변경하는 것으로도 많은 일을 할 수 있다. 다음은 DAG 하나가 표시된 NiFi GUI 화면의 예이다.

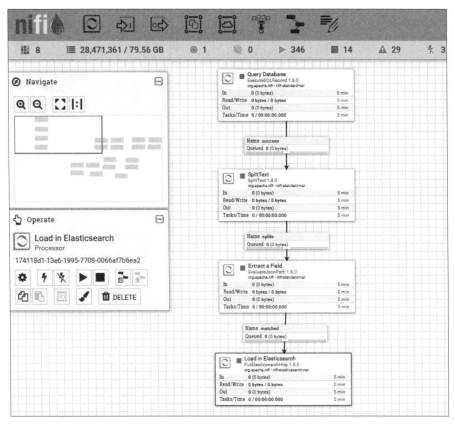

그림 1.6 데이터베이스에서 자료를 추출해서 일래스틱서치로 보내는 NiFi 작업 흐름의 예

아파치 NiFi는 파이프라인 클러스터링과 원격 실행도 지원한다. 스케줄러가 내장되어 있고 파이프라인의 배압 처리 및 감시(모니터링) 기능도 제공한다. 더 나아가서, 아파치 NiFi는 NiFi 레지스트리를 이용한 버전 관리 기능과 엣지edge(끝단; 시스템의 최외곽 경계)에서 데이터를 수집하기 위한 MiNiFi도 제공한다.

데이터 공학 파이프라인을 위한 또 다른 파이썬 기반 도구로, 스포티파이Spotify가 만든 루이지Luigi가 있다. 루이지 역시 그래프 구조로 작업들을 연결하며, 에어플로와 상당히 비슷한 GUI를 제공한다. 이 책에서는 다루지 않지만, 루이지는 파이썬 기반 데이터 공학을 위한 훌륭한 옵션이다.

1.4 요약

이번 장에서는 데이터 공학이 무엇인지 이야기했다. 데이터 공학자의 역할과 임무는 조직이 사용하는 데이터 기반구조의 성숙도에 따라 크게 차이가 난다. 그렇긴 하지만, 가장 간단한 형태에서 데이터 공학은 결국 데이터를 한 공급원에서 다른 곳으로 또는 한 형식에서 다른 형식으로 옮기는 파이프라인을 만드는 것이라 할 수 있다. 상황에 따라서는 거기에 데이터 변환, 처리 엔진 작성, 기반구조 유지보수 같은 임무가 추가된다.

데이터 공학자들은 다양한 프로그래밍 언어를 사용하지만, 가장 흔히 쓰이는 것은 파이썬이나 자바, 스칼라이다. 또한 데이터 공학자들은 독점 또는 오픈소스 트랜잭션 데이터베이스와 데이터 웨어하우스를 사용하는데, 그런 데이터 저장소들을 조직이 직접 운영하거나, 클라우드에 두거나, 그 둘을 혼합할 수 있다. 데이터 공학자는 프로그래밍, 운영, 데이터 모형화, 데이터베이스, 운영체제 등 다양한 분야의 지식을 갖추어야 한다. 이러한 폭넓은 특성은 데이터 공학이 재미있고, 신나고, 도전 의식을 고취하는 이유 중 하나이다. 이러한 도전을 기꺼이 받아들이는 사람에게 데이터 공학은 보람 있는 직업이 될 것이다.

그럼 다음 장으로 넘어가서, 데이터 파이프라인 구축을 한 환경을 갖추는 것부터 시작하자.

데이터 공학 기반구조 구축

제1장에서 여러분은 데이터 공학자가 어떤 일을 하는지, 그 역할과 임무는 무엇인지 배웠다. 또한 데이터 공학자들이 사용하는 도구들을 소개했는데, 주로는 여러 종류의 데이터베이스와 프로그래밍 언어, 데이터 파이프라인 구축 및 일정 수립 도구를 언급했다.

이번 장에서는 이 책의 나머지 부분에 쓰이는 여러 가지 도구를 설치하고 설정한다. 두 가지 데이터베이스(PostgreSQL과 일래스틱서치)와 두 가지 작업 흐름 구축 보조 도구(에어플로와 아파치 NiFi), 그리고 두 가지 관리 도구(PostgreSQL용 pgAdmin과 일래스틱서치용 키바나)를 설치하고 설정하는 방법을 배우게 될 것이다.

이 도구들이 있으면 데이터를 한 공급원에서 다른 곳으로 이동하는 데이터 공학 파이프라인을 작성할 수 있으며, 그 결과를 시각화할 수도 있다. 파이프라인 구축 방법을 배울 때, 데이터가 어떤 식으로 변환되는지 눈으로 볼 수 있으면 오류를 찾고 고치는 데 도움이 된다. 여러분의 경험과 기술에 따라서는 이런 도구들이 필요하지 않을 수도 있지만, 여러분이 지원할 다른 직무 종사자와 이용자에게 그런 시각화가 필요할 수도 있으므로 이런 도구들을 기본적으로라도 알아 두는 것이 좋다.

이번 장의 주요 주제는 다음과 같다.

- 아파치 NiFi의 설치와 설정
- 아파치 에어플로의 설치와 설정
- 일래스틱서치의 설치와 설정
- 키바나의 설치와 설정
- PostgreSQL의 설치와 설정
- pgAdmin 4의 설치

2.1 아파치 NiFi의 설치와 설정

아파치 NiFi는 이 책에서 데이터 공학 파이프라인 구축에 사용하는 주된 도구이다. NiFi를 이용하면 미리 만들어진 처리기들을 필요에 따라 설정하는 것만으로도 데이터 파이프라인을 구축할 수 있다. 코드를 한 줄도 작성하지 않고도 쓸만한 NiFi 파이프라인을 갖추는 것이 가능하다. NiFi는 또한 파이프라인을 임의의 주기로 실행해 주는 스케줄러를 제공하며, 배압도 처리해 준다. 작업 A가 작업 B보다 빠르게 실행되는 경우 작업 A의 속도를 임의로 늦출 수 있다.

다음은 *https://nifi.apache.org/download.html*에서 아파치 NiFi를 내려받아서 설치하는 과정이다.

1 curl을 이용해서 NiFi를 현재 디렉터리에 내려받는다.[역주1]

```
curl https://mirrors.estointernet.in/apache/nifi/1.12.1/nifi-1.12.1-bin.tar.gz\
  --output nifi.tar.gz
```

2 .tar.gz 파일의 압축을 푼다.

```
tar xvzf nifi.tar.gz
```

3 이제 현재 디렉터리에 nifi-1.12.1이라는 디렉터리가 생겼을 것이다. 그 디렉터리로 가서 다음 명령을 실행한다.

```
bin/nifi.sh start
```

4 자바가 이미 설치, 설정되어 있으면 환경 변수 JAVA_HOME에 설정된 경로가 출력될 것이다(그림 2.1 참고). JAVA_HOME 설정은 다음처럼 status 하위 명령을 실행해도 확인할 수 있다.

```
sudo bin/nifi.sh status
```

5 만일 JAVA_HOME에 설정된 경로가 출력되지 않는다면 다음 명령으로 자바를 설치하기 바란다.

```
sudo apt install openjdk-11-jre-headless
```

6 다음으로, NiFi가 JAVA_HOME 환경 변수를 찾을 수 있도록 .bash_profile에 다음 행을 추가한다.

```
export JAVA_HOME=/usr/lib/jvm/java11-openjdk-amd64
```

역주1 참고로, 이 책을 번역하는 현재 NiFi의 최신 버전은 1.13.0이다. 이하의 예제들은 1.13.0에서도 잘 실행된다. 아래 명령들에서 1.12.1을 1.13.0으로 바꾸기만 하면 된다.

7 마지막으로, .bash_profile의 설정들이 현재 셸에 적용되게 한다.

```
source .bash_profile
```

8 이제 다시 3번에서처럼 NiFi를 실행하면 JAVA_HOME에 설정된 경로가 나타날 것이다.

```
paulcrickard@pop-os:~$ sudo nifi*/bin/nifi.sh start

Java home: /usr/lib/jvm/java-1.11.0-openjdk-amd64
NiFi home: /home/paulcrickard/nifi-1.11.3

Bootstrap Config File: /home/paulcrickard/nifi-1.11.3/conf/bootstrap.conf

paulcrickard@pop-os:~$
```

그림 2.1 **NiFi가 실행 중인 모습**

9 NiFi를 실행하고 1분 정도 기다렸다가 웹 브라우저에서 *http://localhost:8080/nifi/*를 열면 다음과 같은 화면이 나타날 것이다.

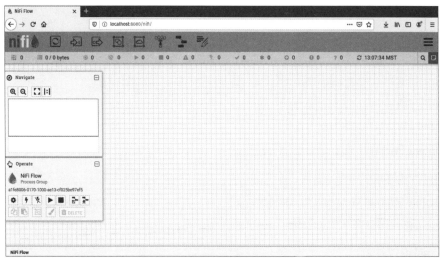

그림 2.2 **NiFi GUI**

NiFi에는 수많은 설정이 있는데, 이후의 장들에서 차차 살펴보기로 한다. 일단 지금은 NiFi가 실행되는 포트 번호만 바꾸어 보자. 즐겨 사용하는 텍스트 편집기로 conf/nifi.properties를 열어서 web properties 섹션의 nifi.web.http.port=8080에 있는 8080을 다음과 같이 9300으로 바꾸기 바란다.

```
# web properties #
nifi.web.http.port=9300
```

만일 방화벽이 작동 중이라면 다음과 같이 해당 포트를 열어 주어야 할 수도 있다.

```
sudo ufw allow 9300/tcp
```

이제 NiFi를 재시작한[역주2] 후 *http://localhost:9300/nifi/*로 갔을 때 GUI가 보인다면 포트 번호가 제대로 변경된 것이다.

2.1.1 NiFi 둘러보기

처음에는 NiFi GUI가 비어 있는데, 아직 아무 처리기(processor) 또는 프로세스 그룹도 추가하지 않았기 때문이다. 화면 최상단에는 구성요소(component) 도구 모음과 상태 표시줄이 있다. 구성요소 도구 모음에는 데이터 흐름(data flow)을 구축하는 데 필요한 도구들이 있다. 상태 표시줄은 이름에서 짐작하듯이 NiFi 인스턴스의 현재 상태를 보여준다.

그림 2.3 **NiFi 구성요소 도구 모음과 상태 표시줄**

가장 자주 사용할 도구는 **Processor**(처리기) 도구이다. 나머지 도구들은 왼쪽에서 오른쪽으로 다음과 같다.

- **Input Port** (입력 포트)
- **Output Port**(출력 포트)
- **Process Group**(프로세스 그룹)[역주3]
- **Remote Process Group**(원격 프로세스 그룹)
- **Funnel**(깔대기)
- **Template**(템플릿)
- **Label**(이름표)

그리 많지 않은 이 도구들로도 복잡한 데이터 흐름을 구축할 수 있다.

NiFi의 데이터 흐름은 다수의 처리와 연결, 관계로 이루어진다. NiFi에는 100개 이상의 처리기가

역주2 bin/nifi.sh restart 명령을 실행하면 된다.

역주3 참고로 NiFi의 프로세스 그룹은 처리기를 비롯해 다양한 구성요소들을 하나의 단위로 다루기 위한 일종의 관리 및 추상화 수단이다. 심지어는 프로세스 그룹들을 또 다른 그룹으로 묶을 수도 있다. 제8장에 프로세스 그룹을 이용해서 NiFi 데이터 파이프라인의 버전을 관리하는 방법이 나온다.

미리 갖추어져 있다. **Processor** 도구를 클릭해서 캔버스(모눈이 그려진 공간)에 끌어다 놓으면 사용할 처리기를 선택하는 대화상자가 나타난다(그림 2.4).

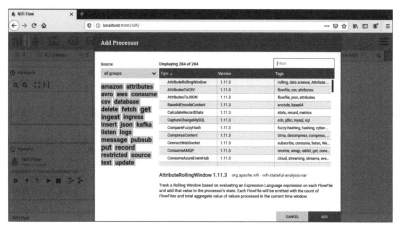

그림 2.4 캔버스에 추가할 수 있는 처리기들

대화상자 오른쪽 상단 검색창('Filter'가 표시된)에 GenerateFlowFile을 입력한 후 아래쪽 'ADD' 버튼을 클릭하면 GenerateFlowFile 처리기가 캔버스에 추가된다. 이 처리기는 텍스트로 FlowFile^{역주4}을 생성하는 데 쓰인다. 다시 **Processor** 도구를 캔버스로 끌어다 놓고 이번에는 PutFile 을 검색해서 추가한다. 이 처리기는 FlowFile을 디스크에 하나의 파일로 저장하는 데 쓰인다. 이제 캔버스는 그림 2.5와 같은 모습일 것이다.

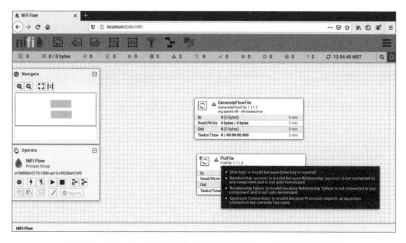

그림 2.5 캔버스에 처리기들을 추가한 후의 모습. 오류가 몇 개 있다.

역주4 FlowFile은 NiFi에서 하나의 데이터 조각을 표현하는 객체로, 데이터를 서술하는 특성들(id, filename 등)과 데이터의 내용으로 구성된다.

처리기를 추가하면 해당 처리기 상자 왼쪽에 주의 기호(삼각형 느낌표 아이콘)가 표시된다. 처리기를 아직 완전히 설정하지 않았기 때문에 오류와 경고가 발생한 것이다. 그림 2.5에는 PutFile 처리기에 대한 여러 오류 및 경고 메시지들(Directory 속성이 설정되지 않았다는 점과 업스트림 연결이 없다는 점, 성공 관계와 실패 관계가 처리되지 않았다는 점 등등)이 표시되어 있다.

처리기를 설정하려면 처리기 상자를 더블클릭해도 되고 오른쪽 클릭 후 Configure를 선택해도 된다. 그림 2.6은 GenerateFlowFile 처리기를 설정하는 예이다.

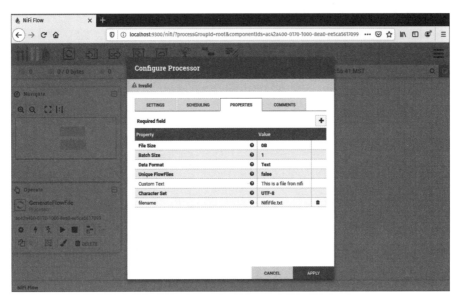

그림 2.6 GenerateFlowFile 처리기의 설정

다음은 모든 처리기의 설정에 공통으로 적용되는 사항들이다.

1 굵게 표시된 속성(property)이나 매개변수(parameter)는 반드시 값을 설정해야 한다. 각 속성에는 그 속성에 관한 도움말을 제공하는 물음표 아이콘이 있다.

2 필수 매개변수들이 미리 채워져 있는 경우도 있다. GenerateFlowfile의 경우 모든 필수 매개변수가 미리 채워져 있다.

3 커스텀 속성(사용자 정의 속성)을 추가할 수도 있다. 설정 대화상자 오른쪽 위의 더하기 아이콘을 클릭하면 된다. 그림 2.6은 **filename**이라는 커스텀 속성을 추가하고 **NifiFile.txt**라는 값을 설정한 예이다. 또한 필수가 아닌 **CustomText** 속성에 **This is a file from nifi**라는 값을 설정했다.[역주5]

[역주5] 추가로, SCHEDULINGS 탭의 Run Schedule 매개변수가 0(지연 없이 반복 실행됨을 뜻함)으로 되어 있다면 적당한 시간(이를테면 10 sec)으로 변경하기 바란다.

4 설정에 문제가 없으면 대화상자 상단 왼쪽 경고 아이콘이 정사각형(정지 버튼)으로 바뀐다.

이 처리기의 설정을 완료하려면 다른 처리기와 연결하고 관계를 설정해야 한다. 일반적으로 관계 (relation)는 처리 성공(success) 및 실패(failure)에 관한 것이지만, 처리기에 따라서는 다른 종류의 관계 도 가능하다.

그럼 연결을 만들어 보자. GenerateFlowfile 처리기 상자 위에 마우스를 올려놓으면 삼각형이 표시된 원 아이콘이 나타난다.

1 원 아이콘을 끌어서 그 아래 있는 PutFile 처리기에 놓는다. 그러면 그 연결이 어떤 관계에 관한 것인지 설정하는 대화상자가 나타나는데, 지금은 선택 가능한 것이 **success**밖에 없다. 이미 체크 되어 있으므로 그대로 둔다.

2 **ADD** 버튼을 클릭해서 관계를 추가한다.

이제 GenerateFlowFile 처리기를 오른쪽 클릭한 후 **Start**를 선택하면 빨간색 정사각형 아이콘이 파 란색 재생 아이콘으로 바뀐다. PutFile 처리기도 적절히 설정하고 나면,[역주6] 데이터 흐름은 다음과 같 은 모습일 것이다.

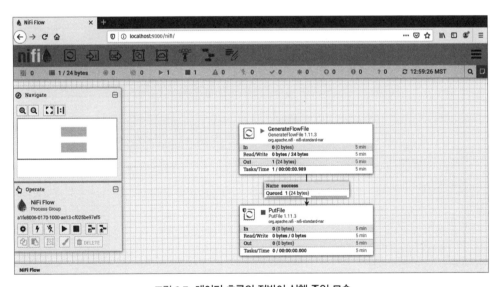

그림 2.7 데이터 흐름의 절반이 실행 중인 모습

[역주6] SETTINGS 탭의 오른쪽 체크상자들(success와 failure)을 체크하고, PROPERTIES 탭에서 Directory 속성에 FlowFile 파일을 저장할 디 렉터리(이를테면 /opt/nifioutput)를 지정하면 된다.

두 처리기 상자 사이에 대기열(queue)을 나타내는 상자가 있다. 이 상자는 FlowFile들의 개수와 크기를 보여준다. 대기열 상자를 오른쪽 클릭한 후 **List queue**를 선택하면 지금까지 대기열에 추가된 FlowFile들의 목록이 나타난다(그림 2.8). 여기서 개별 FlowFile의 세부사항과 내용을 살펴보거나 내려받을 수 있다.

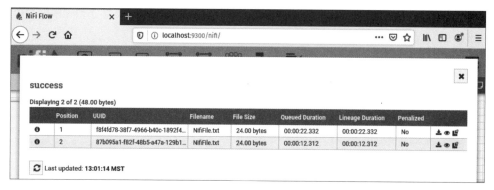

그림 2.8 대기열에 있는 FlowFile 목록

특정 FlowFile 행의 왼쪽에 있는 ⓘ 아이콘을 클릭하면 해당 FlowFile에 관한 창이 나타나는데, 이 창에는 두 개의 탭이 있다. **DETAILS** 탭에는 몇 가지 NiFi 메타데이터가 나온다. 또한 여기서 해당 FlowFile을 내려받을 수도 있다. **ATTRIBUTES** 탭은 NiFi 자체가 배정한 특성(attribute)들과 데이터 파이프라인 안에서 생성된 특성들이(있다면) 나타난다. 그림 2.9는 **DETAILS** 탭의 예이다.

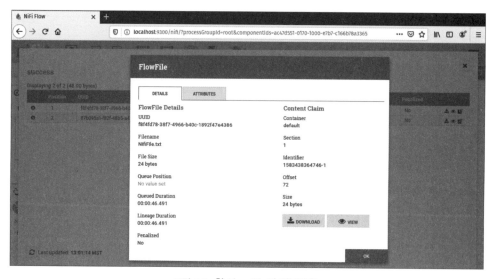

그림 2.9 한 FlowFile의 세부사항

DETAILS 탭에서 VIEW 버튼을 클릭하면 해당 FlowFile의 내용이 텍스트 형태로 표시된다(그림 2.10). 텍스트 기반 데이터라면 이처럼 텍스트를 그대로 표시해도 되지만, 이진 데이터라면 16진수들을 보는 게 나을 수도 있을 것이다. 그런 경우 상단 View as:에서 hex를 선택하면 된다. 이외에 텍스트를 서식화해서 보여주는 옵션(formatted)도 있다.

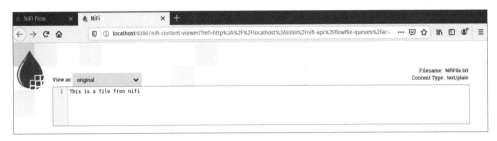

그림 2.10 **FlowFile의 내용**

PutFile 처리기는 FlowFile을 지역 컴퓨터의 디렉터리에 하나의 파일로 저장한다. 나(저자)는 저장 디렉터리(PutFile 설정의 **directory** 속성)로 /opt/nifioutput을 지정했다. 루트 권한이 없는 경우라면 여러분의 홈 디렉터리의 한 폴더를 지정하면 될 것이다. 이것이 아주 좋은 데이터 흐름은 아니지만, 지정된 간격(지금 예의 경우 10초)으로 파일을 생성해서 디스크에 기록하는(매번 기존 파일을 덮어쓴다) 형태의 흐름을 보여주는 예로는 충분할 것이다. 그림 2.11에서 보듯이, PutFile 처리기에 설정한 디렉터리에 GenerateFlowFile 처리기에서 설정한 이름으로 텍스트 파일이 저장되었고, 그 내용은 GenerateFlowFile 처리기에 설정한 것과 동일하다.

그림 2.11 **데이터 흐름의 출력**

이 책 전체에서 주된 데이터 공학 도구는 NiFi이다. 다음 장부터 NiFi 데이터 흐름 구축에 관해 이번 장에서 말한 것보다 훨씬 많은 것을 배울 것이다. 이 책에서 주로 사용하는 또 다른 도구는 아파치 에어플로인데, 잠시 후에 에어플로를 설치하고 설정해 볼 것이다. 그 전에, NiFi에서 PostgreSQL을 사용할 수 있도록 설정하자.

2.1.2 PostgreSQL 드라이버

NiFi의 ExecuteSQL 처리기를 이용해서 데이터베이스에 연결하려면 연결 풀(connection pool)이 필요한데, 연결 풀을 만들려면 원하는 데이터베이스에 대한 **JDBC**(Java Database Connectivity) 드라이버가 필요하다. 이 책에서는 PostgreSQL을 사용하므로(§2.5에서 설치, 설정한다), PostgreSQL용 JDBC 드라이버를 설치해야 한다. 우선 *https://jdbc.postgresql.org/download.html*로 가서 **PostgreSQL JDBC 4.2 driver, 42.2.19**를 내려받기 바란다.

NiFi가 설치된 디렉터리에 drivers라는 새 폴더를 만들고, 앞에서 내려받은 postgresql-42.2.19.jar 파일을 그 폴더로 옮긴다. 나중에 PostgreSQL 데이터베이스와 연동하는 NiFi 처리기를 설정할 때 이 jar 파일을 참조할 것이다.

2.2 아파치 에어플로의 설치와 설정

아파치 에어플로Airflow는 아파치 NiFi와 같은 용도의 소프트웨어지만, 파이썬만으로도 데이터 흐름을 작성할 수 있다는 점이 다르다. 따라서 파이썬에 익숙한 개발자라면 이상적인 도구라 할 수 있다. 현재 에어플로는 가장 인기 있는 오픈소스 데이터 파이프라인 도구이다. 다만, NiFi에 비하면 GUI가 상당히 투박하다. 독자에 따라서는 이것이 강력한 데이터 흐름을 유연하게 작성할 수 있다는 장점을 상쇄할 정도의 단점일 것이다.

아파치 에어플로는 pip으로 설치할 수 있다. 아파치 에어플로를 설치하기 전에 먼저 설치 장소를 환경 변수 AIRFLOW_HOME에 설정해 주어야 한다. 예를 들어 에어플로를 /opt/airflow에 설치하고 싶다면 AIRLFOW_HOME을 다음과 같이 설정하면 된다.

```
export AIRFLOW_HOME=/opt/airflow
```

이 책에서는 에어플로를 ~/airflow에 설치한다(이것이 기본 설정이다). 다음으로, 어떤 하위 패키지들을 설치할 것인지 결정해야 한다. pip으로 설치할 때 아무것도 지정하지 않으면 에어플로 자체를 실행하는 데 필요한 최소한의 패키지들만 설치된다. 이 책에서는 PostgreSQL을 사용하므로, 설치 시 다음과 같이 대괄호 안에 postgres를 지정해야 한다.

```
apache-airflow[postgres]
```

대괄호 안에 all을 지정하면 모든 하위 패키지가 설치되고, all_dbs를 지정하면 모든 데이터베이스 관련 하위 패키지가 설치된다. 이 책에서는 PostgreSQL과 함께 Slack과 Celery를 위한 하위 패키지들을 설치한다. 그림 2.12에 설치 가능한 모든 하위 패키지가 나와 있다.

패키지	명령	패키지	명령
All	all	kerberos	kerberos
all_dbs	all_dbs	kubernetes	kubernetes
async	async	ldap	ldap
aws	aws	mssql	mssql
azure	azure	mysql	mysql
celery	celery	oracle	oracle
cloudant	cloudant	password	password
crypto	crypto	postgres	postgres
devel	devel	presto	presto
devel_hadoop	devel_hadoop	qds	qds
druid	druid	rabbitmq	rabbitmq
gcp	gcp	redis	redis
github_enterprise	github_enterprise	samba	samba
google_auth	google_auth	slack	slack
hdfs	hdfs	ssh	ssh
hive	hive	vertica	vertica
jdbc	jdbc		

그림 2.12 **모든 패키지 명령 옵션**

다음은 PostgreSQL, Slack, Celery 패키지와 함께 아파치 에어플로를 설치하는 명령이다.

```
pip install 'apache-airflow[postgres,slack,celery]'
```

이제 에어플로를 실행해 보자. 제일 먼저, 다음 명령으로 데이터베이스를 초기화해야 한다.

```
airflow db init
```

에어플로의 기본 데이터베이스는 SQLite이다. 에어플로를 시험해 보거나 컴퓨터 한 대에서만 실행하는 경우에는 SQLite로 충분하지만, 실무에서 클러스터로 운영하려면 PostgreSQL 같은 좀 더 본격적인 데이터베이스로 바꿀 필요가 있다.

---

airflow 명령 실행 오류

만일 airflow를 실행했을 때 명령을 찾지 못했다는 오류가 난다면 airflow 실행 파일이 있는 디렉터리를 다음을 참고해서 시스템 경로에 추가하기 바란다.

```
export PATH=$PATH:/home/<사용자이름>/.local/bin
```

다음으로, 에어플로의 웹 서버를 띄운다. 에어플로 웹 서버는 기본적으로 8080 포트에서 실행된다. 아파치 NiFi의 기본 포트도 8080이지만, 우리는 이미 nifi.properties에서 NiFi의 포트를 9300으로 바꾸었으므로(§2.1 참고) 둘을 같이 실행해도 충돌하지 않는다. 다음은 에어플로 웹 서버를 시동하는 명령이다.

```
airflow webserver
```

NiFi의 포트를 변경하지 않았거나 다른 어떤 프로세스가 이미 8080 포트를 사용하고 있다면, 다음과 같이 -p 옵션으로 다른 포트 번호를 지정해 주면 된다.

```
airflow webserver -p 8081
```

다음으로, 일정 주기로 데이터 흐름이 실행되게 하려면 에어플로 스케줄러가 필요하다. 현재 터미널에는 웹 서버가 실행 중이므로, 다른 터미널 창을 열어서 다음을 실행하기 바란다.

```
airflow scheduler
```

에어플로는 스케줄러 없이도 실행되지만, 스케줄러가 실행 중이 아닌 상태에서 웹 서버에 접속하면 웹 페이지 상단에 경고 메시지가 나온다(그림 2.13).[역주7]

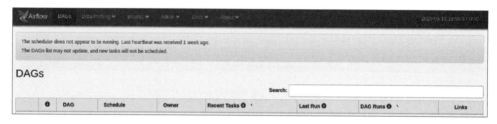

그림 2.13 스케줄러가 실행 중이 아니라는 경고 메시지

스케줄러를 실행한 터미널 자체에는 병렬성(parallelism)을 1로 설정했다는 경고 메시지가 나오는데(그림 2.14), 이는 현재 SQLite를 데이터베이스로 사용하기 때문이다. 지금은 이 메시지를 무시해도 된다. 이후에 한 번에 둘 이상의 작업을 실행할 수 있도록 설정을 바꾸어 볼 것이다.

역주7　에어플로 웹 서버로 접속했을 때 DAGs 페이지 대신 로그인 페이지가 나온다면, 터미널에서 airflow users create를 실행했을 때 나오는 도움말을 참고해서 사용자를 추가한 후 로그인하기 바란다.

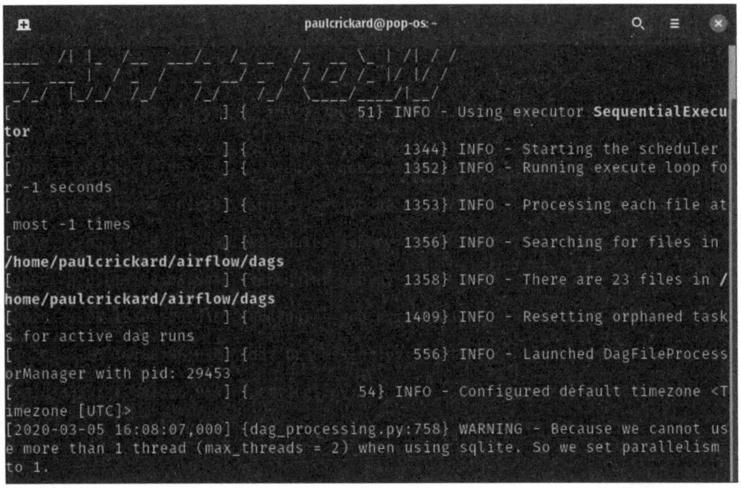

그림 2.14 **실행 중인 스케줄러. SQLite 관련 경고 메시지가 하나 있다(제일 아래 'WARNING –' 부분).**

데이터베이스를 초기화하고, 웹 서버와 스케줄러를 실행한 후 웹 브라우저로 웹 서버(*http://localhost:8080*)에 접속하면 에어플로의 GUI를 볼 수 있다. 에어플로를 설치하면 예제 데이터 흐름 몇 개가 함께 설치된다. 에어플로에서는 데이터 흐름을 **DAG**(Directed Acyclic Graph)이라고 부른다. 여러분의 브라우저에도 그림 2.15와 같은 DAG들이 나타나 있을 것이다.

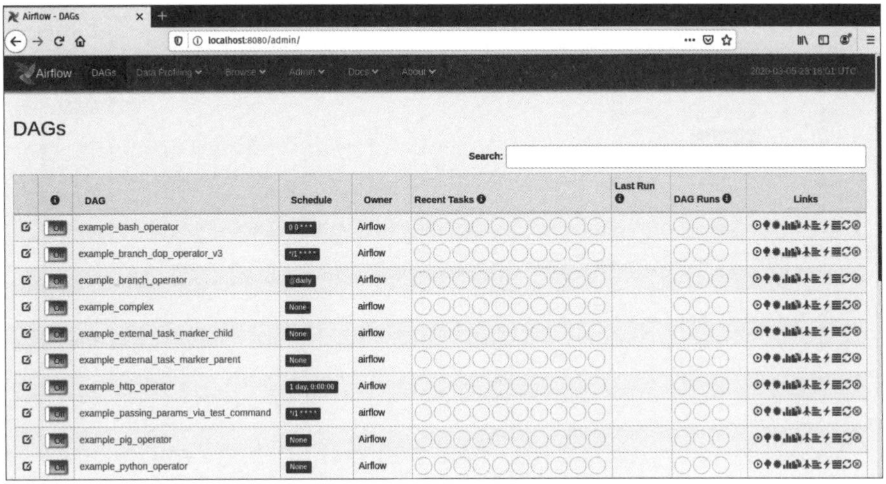

그림 2.15 **에어플로와 함께 설치된 여러 예제 DAG들**

에어플로의 DAG는 파이썬 코드를 이용해서 작성하므로, 여기서 에어플로의 GUI를 자세히 살펴보지는 않겠다. 이후의 관련 장들에서 에어플로 GUI를 좀 더 배우게 될 것이다. DAG 목록에서 첫 번째 DAG(example_bash_operator)를 클릭하면 그 DAG의 구성요소(작업)들을 트리 형태로 보여주는

Tree View^{트리 뷰} 탭이 표시된다. **Graph View** 탭을 클릭하면 그림 2.16과 같은 그래프 뷰가 표시된다.

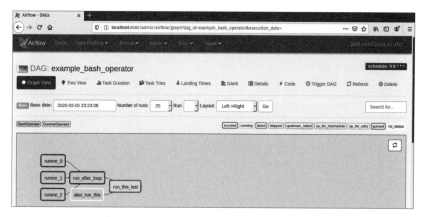

그림 2.16 example_bash_operator DAG의 그래프 뷰

그래프 뷰는 DAG를 구성하는 작업들의 의존 관계와 실행 순서를 명확하게 보여준다. 그럼 DAG를 실제로 실행해 보자. 다시 **Tree View**로 돌아가서, 상단 **DAG: example_bash_operator** 왼쪽의 스위치를 켜고 **Trigger DAG**를 클릭한 후 **Yes**를 선택한다.^{역주8} 그러면 페이지가 갱신된다. 그림 2.17은 이 DAG를 여러 번 실행한 후의 모습인데, 각 실행에서의 각 작업의 상태를 확인할 수 있다.

그림 2.17 example_bash_operator DAG를 여러 번 실행한 결과

그림 2.17의 화면은 이 DAG가 두 번 성공적으로 실행되었고 셋은 아직 진행 중이며 대기열에 네 개의 작업이 실행을 기다리고 있음을 보여준다. 이 DAG를 비롯해 에어플로가 기존으로 제공하는 예

역주8 에어플로 버전에 따라서는 제일 오른쪽의 삼각형 재생 버튼을 클릭해서 나오는 페이지에서 Trigger를 클릭해야 할 수도 있다.

제 DAG들은 에어플로 GUI를 배우는 용도로 아주 유용하지만, 에어플로를 본격적으로 사용하게 되면 오히려 거추장스러운 존재가 된다. 큰 문제는 아니라 해도, 실제로 사용할 DAG와 작업을 좀 더 빠르게 찾아가려면 이 예제들을 없애는 편이 나을 것이다.

다행히, airflow.cfg 파일을 조금만 수정하면 에어플로 GUI에서 예제 DAG들이 보이지 않게 할 수 있다. vi 등 여러분이 즐겨 사용하는 텍스트 편집기로 그 파일을 열고 다음 줄을 찾아서 True를 False로 변경하면 된다.

```
load_examples = True
```

그림 2.18에 airflow.cfg 파일을 편집기로 연 모습이 나와 있다. 커서가 있는 줄을 수정하면 된다.

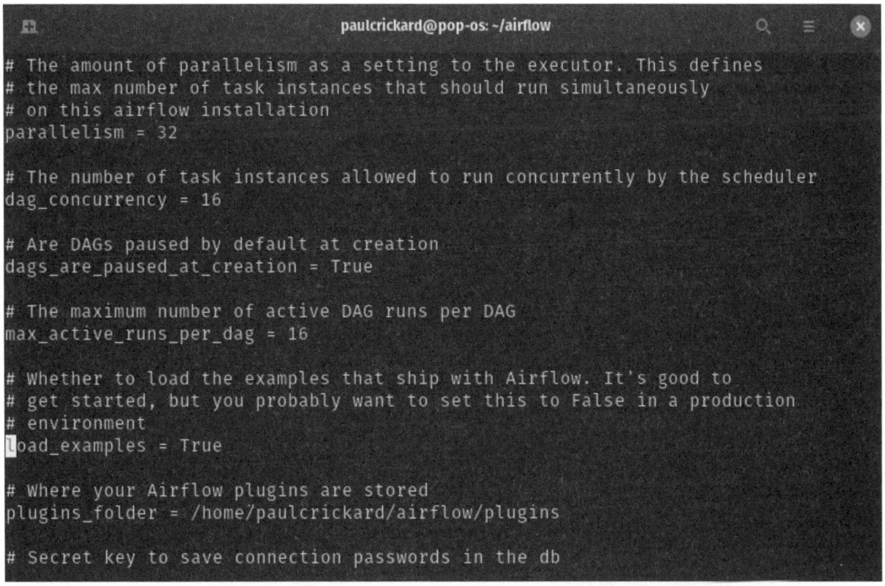

그림 2.18 커서가 있는 줄을 load_examples = False로 변경해야 한다.

그런데 변경된 airflow.cfg 파일이 즉시 반영되지는 않는다. 일단 웹 서버를 중지한 후 에어플로 데이터베이스를 갱신해 주어야 한다. 앞에서 pip으로 에어플로를 설치한 후 다음 명령으로 데이터베이스를 초기화했음을 기억할 것이다.

```
airflow db init
```

airflow.cfg 파일에서 변경한 설정이 데이터베이스에 반영되게 하려면 다음 명령을 실행해야 한다.

```
airflow db reset
```

이렇게 하면 airflow.cfg의 변경 사항이 메타데이터 데이터베이스에 반영된다. 이제 웹 서버를 다시 시동한 후 브라우저로 *http://localhost:8080*에 접속하면 그림 2.19와 같이 아무 DAG도 없는 화면을 보게 될 것이다.

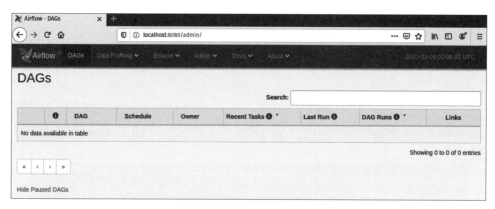

그림 2.19 **깨끗한 에어플로. DAG가 하나도 없다.**

다음 장(제3장)에서 이 깨끗한 에어플로에 DAG들을 추가해 볼 것이다.

2.3 일래스틱서치의 설치와 설정

일래스틱서치는 검색 엔진(search engine)이다. 이 책에서는 일래스틱서치를 하나의 NoSQL 데이터베이스로 사용한다. 다른 곳의 데이터를 일래스틱서치로 옮기거나 일래스틱서치의 데이터를 다른 곳으로 옮기는 방법을 차차 배우게 될 것이다. 그럼 일래스틱서치를 설치하고 실행해 보자.

1   curl을 이용해서 일래스틱서치 압축 파일을 내려받는다.

```
curl https://artifacts.elastic.co/downloads/elasticsearch/\
  elasticsearch-7.6.0-darwin-x86_64.tar.gz --output elasticsearch.tar.gz
```

2   압축 파일을 해제한다.

```
tar xvzf elasticsearch.tar.gz
```

3   현재 디렉터리에 새로 만들어진 일래스틱서치 디렉터리의 config/elasticsearch.yml을 열고 아래를 참고해서 노드와 클러스터의 이름을 설정한다. 이후에 다수의 노드로 일래스틱서치 클러스터를 구성하는 방법을 배울 것이다. 일단 지금은 노드 하나만 사용한다.

```
cluster.name: DataEngineeringWithPython
node.name: OnlyNode
```

4 이제 준비가 끝났다. 다음 명령을 실행하면 일래스틱서치가 실행된다.

```
bin/elasticsearch
```

5 잠시 기다린 후 브라우저로 *http://localhost:9200*을 열면 그림 2.20과 같은 화면이 나타날 것이다.

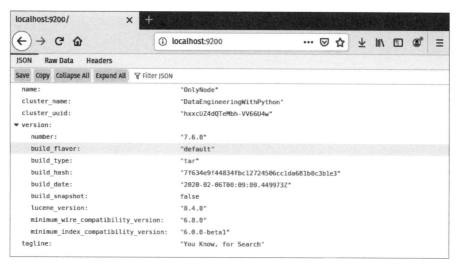

그림 2.20 **실행 중인 일래스틱서치**

이렇게 해서 이 책에서 사용할 NoSQL 데이터베이스가 마련되었다. 나중에 관계형 데이터베이스도 마련할 것이다.

2.4 키바나의 설치와 설정

일래스틱서치는 GUI를 제공하지 않고 API만 제공한다. 시각화(visualization) 도구인 키바나^{Kibana}를 일래스틱서치를 위한 GUI로 사용할 수 있다. 키바나를 이용하면 일래스틱서치를 관리하고 조작하기가 훨씬 수월해진다. 키바나를 일래스틱서치 API에 접근하는 GUI로 활용할 수 있을 뿐만 아니라, 일래스틱서치에 있는 데이터를 시각화하는 도구와 대시보드를 구축하는 용도로도 활용할 수 있다. 다음은 키바나를 설치하고 실행하는 과정이다.

1 wget을 이용해서 apt용 키를 추가한다.

```
wget -qO - https://artifacts.elastic.co/GPG-KEY-elasticsearch \
| sudo apt-key add -
```

2 키바나 패키지가 있는 저장소를 추가한다.

```
echo "deb https://artifacts.elastic.co/packages/7.x/apt stable main" \
| sudo tee -a /etc/apt/sources.list.d/elastic-7.x.list
```

3 apt를 갱신한 후 키바나를 설치한다.

```
sudo apt-get update
sudo apt-get install kibana
```

4 키바나 설정 파일은 etc/kibana에 있고 키바나 실행 파일은 자체는 /usr/share/kibana/bin에 있다. 다음 명령을 실행하면 키바나가 실행된다.

```
/usr/share/kibana/bin/kibana
```

5 잠시 기다린 후 브라우저로 *http://localhost:5601*을 연다. 기본적으로 키바나는 localhost의 9200 에서 실행 중인 일래스틱서치를 찾는다. 9200은 바로 일래스틱서치의 기본 포트이다. 앞에서 일 래스틱서치의 포트 번호를 바꾸지 않은 것은 이 때문이다. 키바나에 처음 접속하면 **Add Data**와 **Explore on my own** 중 하나를 선택하는 대화상자나 나온다(그림 2.21).

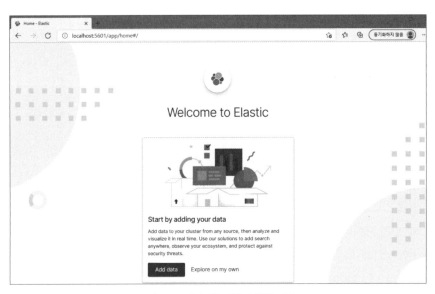

그림 2.21 키바나를 처음 실행한 모습

아직 일래스틱서치에 색인(index)을 만들어서 데이터를 적재하지 않았으므로, 여기서 **Explore on my own**을 선택해 보았자 아무것도 볼 것이 없다. 키바나의 GUI에 익숙해지기 위해 **Add data**를 선택하기로 하자.

6 **Add data**를 클릭한 후 **Sample data** 탭을 선택하면 그림 2.22와 같은 항목들이 보일 것이다. 여기서 Sample eCommerce orders(전자상거래 주문 예제)의 **Add data** 버튼을 클릭한다.

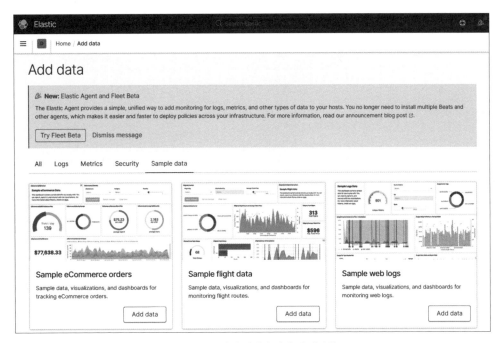

그림 2.22 **예제 데이터 적재 및 시각화**

예제 데이터 추가가 끝나길 기다렸다가 왼쪽 상단 '햄버거' 메뉴를 펼쳐서[역주9] **Discover**를 클릭하기 바란다. 그러면 데이터 레코드들을 살펴볼 수 있는 **Discover** 화면이 나타난다. 데이터에 날짜(date) 필드가 존재하면 일정 기간의 레코드 개수를 보여주는 막대그래프가 표시되는데, 특정 막대를 선택하거나 기간을 변경할 수 있다. 레코드 하나를 선택하면 해당 데이터가 테이블(표) 또는 JSON 형식으로 표시된다. 이 화면에서 데이터에 질의를 수행하고 그것을 이후 시각화에 사용할 객체로 저장하는 것도 가능하다. 그림 2.23은 주 Discover 화면의 모습이다.

역주9   키바나의 버전에 따라서는 햄버거 메뉴 대신 아이콘들이 나열된 사이드바가 표시될 수 있다. **Discover** 아이콘은 나침반 모양이다.

그림 2.23 Discover 화면

Discover 화면이 보여주는 데이터나 저장된 질의로 시각화를 만들 수 있는데, 데이터를 수평, 수직 막대그래프나 파이/도넛 그래프, 빈도, 마크다운, 열지도 등 다양한 방식으로 표현할 수 있다. 키바나는 심지어 지리 데이터를 위한 지도 위젯도 제공한다. 예제 전자상거래 데이터에는 그냥 국가 수준의 정도의 지리 데이터만 포함되어 있지만, 지도 위젯은 위도·경도 좌표를 이용한 좀 더 세밀한 시각화도 지원한다. 그림 2.24는 예제 전자상거래 데이터를 지역별 지도로 표시한 예이다.

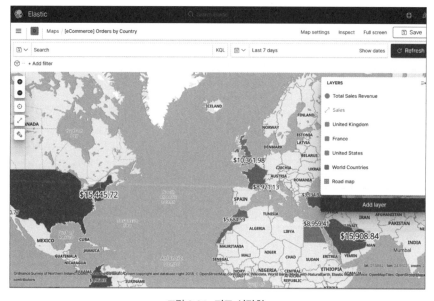

그림 2.24 지도 시각화

하나 또는 여러 개의 일래스틱서치 색인들에 대한 시각화를 여러 개 만들고 나면, 그것들을 모아서 하나의 대시보드를 만들 수 있다. 키바나는 다수의 색인에서 가져온 데이터를 표시하는 다수의 위젯 widget으로 대시보드를 꾸미는 기능을 제공한다. 대시보드 안에서 질의나 필터링을 수행하면 모든 위젯이 갱신된다(해당 필드 이름이 각 색인에 존재한다고 할 때). 다음은 예제 전자상거래 데이터의 여러 시각화 위젯으로 구성한 대시보드의 예이다.

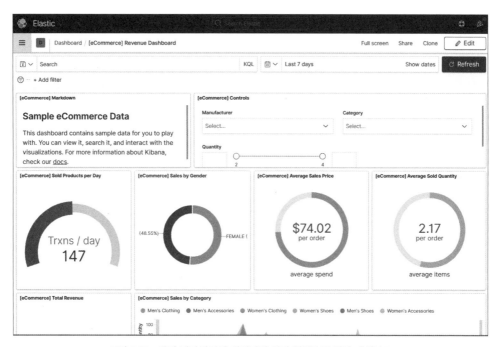

그림 2.25 예제 전자상거래 데이터의 여러 위젯으로 만든 대시보드

마지막으로, **Dev Tools** 화면은 일래스틱서치 질의문을 미리(데이터 공학 파이프라인의 구현에 사용하기 전에) 시험해 보기에 좋은 장소이다. 이 화면에서 여러분은 일래스틱서치 색인과 데이터를 생성할 수 있으며, 데이터를 필터링하거나 검색, 취합하는 질의문을 실행할 수 있다. 질의 결과는 이 화면의 오른쪽 부분에 직접 표시된다. 다음은 색인에 레코드 하나를 추가하고 ID로 레코드를 검색한 결과이다.

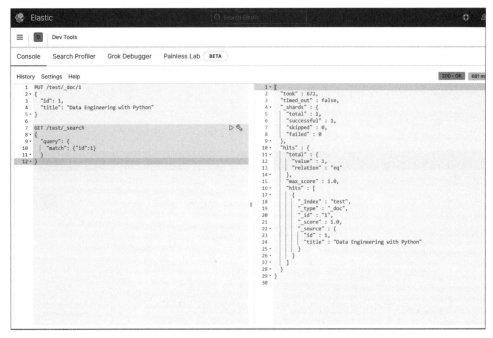

그림 2.26 시험용 레코드 하나에 대한 질의

이렇게 해서 일래스틱서치와 키바나를 설치했다. 다음 두 절에서는 관계형 데이터베이스를 위한 PostgreSQL과 pgAdmin 4를 설치한다. 그러면 NoSQL 데이터베이스와 SQL 데이터베이스를 모두 갖추게 된다.

2.5 PostgreSQL의 설치와 설정

PostgreSQL은 오픈소스 관계형 데이터베이스(relational database) 시스템으로, Oracle Database나 Microsoft SQL Server와 비교할 수 있는 제품이다. PostgreSQL은 다양한 플러그인 또는 확장기능을 지원하는데, 예를 들어 지리적 객체를 데이터베이스에 저장, 조회하기 위한 postGIS 플러그인이 있다. 이 책에서는 PostgreSQL을 관계형 데이터베이스로 사용한다. 다음은 데비안^{Debian} 기반 리눅스에서 PostgreSQL을 설치하고 설정하는 과정이다.

1 apt-get을 이용해서 PostgreSQL 패키지를 설치한다.^{역주10}

역주10   postgresql-11 패키지를 찾을 수 없다는 오류가 나온다면 §2.6 pgAdmin 4 설치 과정의 1번을 실행해서 PostgreSQL 저장소를 추가한 후 다시 시도해 보기 바란다. 또는, sudo apt-get install postgresql을 실행해서 apt 공식 저장소 기준으로 최신 버전의 PostgreSQL을 설치할 수도 있다. 단, 그런 경우에는 이후의 예제 명령들에서 '11'을 해당 버전으로 바꾸어 주어야 한다.

```
sudo apt-get install postgresql-11
```

2 설치가 끝났으면 PostgreSQL 데몬을 실행한다.

```
sudo pg_ctlcluster 11 main start
```

3 기본 사용자인 postgres에는 패스워드가 설정되지 않았다. 패스워드를 설정하기 위해 기본 데이터베이스에 연결한다.

```
sudo -u postgres psql
```

4 연결되면 다음 명령을 이용해서 패스워드를 설정한다.

```
ALTER USER postgres WITH PASSWORD '<패스워드>';
```

5 다시 셸로 돌아와서,^{역주11} 이 책의 예제들을 위한 데이터베이스를 생성한다.

```
sudo -u postgres createdb dataengineering
```

명령줄(command line)을 사용하는 것이 빠르긴 하지만, 가끔은 GUI를 사용하는 것이 더 편하다. PostgreSQL은 GUI 방식의 관리 도구를 제공하는데, pgAdmin 4가 바로 그것이다.

2.6 pgAdmin 4 설치

관계형 데이터베이스에 익숙하지 않은 독자라면 pgAdmin 4를 이용해서 PostgreSQL을 관리하는 것이 훨씬 편할 것이다. pgAdmin 4에서는 웹 기반 GUI를 통해서 직관적으로 데이터를 살펴보거나 테이블을 생성할 수 있다. 다음은 pgAdmin 4를 설치하는 과정이다.

1 먼저 pgAdmin 4 패키지가 있는 저장소를 apt에 등록한 추가한 후 pgAdmin 4를 설치한다.

```
sudo curl https://www.pgadmin.org/static/packages_pgadmin_org.pub \
| sudo apt-key add
sudo sh -c 'echo "deb https://ftp.postgresql.org/pub/pgadmin/pgadmin4\
/apt/$(lsb_release -cs) pgadmin4 main" > /etc/apt/sources.list.d/pgadmin4.list'
sudo apt update
sudo apt install pgadmin4-web -y
```

2 pgAdmin 4 웹 서버의 설정을 위해 다음 명령을 실행한다.

역주11 PostgreSQL 콘솔에서 빠져나오는 명령은 \q이다.

```
sudo /usr/pgadmin4/bin/setup-web.sh
```

그러면 pgAdmin 4 사용자(pgAdmin의 관리자 계정으로 쓰이며, 앞의 PostgreSQL 기본 사용자와는 개별적이다)를 생성하기 위한 프롬프트들이 제시된다(그림 2.27). 이메일 주소와 패스워드를 적절히 입력하고, 나머지 질문들에는 모두 y를 입력하면 된다.

```
Creating configuration database...
NOTE: Configuring authentication for SERVER mode.

Enter the email address and password to use for the initial pgAdmin user account:

Email address: postgres@localhost
Password:
Retype password:
```

그림 2.27 pgAdmin 4 사용자 생성

3 이제 브라우저로 http://localhost/pgadmin4에 접속하면 그림 2.28과 같은 로그인 화면이 나오는데, 2번에서 입력한 이메일 주소와 패스워드를 입력하면 된다.

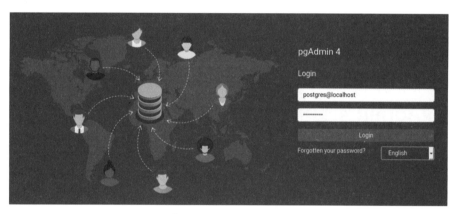

그림 2.28 pgAdmin 4 로그인

로그인에 성공하면 웹 GUI를 이용해서 데이터베이스를 관리할 수 있다. 그럼 pgAdmin 4의 여러 기능을 간략하게나마 둘러보자.

2.6.1 pgAdmin 4 둘러보기

pgAdmin 4에 로그인하면 전체적인 현황을 보여주는 대시보드가 나타난다. 왼쪽 트리 뷰에는 데이터베이스 서버들의 목록이 표시되는데, 아직 아무런 서버도 추가하지 않았으므로 그냥 Servers라는 이름만 나타난다. 그럼 §2.5에서 설치한 PostgreSQL 서버를 추가해 보자.

대시보드의 **Add new server** 아이콘을 클릭하면 서버 추가를 위한 대화상자가 나타난다. 그림 2.29를 참고해서 앞에서 설치, 실행한 PostgreSQL 인스턴스를 추가하기 바란다.

그림 2.29 **새 서버 추가**

서버를 추가한 후 왼쪽 트리 뷰에서 서버 아이콘을 확장하면 앞에서 만든 dataengineering 데이터베이스가 보일 것이다. dataengineering 데이터베이스의 노드 중 **schemas**를 확장하고 다시 **public**을 확장하기 바란다. 이제 그림 2.30에서처럼 **Tables**를 오른쪽 클릭하고 **Create | Table**을 선택하면 테이블을 생성하는 대화상자가 나타난다.

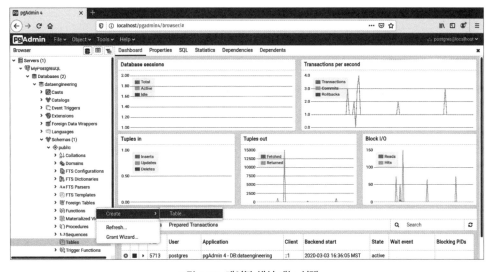

그림 2.30 **테이블 생성 메뉴 선택**

General 탭에서 테이블 이름을 users로 설정하고, 그림 2.31을 참고해서 **Columns** 탭에서 다섯 가지 테이블 열(필드)들을 추가하기 바란다.[역주12]

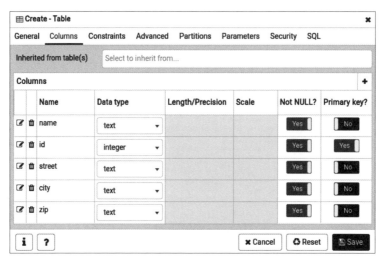

그림 2.31 테이블 정의

제4장에서는 파이썬의 faker 라이브러리를 이용해서 이 테이블에 데이터를 채워 넣는다.

2.7 요약

이번 장에서는 데이터 공학자가 사용하는 여러 도구를 설치하고 설정하는 방법을 배웠다. 이제 여러분은 데이터 파이프라인을 구축할 실용적인 환경을 갖추었다. 실무 환경에서는 이 모든 도구를 한 대의 컴퓨터에서 실행하지 않지만, 지금처럼 도구들을 배우고 익히는 과정에서는 모든 도구를 함께 설치해 두는 것이 편하다. 현재 여러분의 환경은 데이터베이스 시스템 두 개(일래스틱서치 및 PostgreSQL)와 데이터 파이프라인 구축 도구 두 개(아파치 NiFi와 에어플로)로 구성되어 있다.

다음 장에서는 아파치 NiFi와 아파치 에어플로(파이썬)를 데이터 파일들에 연결하고, 일래스틱서치와 PostgreSQL에도 연결한다. CSV 파일의 데이터를 데이터베이스로 옮기는 첫 번째 데이터 파이프라인을 NiFi와 에어플로에서 구축해 볼 것이다.

역주12 지금 당장 테이블을 추가하기가 좀 버겁다면, 제4장에서 좀 더 자세한 과정을 제시하니 제4장으로 미루어도 된다.

파일 읽고 쓰기

이전 장에서는 NiFi, 에어플로, PostgreSQL, 일래스틱서치 등 다양한 도구를 설치하는 방법을 살펴보았다. 이번 장에서는 그 도구들을 실제로 사용하는 방법을 설명한다. 데이터 공학에서 가장 기본적인 작업 하나는 텍스트 파일에 담긴 데이터를 데이터베이스로 옮기는 것이다. 이번 장에서 여러분은 CSV와 JSON을 비롯해 다양한 형식의 텍스트에서 데이터를 읽거나 기록하는 방법을 배운다.

이번 장의 주요 주제는 다음과 같다.

- 파이썬으로 파일 읽고 쓰기
- 에어플로로 파일 처리하기
- 파일 처리를 위한 NiFi 처리기
- 파이썬으로 데이터를 데이터베이스에서 읽어오거나 데이터베이스에 기록하기
- 에어플로에서 데이터베이스 다루기
- NiFi의 데이터베이스 처리기

3.1 파이썬으로 파일 쓰고 읽기

이번 절의 제목을 자세히 살펴보면 "읽고 쓰기"가 아니라 "쓰고 읽기"이다. 즉, 이번 장에서는 먼저 데이터를 파일에 기록하는 방법을 설명한 다음에 파일에서 데이터를 읽어오는 방법을 설명한다. 읽어 들일 데이터의 구조를 이해하는 데에는 먼저 데이터를 기록해 보는 것이 도움이 된다.

데이터를 기록하려면 기록할 데이터가 있어야 하는데, 여기서는 faker라는 라이브러리를 이용해서 데이터를 생성한다. faker는 흔히 쓰이는 필드들로 구성된 가짜(fake) 데이터를 간편하게 생성하는 수단을 제공한다. 예를 들어 address()를 호출하면 주소 데이터가 만들어지고, name_female()를 호출하면 여성 이름이 만들어진다. 덕분에 진짜 같은 가짜 데이터를 간단하게 만들어 낼 수 있다.

faker 라이브러리는 pip으로 설치할 수 있다.

```
pip3 install faker
```

다음 절부터는 faker로 생성한 가짜 데이터를 다양한 형식의 텍스트 파일에 기록하고 읽어 들이는 방법을 설명한다. 첫 번째는 CSV 파일이다.

3.1.1 CSV 파일 쓰고 읽기

데이터 공학에서 가장 흔히 쓰이는 파일 형식은 아마도 **CSV**(Comma-Separated Values; 쉼표로 분리된 값들)일 것이다. CSV 파일의 각 행(row)은 쉼표로 분리된 필드들로 이루어진다. 그런데 쉼표는 텍스트에 상당히 흔히 쓰이는 문자이므로, 쉼표를 포함한 텍스트를 하나의 필드로 두려면 필드 전체를 큰따옴표로 감싸야 한다. 큰따옴표 쌍 안에 있는 쉼표는 필드 구분 문자로 간주되지 않는다. 보통의 처리 방식에서 벗어나게('탈출') 한다는 의미에서, 큰따옴표 문자를 탈출 문자(escape character)라고 부른다. 파이썬 표준 라이브러리에는 CSV 데이터를 간편하게 처리할 수 있는 csv 모듈이 있다.

3.1.1.1 파이썬 csv 모듈을 이용한 CSV 기록

다음은 표준 라이브러리의 csv 모듈을 이용해서 데이터를 CSV 형식으로 파일에 기록하는 과정이다.[역주1]

1 파일을 쓰기 모드로 연다. 파일을 쓰기 모드로 열려면 open 함수를 호출할 때 파일 이름 다음에 파일 모드 문자 w를 지정해야 한다. 참고로 읽기 전용으로 여는 파일 모드는 r, 기존 내용에 덧붙여(append) 쓰는 파일 모드는 a, 읽기와 쓰기가 모두 가능한 파일 모드는 r+이다. 마지막으로, 텍스트가 아닌 파일을 다룰 때는 모드에 b를 붙이면 된다(b는 binary[이진]을 뜻함). 예를 들어 데이터를 바이트 단위로 기록하려면 wb를 지정하면 된다.

```
output=open('mycsv.csv',mode='w')
```

역주1 이하의 과정은 이미 import csv를 실행했다고 가정한다. 이처럼 파이썬 표준 라이브러리를 사용할 때는 해당 import 문을 생략하기도 함을 기억하기 바란다.

2 CSV_writer 객체를 생성한다. 이때 데이터를 기록할 파일을 가리키는 객체를 반드시 지정해야 한다. 필요하다면 dialect 같은 매개변수를 추가로 지정할 수도 있다. dialect는 CSV의 구체적인 종류('방언')를 지정하기 위한 것인데, MS 엑셀 등 흔히 쓰이는 종류들이 미리 정의되어 있다. 또한 구분 문자(필드 분리 문자)나 인용 수준 등을 직접 지정해서 새로운 종류를 정의하는 것도 가능하다. dialect를 따로 지정하지 않으면 가장 흔히 쓰이는 기본값들이 적용된다. 예를 들어 기본 구분 문자는 쉼표이고(CSV이므로 당연하다) 기본 인용(큰따옴표 적용) 수준은 QUOTE_MINIMAL인데, QUOTE_MINIMAL은 필드 안에 특수 문자나 구분 문자가 있을 때만 큰따옴표를 추가한다. 지금은 기본값들을 사용할 것이므로 파일 객체만 지정한다.

```
mywriter=csv.writer(output)
```

3 먼저 필드들을 설명해 주는 헤더를 기록한다. CSV의 필드들을 일일이 기억하려 들기보다는 이처럼 헤더를 기록해 두는 것이 바람직하다. 헤더를 기록하는 방법은 다른 행을 기록하는 방법과 같다. 그냥 원하는 값들을 담은 배열로 writerow() 메서드를 호출하면 된다.

```
header=['name','age']
mywriter.writerow(header)
```

4 이제 데이터 행을 파일에 기록한다. 앞에서처럼 원하는 배열로 writerow를 호출하면 된다.

```
data=['Bob Smith',40]
mywriter.writerow(data)
output.close()
```

이제 현재 디렉터리를 살펴보면 mycsv.csv라는 CSV 파일이 생겼을 것이다. 그림 3.1처럼 그 내용을 살펴보기 바란다.

그림 3.1 **mycsv.csv의 내용**

cat으로 파일의 내용을 보면 새 줄(줄 바꿈) 문자가 추가되었음을 알 수 있다. CSV_writer는 기본적으로 '\r\n', 즉 캐리지 리턴 문자와 새 줄 문자의 조합을 사용한다.

이 예제는 상당히 단순했다. 대량의 데이터를 기록할 때는 어떤 조건에 따라 루프를 반복하거나 기존 데이터를 훑으면서(iterater) 다수의 행을 기록할 것이다. 다음은 레코드 1,000개를 Faker를 이용해서 생성하고 파일에 기록하는 예이다.[역주2]

```
from faker import Faker
import csv
output=open('data.csv','w')
fake=Faker()
header=['name','age','street','city','state','zip','lng','lat']
mywriter=csv.writer(output)
mywriter.writerow(header)
for r in range(1000):
    mywriter.writerow([fake.name(),fake.random_int(min=18,max=80,step=1),
    fake.street_address(),fake.city(),fake.state(),fake.zipcode(),fake.longitude(),
    fake.latitude()])
output.close()
```

이제 이름과 나이 등 다양한 필드로 구성된 행 1,000개를 담은 data.csv 파일이 만들어졌다.

파이썬에서 데이터를 CSV 파일에 기록하는 방법을 배웠으니, 데이터를 CSV 파일에서 읽어 들이는 방법으로 넘어가자.

3.1.1.2 CSV 파일 읽기

CSV 파일을 읽는 과정은 파일을 기록하는 과정과 거의 비슷하다. 다음은 앞의 쓰기 과정을 읽기를 위해 조금 수정한 것이다.

1 with를 이용해서 파일을 연다. with는 여러 가지 장점이 있는데, 일단 지금은 close()로 파일을 닫는 작업을 생략할 수 있다는 점만으로도 충분히 편리하다. open 호출 시 파일 모드를 지정하지 않으면 기본적으로 읽기 모드(r)가 된다. open 호출 다음에는 연 파일을 지칭할 파일 객체 이름을 as 키워드 다음에 지정해야 한다. 다음은 data.csv를 읽기 모드로 열고 f로 지칭하는 문장이다.

```
with open('data.csv') as f:
```

2 파일을 읽기 위한 객체를 생성한다. 여기서는 reader() 대신 DictReader()를 사용한다. DictReader() 는 읽어 들인 필드들을 사전(dictionary) 객체에 담아서 돌려주기 때문에 편하다. 즉, 특정 필드를 위치가 아니라 이름으로 지칭할 수 있다. 예를 들어 한 행의 첫 필드를 row[0] 대신 row['name']

역주2 참고로 Faker는 현재 로캘(locale)에 맞는 가짜 데이터를 생성한다. 현재 로캘은 기본적으로 셸 환경의 정의를 따르는데, Faker 객체 생성 시 Faker('ko_KR') 형태로 직접 지정할 수도 있다. 단, 로캘에 따라 지원되지 않는 메서드가 있음을 주의해야 한다. 예를 들어 현재 버전에서 'ko_KR'은 Faker.state()를 지원하지 않는다.

로 지칭할 수 있다. 다음은 앞에서 연 data.csv를 지칭하는 f를 지정해서 DictReader 객체를 얻는 문장이다.

```
myreader=csv.DictReader(f)
```

3 이제 next()를 한 번 호출해서 현재 행을 읽는다. 현재 행은 파일의 첫 행인 헤더 행이다.

```
headers=next(myreader)
```

4 다음으로, for 루프를 이용해서 나머지 행들을 읽어 들인다.

```
for row in myreader:
```

5 루프의 각 반복에서는 현재 행의 이름을 출력한다.

```
print(row['name'])
```

이상의 코드를 실행하면 이름 1,000개가 스크롤될 것이다. 이렇게 해서 CSV 파일의 데이터를 파이썬 사전 객체(여러분이 자유자재로 활용할 수 있는)로 읽어 들이는 방법을 살펴보았다. 그런데 CSV 파일의 데이터를 이와는 다른 방식으로 처리할 수도 있다. 다음 절에서는 pandas 라이브러리를 이용해서 CSV 파일을 읽고 쓰는 방법을 살펴본다.

3.1.2 pandas의 DataFrame을 이용한 CSV 읽고 쓰기

pandas의 DataFrame은 데이터를 읽고 쓰는 것은 물론이고 데이터를 조회하고 조작하는 데에도 사용하는 강력한 도구이다. pandas는 내장(표준) csv 모듈보다 덩치가 훨씬 크지만, 대신 기능이 훨씬 다양하고 강력하다. 파이썬 환경에 따라서는 pandas가 이미 설치되어 있을 것이다. 아직 설치되지 않은 환경이라면 다음 명령으로 설치하기 바란다.

```
pip3 install pandas
```

pandas의 DataFrame을 엑셀 스프레드시트 또는 테이블이라고 생각하면 이해하기 쉬울 것이다. 스프레드시트처럼 DataFrame도 행들과 열(column)들, 그리고 색인들로 구성된다. 다음은 CSV 데이터를 하나의 DataFrame 객체로 읽어 들이는 과정이다.

1 pandas를 도입한다(흔히 pd를 별칭으로 사용한다).

```
import pandas as pd
```

2 read_csv() 메서드로 파일을 읽어 들인다. read_csv() 메서드는 필수 매개변수 하나와 생략 가능한 여러 매개변수를 받는다. 필수 매개변수는 파일 이름 또는 파일 비슷한 버퍼이다. 생략 가능한 매개변수 중 관심을 둘 만한 것은 header와 names이다. 기본적으로 read_csv()는 헤더 행에서 필드 이름들을 추론한다. 필드 이름들을 명시적으로 지정하려면, header=0을 지정하고 names에 필드 이름들을 담은 배열을 지정하면 된다. 한편, 큰 파일을 다룰 때는 nrows라는 매개변수가 유용하다. 이 매개변수는 읽어 들일 행 수를 의미한다. 예를 들어 nrows=100은 처음 100행만 읽어 들이라는 뜻이다. 여기서는 추가 매개변수 없이 그냥 파일 전체를 읽어 들인다.

```
df=pd.read_csv('data.csv')
```

3 이제 처음 10행(레코드)을 출력해 보자.

```
df.head(10)
```

그림 3.2에 출력 예가 있다. 앞에서 Faker를 이용해서 데이터를 생성했으므로, 여러분의 출력 결과는 이 예와 구조(필드들)가 같지만 값들은 다를 것이다.

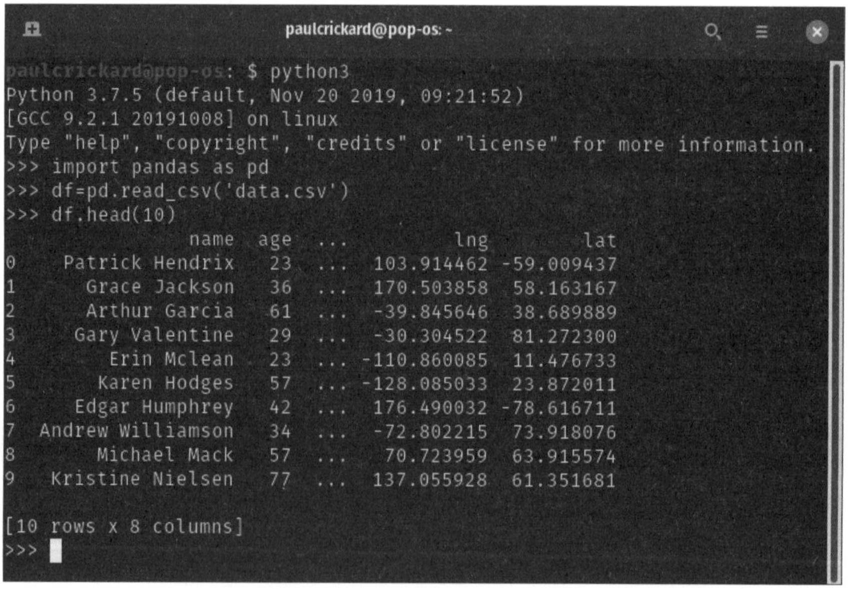

그림 3.2 CSV를 DataFrame으로 읽어 들인 후 head()로 출력한 예

이번에는 파이썬에서 DataFrame을 생성하고 파일에 기록해 보자.

1 데이터를 담은 사전 객체를 생성한다. 사전은 데이터를 키-값 쌍 형태로 저장하는 자료구조이다. 값으로는 파이썬의 그 어떤 자료형도 가능하다. 이를테면 하나의 배열을 사전 객체의 한 값으로 저장할 수 있다. 사전 객체는 키들을 돌려주는 keys() 메서드와 값들을 돌려주는 values() 메서드, 키-값 쌍들을 돌려주는 items() 메서드를 제공한다. 또한, dictionary['key'] 형태로 대괄호 쌍 안에 키를 지정해서 해당 값에 직접 접근할 수도 있다. 예제 데이터를 다음과 같이 사전 객체로 정의하기 바란다.

```
data={'Name':['Paul','Bob','Susan','Yolanda'],
 'Age':[23,45,18,21]}
```

2 이 데이터로 DataFrame을 만든다. 사전 객체의 키들이 DataFrame의 열들이 된다.

```
df=pd.DataFrame(data)
```

3 이제 to_csv() 메서드로 DataFrame의 내용을 CSV 파일에 기록한다. 메서드 호출 시 첫 매개변수로 파일 이름을 지정해야 한다. 지금 예제에서는 DataFrame의 색인(index)을 설정하지 않았으므로 행 이름들은 0 이상 n 미만의 정수가 된다. 여기서 n은 DataFrame의 길이(행 수)이다. 이 상태로 DataFrame을 파일에 기록하면 색인들도 파일에 기록되는데, 헤더 행의 색인 필드는 빈칸이 된다. 색인 번호가 파일에 기록되게 하지 않으려면 다음과 같이 to_csv() 호출 시 index 매개변수에 False를 설정하면 된다.

```
df.to_csv('fromdf.CSV',index=False)
```

이상으로 DataFrame의 내용을 CSV에 기록해 보았다. 다음 장에서는 DataFrame에 담긴 내용을 이용해서 SQL 질의를 실행하는 방법을 이야기할 것이다. DataFrame은 데이터 공학자가 일상적으로 사용하는 중요한 도구이다. 실제로, 이 책의 나머지 부분은 이 DataFrame에 크게 의존한다.

CSV는 이 정도로 하고, 또 다른 주요 텍스트 형식인 JSON으로 넘어가자.

3.1.3 파이썬으로 JSON 기록하기

여러분이 접하게 될 또 다른 주요 데이터 형식은 **JSON**(JavaScript Object Notation; 자바스크립트 객체 표기법)이다. JSON은 주로 **API**(Application Programming Interface; 응용 프로그래밍 인터페이스) 호출에 쓰이지만, JSON 데이터를 개별적인 파일 형태로 저장해서 사용하기도 한다. 파일에서 읽어오든 API 요청에서 읽어오든, JSON 데이터를 다루는 방법 자체는 별 차이가 없다. 파이썬 표준 라이브러리에는 CSV를 위한 모듈뿐만 아니라 JSON을 위한 모듈도 있는데, 짐작했겠지만 모듈 이름은 그냥 json이다.

다음은 파이썬에서 표준 라이브러리를 이용해서 데이터를 JSON 형식의 파일에 기록하는 과정이다.

1 필요한 라이브러리 및 모듈을 도입하고(import), 데이터를 기록할 파일을 연다. Faker 객체도 하나 생성한다.

```
from faker import Faker
import json
output=open('data.json','w')
fake=Faker()
```

2 이번에도 CSV 예제에서처럼 레코드 1,000개를 생성해서 기록하기로 하겠다. 이 레코드들로 사전 객체를 생성한다. 앞에서 이야기했듯이 사전 객체 키-값 쌍의 값으로는 파이썬의 그 어떤 자료형도 가능하다. 여기서는 'records'라는 이름의 키에 레코드들의 배열을 담기로 한다. 일단은 빈 배열을 설정한다.

```
alldata={}
alldata['records']=[]
```

3 각각의 레코드 자체도 사전 객체이다. Faker를 이용해서 값들을 채운 레코드를 배열에 추가하는 과정을 1,000번 반복한다.

```
for x in range(1000):
    data={"name":fake.name(),"age":fake.random_int
         (min=18, max=80, step=1),
         "street":fake.street_address(),
         "city":fake.city(),"state":fake.state(),
         "zip":fake.zipcode(),
         "lng":float(fake.longitude()),
         "lat":float(fake.latitude())}
    alldata['records'].append(data)
```

4 마지막으로, 데이터 전체를 json.dump() 메서드를 이용해서 파일에 기록한다. 기록할 데이터와 파일 객체를 메서드에 넘겨주면 된다.

```
json.dump(alldata,output)
```

이제 레코드 1,000개짜리 배열을 담은 data.json 파일이 생겼다. 다음은 이 파일에서 데이터를 읽어 들이는 과정이다.

1 파일을 연다.

```
with open("data.json","r") as f:
```

2 앞에서 연 파일 객체로 json.load()를 호출해서 데이터를 읽어 들인다.

```
    data=json.load(f)
```

3 json.load()는 데이터를 담은 사전 객체를 돌려준다. 다음은 첫 레코드를 출력하는 예이다.

```
data['records'][0]
```

다음처럼 첫 레코드의 name 필드만 출력할 수도 있다.

```
data['records'][0]['name']
```

JSON 모듈의 **load** 메서드나 **dump** 메서드를 호출할 때 메서드 이름 끝에 무심코 *s*를 붙이지는 말아야 한다. loads와 dumps 둘 다 JSON 모듈의 유효한 메서드지만, 하는 일은 load 및 dump와 다르다. loads와 dumps는 JSON 문자열을 사전 객체로 변환하거나 사전 객체를 JSON 문자열로 변환한다.

3.1.3.1 pandas DataFrame을 이용한 JSON 데이터 읽고 쓰기

DataFrame으로 JSON을 읽고 쓰는 방법은 CSV에 대한 것과 비슷하다. 유일한 차이는 to_csv() 대신 to_json()을, 그리고 read_csv() 대신 read_json()을 사용한다는 점이다.

깔끔하고 형식에 맞는(well-formatted) JSON 파일이 있다면, 다음과 같은 코드로 읽어서 DataFrame을 얻으면 된다.

```
df=pd.read_json('data.json')
```

그런데 data.json 파일에는 레코드들이 직접 들어 있는 것이 아니라 records라는 키에 배열 형태로 들어 있기 때문에, CSV 예제에서와 같은 형태의 DataFrame을 얻으려면 과정이 조금 복잡하다.

1 pandas의 json 모듈을 도입한다.

```
import pandas.io.json as pd_JSON
```

2 파일을 열고 pandas의 JSON loads() 메서드로 데이터를 읽어 들인다.

```
f=open('data.json','r')
data=pd_JSON.loads(f.read())
```

3 필요한 형태의 DataFrame을 만들기 위해 JSON 데이터를 정규화(normalization)한다. 지금 문맥에서 정규화는 JSON 데이터의 records 배열에 담긴 레코드들이 각각의 행을 구성하는 DataFrame을 만들기 위한 것이다. 다음처럼 json_normalize() 호출 시 record_path 매개변수에 records를 지정하면 된다.

```
df=pd.json_normalize(data,record_path='records')
```

이렇게 해서 data.json 파일에 담긴 모든 레코드들이 행들인 하나의 DataFrame이 만들어졌다. DataFrame의 여러 메서드를 이용해서 이 DataFrame을 다시 JSON 형식이나 CSV 형식으로 변환할 수 있다.

JSON 형식으로 변환할 때는 to_json() 메서드를 사용한다. 이 메서드는 orient라는 추가(생략 가능) 매개변수를 받는데, 이 메서드는 변환 시 테이블의 방향(열 우선 또는 행 우선)을 결정한다. 다음과 같이 이 매개변수를 지정하지 않으면 열 우선에 해당하는 기본값 'columns'가 적용된다. 각 키(열)마다 해당 값들이 나열됨을 주목하기 바란다.

```
df.head(2).to_json()
```

```
'{"name":{"0":"Henry Lee","1":"Corey Combs DDS"},"age":{"0":42,"1":43},"street":{"0":"57
850 Zachary Camp","1":"60066 Ruiz Plaza Apt. 752"},"city":{"0":"Lake Jonathon","1":"East
Kaitlin"},"state":{"0":"Rhode Island","1":"Alabama"},"zip":{"0":"93363","1":"16297"},"ln
g":{"0":-161.561209,"1":123.894456},"lat":{"0":-72.086145,"1":-50.211986}}'
```

orient에 'records'를 지정하면 다음처럼 레코드(행)들이 나열되는 행 우선 방식으로 변환된다.

```
df.head(2).to_JSON(orient='records')
```

```
'[{"name":"Henry Lee","age":42,"street":"57850, Zachary Camp","city":"Lake Jonathon","st
ate":"Rhode Island","zip":"93363","lng":-161.561209,"lat":72.086145},{"name":"Corey Com
bs DDS","age":43,"street":"60066 Ruiz Plaza Apt. 752","city":"EastKaitlin","state":"Alab
ama","zip":"16297","lng":123.894456, "lat":-50.211986}]'
```

개인적인 의견이지만, 에어플로 같은 도구에서 JSON을 다룰 때는 orient를 이처럼 'records'로 설정하는 것이 다른 방향들('split', 'index', 'columns', 'values', 'table')을 설정하는 것보다 편리하다.

파이썬에서 CSV와 JSON 형식을 다루는 방법을 익혔으니, 이제 에어플로와 NiFi에서 데이터 파이프라인을 구축하는 방법으로 넘어갈 때가 되었다. 먼저 아파치 에어플로에서 파이프라인을 구축해 보자.

3.2 아파치 에어플로 데이터 파이프라인 구축

아파치 에어플로에서 **DAG**(Directed Acyclic Graph; 유향 비순환 그래프)를 만들 때에는 Bash 스크립트를 비롯해 다양한 연산자(operator)로 작업(task)을 정의할 수 있다. 이 책에서 특히 중요한 것은 파이썬 함수의 형태로도 작업을 정의할 수 있다는 점이다. 이 작업들은 DAG 형태로 조직화된다. 이는 작업들의 의존 관계와 실행 순서가 명시적으로 정의된다는 뜻이다. 여러 작업으로 DAG를 만든 다음에는 스케줄러를 이용해서 DAG의 실행 시점과 주기를 설정한다. 에어플로는 DAG를 감시하고 관리할 수 있는 GUI를 제공한다. 이번 절에서는 지금까지 배운 것을 이용해서 에어플로에서 데이터 파이프라인을 하나 만들어 본다.

3.2.1 CSV-JSON 변환 데이터 파이프라인 구축

우선은 에어플로가 어떤 식으로 작동하는지 파악하는 데 중점을 두고 간단한 DAG를 하나 만들기로 하자. 이후 이 DAG에 파이썬 함수들을 더 추가해서 좀 더 나은 파이프라인을 만들어 나갈 것이다. 지금부터 만들 DAG는 Bash를 이용해서 메시지 하나를 출력하고, CSV 파일을 읽어 들여서 그 안에 담긴 모든 이름을 출력한다. 다음은 이 데이터 파이프라인을 구축하는 과정이다.

1   파이썬 IDE나 텍스트 편집기로 새 텍스트 파일을 만들고, 다음과 같이 필요한 라이브러리들을 도입하는 코드를 추가한다.

```
import datetime as dt
from datetime import timedelta

from airflow import DAG
from airflow.operators.bash_operator import BashOperator
from airflow.operators.python_operator import PythonOperator

import pandas as pd
```

처음 두 import 문은 표준 라이브러리의 datetime 모듈과 timedelta 모듈을 도입한다. 이 모듈들은 DAG의 스케줄링에 쓰인다. 그다음 세 import 문들은 필요한 에어플로 라이브러리들을 도입한다. 순서대로 DAG 구축을 위한 라이브러리, Bash 연산자를 위한 라이브러리, 파이썬 연산자를 위한 라이브러리이다. 이 연산자들은 DAG를 구성하는 작업을 정의하는 데 쓰인다. 마지막으로, CSV와 JSON 변환의 편의를 위한 pandas 라이브러리를 도입한다.

2 다음으로, CSV 파일을 읽어서 이름들을 출력하는 함수를 작성한다. 이전 절들에서 배운, CSV 파일에서 데이터를 읽어 들이는 방법과 데이터를 JSON 파일로 기록하는 방법을 조합한 것일 뿐이다.[역주3]

```
def CSVToJson():
    df=pd.read_CSV('/home/paulcrickard/data.csv')
    for i,r in df.iterrows():
        print(r['name'])
    df.to_JSON('fromAirflow.json',orient='records')
```

이 함수는 data.csv 파일에서 읽은 데이터로 DataFrame을 만들고, 행들을 훑으면서 각 레코드의 이름(name 필드)만 출력하고, 마지막으로 DataFrame의 내용을 JSON 형식으로 fromAirflow.json 파일에 기록한다.

3 이제 이 함수를 에어플로 DAG를 위한 하나의 작업으로 등록해 보자. 우선, DAG() 메서드에 넘겨줄 옵션들을 담은 사전 객체를 정의한다. 이 책에서는 최소한의 옵션들만 사용한다. 지금 예에서는 작업의 소유자(owner)와 시작 일시(start_date), 실패 시 재시도 횟수(retries), 재시도 지연 시간(retry_delay)만 지정한다.

```
default_args = {
    'owner': 'paulcrickard',
    'start_date': dt.datetime(2020, 3, 18),
    'retries': 1,
    'retry_delay': dt.timedelta(minutes=5),
}
```

4 다음으로, 이 사전 객체로 DAG()를 호출해서 DAG 객체를 생성한다. 첫 인수는 DAG 식별자인데, 여기서는 MyCSVDAG로 한다. default_args 매개변수에는 앞에서 설정한 사전 객체(역시 default_args)를 지정하고, schedule_interval 매개변수(실행 사이의 간격)에는 5분을 지정한다. 여기서는 timedelta를 이용해서 시간 간격을 지정했지만, crontab 형식의 문자열로 실행 일정을 지정하는 것도 가능하다. 다음은 미리 정의된 실행 일정 문자열과 그에 해당하는 crontab 형식이다.

a @once(한 번만 실행)

b @hourly(매시 정각에 실행) — 0 * * * *

c @daily(매일 자정에 실행) — 0 0 * * *

역주3 둘째 행의 /home/paulcrickard는 저자의 홈 디렉터리이다. 이 책의 모든 예제에서, 특별한 언급이 없더라도 /home/paulcrickard를 독자의 홈 디렉터리(또는 해당 파일이 있는 디렉터리)로 변경해야 한다.

d @weekly(매주 일요일 자정에 실행) ─ 0 0 * * 0

e @monthly(매월 1일 자정에 실행) ─ 0 0 1 * *

f @yearly(매년 1월 1일 자정에 실행) ─ 0 0 1 1 *

crontab 형식 문자열의 값들은 순서대로 분, 시, 일, 월, 요일이다. 예를 들어 @yearly에 해당하는 0 0 1 1 *에서 처음 두 0은 0시 0분(자정)을 뜻하고 그다음 두 1은 1월 1일이다. 마지막의 *는 "요일은 상관없음"이라는 뜻이다.

> **DAG 실행 일정 관련 주의 사항**
>
> DAG의 실행 시점은 start_date 속성만으로 결정되는 것이 아니라 start_date 속성과 schedule_interval 속성의 조합으로 결정됨을 주의해야 한다. 예를 들어 start_date를 오늘 날짜로 설정했다고 해도 schedule_interval이 @daily이면 DAG는 내일 자정에야 실행된다.

다음은 MyCSVDAG라는 이름의 DAG를 정의하는 코드이다.

```
with DAG('MyCSVDAG',
        default_args=default_args,
        schedule_interval=timedelta(minutes=5),
        # '0 * * * *',
        ) as dag:
```

5 이제 연산자들을 이용해서 작업을 생성한다. 에어플로에는 다양한 연산자가 미리 정의되어 있다. 모든 내장 연산자가 에어플로 문서화(*https://airflow.apache.org/docs/stable/_api/airflow/operators/index.html*)에 정리되어 있으니 참고하기 바란다. 이 책에서는 Bash 연산자, 파이썬 연산자, PostgreSQL 연산자를 주로 사용한다. 이 연산자들을 이용하면 공통적인 작업들을 수행하는 데 필요한 대부분의 '상용구(boilerplate) 코드'를 제거할 수 있다. 다음은 Bash 연산자와 파이썬 연산자를 이용해서 작업들을 생성하는 코드이다.

```
print_starting = BashOperator(task_id='starting',
                bash_command='echo "I am reading the CSV now....."')

CSVJson = PythonOperator(task_id='convertCSVtoJson',
                python_callable=CSVToJson)
```

이 코드는 우선 Bash 연산자에 해당하는 BashOperator를 이용해서 간단한 작업 하나를 정의한다. 이 print_starting 작업은 그냥 자신이 실행 중임을 알리는 메시지를 터미널에 출력하기만 한다. 다음으로, 파이썬 연산자에 해당하는 PythonOperator를 이용해서 CSVJson이라는 작업을 정의한다. 이 작업은 앞에서 정의한 CSVToJson() 함수를 호출한다. 이 함수는 data.csv 파일을 읽어 들이고 모든 행의 name 필드를 출력한다.

6 작업들을 정의한 다음에는 작업들 사이의 관계를 설정해야 한다. 관계는 set_upstream() 메서드와 set_downstream() 메서드로 설정할 수도 있고 비트 자리이동 연산자(>>와 <<)로 정의할 수도 있다. 지금 예에서는 Bash 작업이 먼저 실행되고 그다음에 파이썬 작업이 실행되는 것으로 설정하기로 한다. 이를 "Bash 작업의 하류(downstream)는 파이썬 작업이다" 또는 "Bash 작업은 파이썬 작업으로 흘러내려간다"라고 말할 수 있다. 코드로는 다음과 같이 표현한다.

```
print_starting.set_downstream(CSVJson)
```

파이썬 작업의 상류(upstream)가 Bash 작업이라고 말해도 같은 뜻이다. 이에 해당하는 코드는 다음과 같다.

```
CSVJson.set_upstream(print_starting)
```

하류 설정을 다음과 같이 >> 연산자로 표현해도 된다.

```
print_starting >>  CSVJson
```

마찬가지로, 상류 설정은 << 연산자로 표현할 수 있다.

```
CSVJson << print_starting
```

> **참고**
> 네 가지 방식 중 어떤 것을 사용해도 되지만, 일관성이 있어야 한다. 이 책에서는 일관되게 하류 방향의 비트 자리이동 연산자(>>)를 사용한다.

7 지금까지 작성한 코드를 AirflowCSV.py라는 이름의 파일로 저장하기 바란다. 에어플로 및 스케줄러 GUI에서 이 MyCSVDAG를 사용하려면 이 파일을 비롯한 관련 파일들을 담을 디렉터리가 있어야 한다. 제2장에서 아파치 에어플로를 설치하고 설정할 때 예제들을 모두 삭제했었기 때문에 해당 DAG 디렉터리도 사라진 상태이다. airflow.cfg 파일을 보면 dags_folder라는 속성이 있다. 이 속성의 값은 $AIRFLOW_HOME/dags의 형태인데, 내 경우 $AIRFLOW_HOME은 /home/paulcrickard/airflow이지만 여러분의 경우에는 다를 것이다.

8 여러분의 $AIRFLOW_HOME/dags 디렉터리(필요하다면 생성할 것)에 AirflowCSV.py와 data.json 복사한 후 터미널에서 다음 명령들을 실행한다.

```
airflow webserver
airflow scheduler
```

9 웹 브라우저로 http://localhost:8080에 접속해서 에어플로 GUI를 열면 방금 만든 MyCSVDAG
가 보일 것이다(그림 3.3).

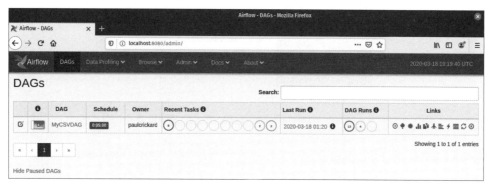

그림 3.3 에어플로 GUI 주 화면에 MyCSVDAG가 표시되어 있다.

10 MyCSVDAG를 클릭해서 해당 화면으로 간 후 **Tree View**를 선택한다. MyCSVDAG를 켜고
Go(또는 **Update**)를 클릭하면 일정에 따라 작업들이 실행된다. 작업들이 실제로 실행되면 각 실행
의 상태가 표시된다(그림 3.4).

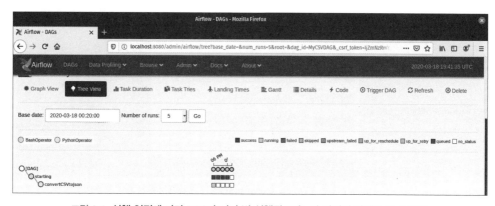

그림 3.4 실행 일정에 따라 DAG가 여러 번 실행된 모습. 각 작업의 상태를 볼 수 있다.

11 실행 상태 표시에서 녹색 원은 해당 실행이 성공했음을 뜻한다. 그 아래에는 각 작업의 상태를
보여주는 정사각형들이 있는데, 녹색 정사각형은 해당 작업이 성공적으로 실행되었음을 나타낸
다. 정사각형 아이콘에 마우스를 올려놓으면 작업에 관한 좀 더 자세한 정보가 풍선 도움말 형태
로 표시된다(그림 3.5). 단, 여기에 작업의 출력은 나타나지 않는다.

그림 3.5 완료된 작업에 마우스를 올려놓으면 작업 결과를 볼 수 있다.

12 완료된 작업의 정사각형을 클릭하면 여러 옵션이 있는 대화상자가 나타난다(그림 3.6). 여기서 **View Log** 버튼(또는 **Log** 버튼)을 클릭하기 바란다.

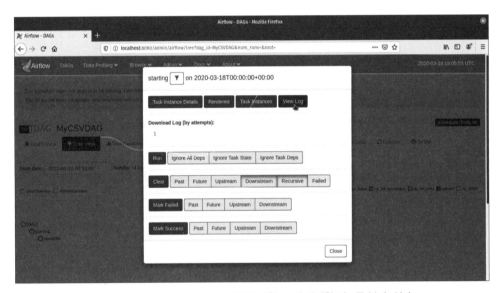

그림 3.6 View Log를 선택하면 작업에 관한 좀 더 상세한 정보를 볼 수 있다.

13 버튼을 클릭하면 해당 작업의 출력을 포함한 여러 로그 메시지가 표시된 화면이 나타난다. 그림 3.7은 CSVJson 작업에 대한 로그 메시지들인데, 예제 데이터의 이름(name 필드)들을 확인할 수 있다.

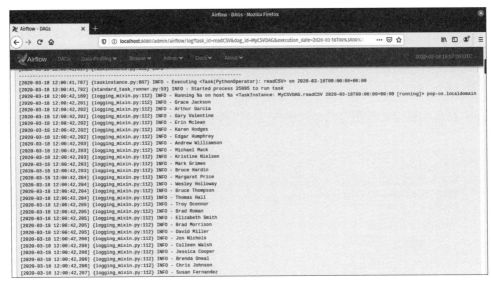

그림 3.7 파이썬 CSVJson 작업의 로그 메시지들. 출력된 이름들이 보인다.

축하한다! 이렇게 해서 여러분은 파이썬으로 데이터 파이프라인을 구축하고 에어플로에서 실행해 보았다. dags 디렉터리를 보면 파이프라인이 data.csv의 데이터를 JSON 형식으로 변환해서 저장한 파일이 있을 것이다. 파이프라인을 그대로 놔두면 schedule_interval에 설정한 일정에 따라 반복해서 실행된다. 파이썬 함수를 더 만들어서 기존 작업과 연결한다면 좀 더 고급의 파이프라인도 구축할 수 있다. 고급 기법들로 넘어가기 전에, 아파치 NiFi에서 데이터 파이프라인을 구축하는 방법을 살펴보자.

3.3 NiFi 처리기를 이용한 파일 다루기

이전 절들에서 우리는 파이썬을 이용해서 CSV 파일과 JSON 파일을 읽고 쓰는 방법을 배웠다. 파일 읽기는 아주 흔한 작업이라서, NiFi 같은 도구들에는 파일 읽기를 위한 처리기가 미리 정의되어 있다. 이번 절에는 NiFi 처리기(processor)를 이용해서 파일을 다루는 방법을 살펴본다.

3.3.1 NiFi에서 CSV 파일 다루기

NiFi에서 파일을 다루려면 파이썬에서 같은 일을 할 때보다 좀 더 많은 단계를 거쳐야 한다. 대신, 코드를 작성할 줄 모르는 사람이라도 데이터 파이프라인을 살펴보고 파이프라인이 어떤 일을 하는지 이해할 수 있다는 장점이 있다. 코드를 작성할 줄 아는 사람이라도, 예전에 만들어 둔 파이프라인을 오랜만에 다시 파악할 때는 코드를 읽는 것보다 NiFi의 GUI를 사용하는 것이 더 빠를 수 있다. 게다가, NiFi에서는 코드를 크게 뜯어고치지 않고도 데이터 파이프라인을 수정할 수 있다. 그냥 처리기들을 끌어다 놓아서 순서를 바꾸면 된다.

이번 절에서는 파이썬으로 생성한 data.csv를 읽어 들이고 나이가 40을 넘은 사람을 검색해서 해당 레코드를 파일에 기록하는 데이터 파이프라인을 구축해 본다.

그림 3.8은 이번 절에서 만드는 예제 데이터 파이프라인의 완성된 모습이다.

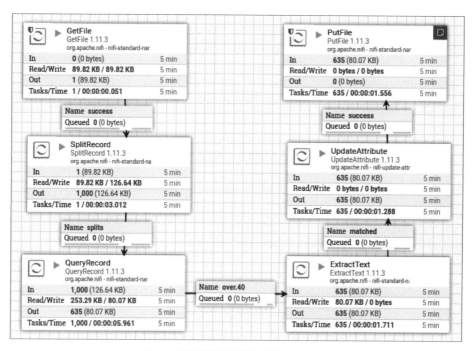

그림 3.8 **이번 장에서 구축할 데이터 파이프라인**

그럼 이 데이터 파이프라인을 구축하는 과정을 차례로 살펴보자.

3.3.1.1 GetFile을 이용한 파일 읽기

이번 예제 데이터 파이프라인에서 처음으로 할 일은 data.csv 파일을 읽는 것이다. 다음은 이 작업을 위한 처리기를 설정하는 과정이다.

1 NiFi GUI의 도구 모음에서 **Processor** 아이콘을 끌어서 캔버스에 놓고, **GetFile**을 찾아서 추가한다.

2 그림 3.9를 참고해서 GetFile 처리기를 설정한다. 우선 입력 디렉터리를 지정해 줘야 하는데, 앞에서 만든 data.csv 파일이 있는 디렉터리를 **Input Directory** 속성에 설정하면 된다. 나는 홈 디렉터리인 /home/paulcrickard를 지정했다.

3 다음으로, **File Filer** 속성에 파일 필터를 설정한다. NiFi의 파일 필터 설정은 **정규표현식**(regular expression, regex)을 지원하므로, 이를테면 [^\.].*\.csv로 설정해서 확장자가 csv인 모든 파일을 읽을 수 있게 만들 수도 있다. 그러나 그냥 지금은 파일 하나에만 대응되는 data.csv로 설정하기 바란다.

4 마지막으로, **Keep Source File** 속성을 **true**로 설정하기 바란다. **false**로 두면 NiFi는 원본 파일(입력 파일)을 처리한 후 삭제해 버린다. 이제 설정 창이 그림 3.9와 같은 모습일 것이다.

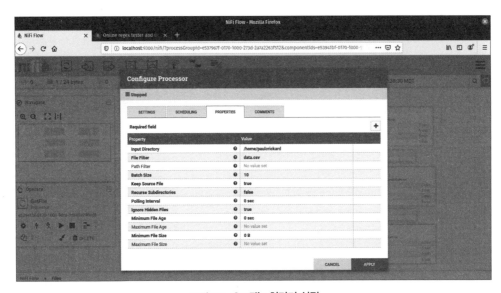

그림 3.9 **GetFile** 처리기 설정

3.3.1.2 레코드들을 여러 FlowFile로 분할

다음으로, GetFile 처리기가 성공했을 때 실행되는 SplitRecord 처리기를 설정한다.

1 SplitRecord 처리기는 데이터의 각 행(레코드)을 개별 FlowFile로 분리하는 기능을 제공한다. **Processor** 아이콘을 이용해서 이 처리기를 캔버스에 추가하기 바란다. 이 처리기가 작동하려면 레코드 판독기(record reader)와 레코드 기록기(record writer)를 만들어야 한다. 다행히 NiFi에는 몇 가지만 설정하면 바로 사용할 수 있는 레코드 판독기와 기록기가 있다. SplitRecord 처리기 설정 창의 **PROPERTIES** 탭(이하 '속성 탭')에서 **Record Reader** 오른쪽의 드롭다운 목록을 열고 **Create new service**를 선택하자(그림 3.10).

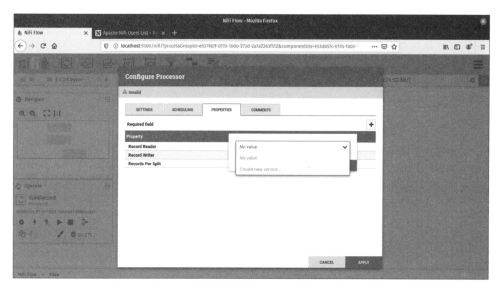

그림 3.10 SplitRecord **처리기 속성 탭**

2   그러면 그림 3.11과 같이 판독기 종류를 선택하는 목록이 나오는데, 이번 예제에서는 **CSVReader**
를 선택하면 된다. **Record Writer** 속성에 대해서도 마찬가지 방식으로 기록기 종류 목록을 열고
CSVRecordSetWriter를 선택하기 바란다.

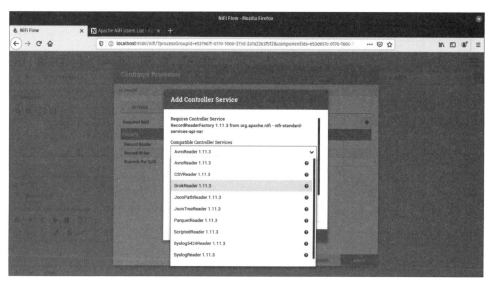

그림 3.11 **사용 가능한 판독기들**

3   이제 **CSVReader**와 **CSVRecordSetWriter**를 설정해야 한다. **CSVReader** 오른쪽의 화살표를 클릭
하면 **NiFi Files Configuration** 창이 뜨고 **CONTROLLER SERVICES** 탭이 표시된다(그림 3.12).

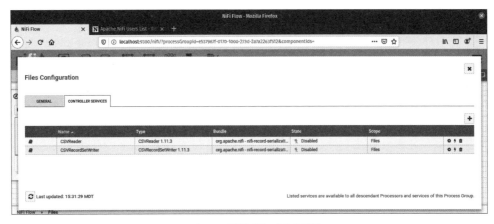

그림 3.12 판독기와 기록기 설정

제일 오른쪽에 있는 세 아이콘의 의미는 다음과 같다.

- 톱니바퀴 아이콘: 설정
- 번개 아이콘: 서비스 활성화/비활성화(현재는 비활성화된 상태)
- 휴지통 아이콘: 삭제

4 **CSVReader**의 기어 아이콘을 클릭하면 설정 창의 PROPERTIES 탭(이하 '속성 탭')이 나타나는데, **Treat First Line as Header** 속성을 **true**로 변경하기 바란다. 나머지는 기본값으로 두어도 된다. 마찬가지로 **CSVRecordSetWriter**의 기어 아이콘을 클릭하면 해당 설정 창이 나타나는데, 이 기록기의 경우에는 아무것도 바꾸지 않고 기본값들을 그대로 사용하면 된다.

이제 이 처리기의 설정이 끝났다. 번개 아이콘을 클릭하고 **ENABLE**을 클릭해서 서비스들이 활성화하기 바란다.^{역주4}

3.3.1.3 QueryRecord 처리기를 이용한 레코드 필터링

지금까지 만든 파이프라인은 CSV를 읽어서 행(레코드)들을 개별 FlowFile로 분할한다. 이제 각 레코드를 처리하는 QueryRecord 처리기를 파이프라인에 추가해 보자. 이 처리기는 입력 FlowFile에 대해 SQL 질의를 수행하고 질의 결과를 담은 새 FlowFile을 출력한다. 이번 예에서는 나이가 40을 넘은 사람에 해당하는 모든 레코드를 선택하는 용도로 이 처리기를 사용한다.

역주4 설정 창을 닫기 전에, 만일 속성 탭의 Records Per Split에 아무 값도 설정되지 않았다면 1을 설정하기 바란다.

1 앞에서 했던 것처럼 QueryRecord 처리기를 찾아서 캔버스에 추가하기 바란다. 이 처리기 역시 레코드 판독기와 기록기를 필요로 하는데, 앞에서 만든 판독기와 기록기를 사용하면 된다. 해당 속성의 드롭다운 목록을 보면 판독기와 기록기가 있을 것이다. 그밖에, **Include Zero Record FlowFiles** 속성을 **false**로 변경해야 한다. 이 속성이 **true**이면 조건을 충족하지 않는(즉, 제외시켜야 할) 레코드들도 조건을 충족하는 레코드들과 동일한 관계로 전달된다.

2 마지막으로, 오른쪽 끝의 더하기 아이콘을 클릭해서 새 속성을 하나 추가한다. 속성 이름은 over.40으로 하기 바란다. 속성 이름은 이 처리기와 다른 처리기를 연결할 때 사용할 수 있는 하나의 관계가 된다. 속성 이름을 설정하면 속성의 값을 묻는 창이 나타나는데, 여기에 SQL 질의문을 입력한다. 질의의 결과는 출력 FlowFile의 내용이 된다. 이번 예제 데이터 파이프라인의 목적은 나이가 40을 넘은 사람에 해당하는 레코드들을 선택하는 것이므로, 다음과 같은 질의문을 입력하면 된다.

```
Select * from FlowFile where age > 40
```

여기서 Select *는 주어진 FlowFile의 모든 필드를 선택하라는 뜻이다. 이름만 출력할 것이라면, 그리고 이름을 출력 FlowFile에 full_name이라는 필드로 설정하고자 한다면, 다음과 같은 SQL 질의문을 사용하면 된다.

```
Select name as full_name from FlowFile where age > 40
```

이 처리기의 예를 통해 내가 강조하고자 하는 것은 NIFI 파이프라인 중간에서 데이터에 대해 SQL 질의문을 수행할 수 있다는 점과 FlowFile을 레코드의 내용 이외의 어떤 것으로 수정할 수 있다는 점 (이를테면 SQL의 GROUP BY 절을 이용해서 특정 레코드들을 취합하는 등)이다.

3.3.1.4 FlowFile에서 데이터 추출

이번에 추가할 처리기는 FlowFile에서 값을 추출한다. 처리기 이름은 ExtractText이다. 이 처리기는 텍스트를 담은 그 어떤 FlowFile에도 적용할 수 있으며, 정규표현식을 통해서 텍스트의 특정 부분을 추출해서 새 FlowFile의 특정 필드에 배정할 수 있다.

앞에서처럼 처리기를 추가한 후, 속성 탭의 더하기 기호를 클릭해서 새 속성을 추가한다. 새 속성은 FlowFile에서 추출한 사람 이름을 담기 위한 것이므로, 이름은 name으로 한다. 값으로는 다음과 같은 정규표현식을 설정한다.

```
\n([^,]*),
```

여기서 정규표현식을 자세히 설명하기는 곤란하니 적절한 자료를 참고하기 바란다. 간단하게만 설명하면, 이 정규표현식은 \n과 쉼표 사이의 모든 문자와 부합한다. 괄호는 그 문자들을 갈무리(capture)해서 반환하라는 뜻이다. 이 예제에서 FlowFile의 데이터는 CSV의 필드 이름들로 구성된 헤더 행으로 시작하고, 줄을 바꾸어서 실제 데이터 행(레코드)들이 나온다. 각 행의 첫 필드는 name 필드이고 그다음에 쉼표가 있으므로, 결과적으로 이 정규표현식은 각 행의 사람 이름을 돌려준다.

3.3.1.5 FlowFile 특성 수정

다음으로, 각 레코드에서 추출한 이름을 FlowFile의 한 특성에 배정하는 처리기를 추가한다. FlowFile에 있는 기존 특성의 값을 변경하는 데 사용하는 처리기는 UpdateAttribute이다. 여기서는 GetFile 처리기에서 처음 설정한(그리고 지금 단계까지 전달된) 기본 파일 이름을 변경하기로 한다. 모든 FlowFile에는 data.csv이라는 파일 이름이 설정되어 있다. 만일 FlowFile의 데이터를 CSV 파일에 기록해야 한다면, 기존의 파일 이름을 그대로 사용하면 새 데이터가 기존 데이터를 덮어쓰게 된다. 이 문제를 피하기 위해, 레코드의 사람 이름을 파일 이름으로 사용하기로 한다.

UpdateAttribute 처리기를 캔버스에 추가하고 속성 탭의 더하기 기호를 클릭해서 filename 이라는 이름으로 새 속성을 추가하기 바란다. 새 속성의 값에는 NiFi 표현식 언어(NiFi Expression Language)를 이용해서 FlowFile의 특성에 설정된 값을 지정한다. NiFi 표현식 언어에서 ${특성 이름} 형태의 표현식은 해당 특성의 값으로 치환된다. 지금은 name 특성을 파일 이름으로 사용할 것이므로, ${name}으로 설정하면 된다.

3.3.1.6 FlowFile을 디스크에 저장

FlowFile을 디스크에 파일로 저장할 때는 PutFile 처리기를 사용한다. 이 처리기를 캔버스에 추가하고, 파일이 저장될 디렉터리를 Directory 속성에 설정하기 바란다. 나는 앞에서처럼 홈 디렉터리를 지정했다.

다음으로, **Conflict Resolution Strategy**(충돌 해결 전략) 속성을 지정해야 한다. 기본값은 fail인데, 이는 같은 이름의 파일이 존재하면 처리를 실패로 돌린다는 뜻이다. 이 파이프라인은 스케줄러에 따라 여러 번 실행되며, 데이터를 저장할 파일 이름은 filename 속성으로 결정된다. 그런데 지금 예제에서 filename 속성은 FlowFile의 name 특성(레코드의 사람 이름)으로 설정되므로, 두 번째 실행부터는 같은 이름의 파일이 이미 존재할 수 있다. 지금 예제에서는 그런 경우 처리를 실패로 돌리기보다는 최신 내용을 기존 파일에 덮어쓰게 하는 것이 합리적이다. **Conflict Resolution Strategy** 속성을 overwrite로 설정하면 기존 파일을 덮어쓰게 된다.

3.3.1.7 처리기들의 관계 설정

이제 남은 일은 처리기들을 적절한 관계로 연결하는 것이다.

1. GetFile 처리기의 화살표 아이콘을 끌어서 SplitRecord 처리기에 놓고, 대화상자의 For Relatinships 항목에서 **success**를 체크한다.

2. 같은 방식으로 SplitRecord 처리기를 QueryRecord 처리기와 연결하고 **splits** 관계를 체크한다. 이는 이 처리기가 분리한(split) 레코드들이 다음 처리기로 전송된다는 뜻이다.

3. QueryRecord를 ExtractText 처리기에 연결하고, **over.40** 관계를 체크한다. 기억하겠지만 over.40은 앞에서 직접 설정한 커스텀 관계이다. SQL 질의문을 더 추가하면 더 많은 커스텀 관계가 나타날 것이다.

4. ExtractText를 UpdateAttribute 처리기에 연결하고 **matched** 관계를 선택한다.

5. 마지막으로, UpdateAttribute를 PutFile 처리기에 연결하고 **success** 관계를 선택한다.

이로써 데이터 파이프라인이 완성되었다.[역주5] 각 처리기 상자를 선택한 후 왼쪽 Operate 상자에서 실행 버튼(오른쪽 삼각형)을 클릭해서 처리기를 실행하기 바란다. 아니면 캔버스의 빈 곳을 더블클릭한 후 Operate 상자의 실행 버튼을 클릭해서 모든 처리기를 한 번에 실행할 수도 있다.

파이프라인의 실행이 끝나면, 앞에서 지정한 출력 디렉터리에 나이가 40을 넘는 사람들의 레코드를 담은 CSV 파일들이 생겼을 것이다. 내 경우 레코드 1,000개 중 나이가 40을 넘은 레코드는 635개였다. Faker가 나이를 무작위로 생성했으므로, 여러분의 결과는 이와 다를 것이다.

이번 절에서는 NiFi에서 CSV 파일을 읽어서 여러 행으로 분할하고 각각에 대해 질의를 수행하는 방법을 설명했다. 또한, FlowFile의 특성을 수정하고 그것을 다른 처리기에서 사용하는 방법도 이야기했다. 다음 절에서는 JSON 형식의 데이터를 다루는 또 다른 데이터 파이프라인을 구축한다.

3.3.2 NiFi에서 JSON 파일 다루기

JSON은 CSV와 구조가 다르지만, NiFi에서 JSON 파일을 다루는 과정은 CSV 파일을 다룰 때와 아주 비슷하다. 단, JSON에 특화된 처리기들이 몇 개 있긴 하다. 이번 절에서는 앞의 CSV 예제처럼 파일을 읽고, 행들로 분할하고, 각 행을 파일에 기록하는 데이터 흐름을 구축한다. 그러나 파이프라인에서 이전과는 다른 방식으로 데이터를 수정해서, 원본 파일에 있던 것과는 다른 형태의 결과를 파일에 저장해 볼 것이다. 그림 3.13에 완성된 데이터 파이프라인의 구조가 나와 있다.

역주5 만일 캔버스의 처리기 상자에 삼각형 느낌표 아이콘이 표시된다면 해당 SETTINGS 탭의 Automatically Terminate Relationships에서 사용하지 않는 관계들을 체크해 보기 바란다.

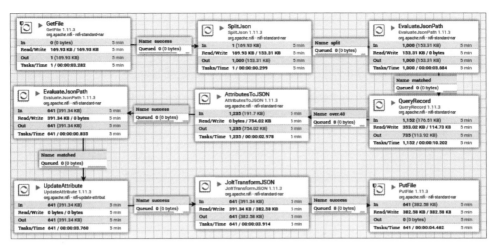

그림 3.13 **완성된 JSON 데이터 파이프라인**

다음은 이 데이터 파이프라인을 구축하는 과정이다.

1 빈 캔버스에 GetFile 처리기를 추가하고, **Input Directory**를 적절히 설정한다(나는 /home/paulcrickard로 했다). 그리고 **File Filter**는 data.json으로 설정한다.

2 CSV 예제에서는 SplitRecord 처리기를 사용했다. JSON을 위해서는 SplitJson이라는 처리기를 사용한다. 이 처리기를 캔버스에 추가하기 바란다. 이 처리기는 **JsonPath Expression** 속성에 지정된 JSON 배열에 담긴 요소들을 분할한다. 기억하겠지만, 이번 예제의 JSON 파일은 다음과 같은 형태이다.

```
{"records":[ { } ] }
```

모든 레코드가 records라는 이름의 배열에 들어 있으므로, **JsonPath Expression**에는 다음을 설정하면 된다.

```
$.records
```

이렇게 하면 배열의 레코드들이 분할되어서 다음 처리기로 입력된다.

3 분할된 각 레코드는 개별 FlowFile이 된다. 이 FlowFile들을 EvaluateJsonPath라는 처리기로 전달하기로 한다. 이 처리기는 JSON 형식의 데이터를 담은 FlowFile에서 특정 값을 추출하기 위한 것이다. 추출한 값을 FlowFile의 내용으로 설정할 수도 있고 특정한 특성에 배정할 수도 있다. 이 처리기를 추가한 후 **Destination** 속성을 flowfile-attribute로 변경하기 바란다. 다음으로, 더하기 아이콘을 이용해서 레코드의 주요 필드(키)에 해당하는 새 속성들을 추가하기 바란다. 그림

3.14를 참고해서 필드 이름을 속성 이름으로 하고 값은 $.필드 형태로 설정하면 된다.^{역주6}

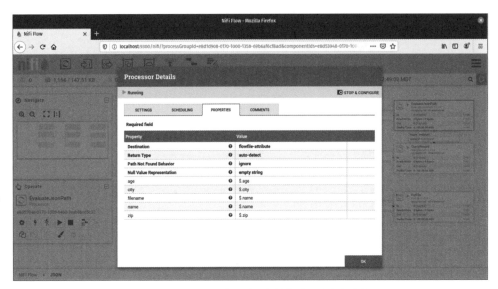

그림 3.14 FlowFile에서 값들을 추출하는 처리기 설정

이 속성들은 FlowFile의 특성들이 되어서 파이프라인의 다음 처리기로 전달된다.

4 다음으로, CSV 예제에서처럼 질의를 수행할 QueryRecord 처리기를 추가한다. 이번에는 JSON 데이터를 다루므로 판독기와 기록기를 다르게 설정해야 한다. 앞에서처럼 **Create new service**를 선택한 후 각각 **JsonTreeReader**와 **JsonRecordsetWriter**를 선택하기 바란다. 그런 다음 화살표 아이콘을 클릭해서 **Controller services** 탭으로 간 후 번개 아이콘들을 클릭해서 서비스들을 활성화한다. 다시 QueryRecord 처리기 속성 탭으로 돌아가서, over.40이라는 이름의 새 속성을 추가하고 다음을 값으로 설정한다.

```
Select * from FlowFile where age > 40
```

5 다음으로 추가할 처리기는 AttributesToJSON이다. 이 예제에서는 단계 3의 EvaluateJsonPath 처리기에서 추출한 특성들을 FlowFile의 내용으로 설정하기 위해 이 처리기를 사용한다. **Destination** 속성을 flowfile-content로 변경하기 바란다. 이 처리기에는 **Attributes List**라는 속성이 있는데, 특성 이름들을 쉼표로 분리해서 이 속성에 설정하면 그 특성들만 FlowFile의 내용에 들어간다. 따라서 이 속성은 일부 특성만 사용하고자 할 때 편리하다. 그러나 이번 예

역주6   name 필드는 filename이라는 속성으로도 추가했음을 주의하기 바란다.

CHAPTER 3 파일 읽고 쓰기

제에서는 이 속성을 비워 둔다. 이렇게 하면 NiFi가 추가한 모든 메타데이터 특성들을 포함해서 FlowFile의 모든 특성이 FlowFile의 내용에 포함된다. 예를 들어 FlowFile에는 다음과 같은 문구가 포함될 수 있다.

```
### Run it at night ###
```

6 EvalueJsonPath 처리기를 하나 더 추가해서, 이번에는 이름이 uuid이고 값이 $.uuid인 속성을 추가한다. 단계 5에서 NiFi의 메타데이터가 FlowFile의 내용에 포함되었으므로, FlowFile의 내용에는 uuid라는 필드가 존재한다. 이것은 해당 FlowFile을 고유하게 식별하는 식별자이다. 다음으로, **Destination** 속성을 flowfile-attribute로 변경하기 바란다. 그러면 uuid 속성이 FlowFile의 한 특성이 되어서 다음 처리기로 전달된다.

7 다음 처리기는 UpdateAttribute이다. CSV 예제에서처럼 출력 파일 이름을 변경하는 용도로 사용한다. 더하기 기호를 클릭해서 이름이 filename이고 값이 ${uuid}인 속성을 추가하기 바란다.

8 NiFi에서 JSON 데이터를 수정하는 한 방법은 **JOLT** 표현식을 지원하는 JoltTransfromJSON 처리기를 사용하는 것이다. JOLT는 **JSON Language for Transform**(변환용 JSON 언어)을 줄인 것이다. 여기서 JOLT 라이브러리를 자세히 설명하는 것은 무리이니 적절한 참고 자료를 보기 바란다. 다행히 JoltTransfromJSON 처리기는 미리 정의된 여러 JOLT DSL 표현식을 제공한다. 이번 예제에서는 특정 필드를 제거하는 간단한 표현식을 사용한다. **JOLT Transformation DSL** 속성에서 **Remove**를 선택하기 바란다. 다음으로 **Jolt Specification** 속성에 구체적인 제거 대상을 지정해야하는데, 이 처리기는 선택된 변환 방법(지금 경우 **Remove**)에 기초한 단축 표기를 지원하기 때문에다음과 같이 간단한 JOLT JSON 표기로 충분하다.

```
{
    "zip": ""
}
```

이렇게 하면 FlowFile에서 zip 필드가 제거된다.

9 마지막으로, 각 레코드를 파일에 저장하기 위한 PutFile 처리기를 추가한다. **Directory** 속성은 앞에서처럼 적절한 출력 디렉터리를 설정하고, **Conflict Resolution Strategy** 속성은 이전과는 달리 **ignore**로 설정한다. 그러면 같은 이름의 파일이 이미 존재해도 처리기는 경고 메시지를 보내지 않는다.

이제 처리기들을 다음과 같이 연결해서 데이터 파이프라인을 완성하자.

- GetFile을 SplitJson과 success 관계로 연결한다(**For Relationships** 항목에서 **success**를 체크).
- SplitJson을 EvaluateJsonPath와 split 관계로 연결한다.
- EvaluateJsonPath를 QueryRecord와 matched 관계로 연결한다.
- QueryRecord를 AttributesToJSON과 over.40 관계로 연결한다.
- AttributesToJSON을 UpdateAttribute와 success 관계로 연결한다.
- UpdateAttributes를 JoltTransformJSON과 success 관계로 연결한다.
- JoltTransformJSON을 PutFile과 success 관계로 연결한다.

앞에서처럼 Operate 상자의 실행 버튼으로 파이프라인의 처리기들을 실행하기 바란다. 실행이 끝나고 출력 디렉터리를 보면 나이가 40이 넘은 사람들의 레코드를 담은, uuid가 파일 이름인 JSON 파일들이 있을 것이다.

3.4 요약

이번 장에서는 파이썬으로 CSV 파일과 JSON 파일을 처리하는 방법을 설명하고, 그 지식을 바탕으로 CSV를 JSON으로 변환하는 파이썬 함수를 작성해서 아파치 에어플로의 데이터 파이프라인을 구축했다. 그 과정에서 에어플로 GUI를 다루는 방법과 DAG를 실행하는 방법도 익힐 수 있었을 것이다. 그런 다음에는 아파치 NiFi의 처리기들로 데이터 파이프라인을 구축하는 방법을 설명했다. 좀 더 고급의 데이터 파이프라인을 구축하는 과정도 기본적으로는 이번 장에서 본 것과 다르지 않다. 이 책의 나머지 부분에서 좀 더 고급의 데이터 파이프라인을 구축하는 데 필요한 여러 개념과 기술을 익히게 될 것이다.

다음 장에서는 파이썬과 에어플로, NiFi를 이용해서 데이터를 읽어 들이고 데이터베이스에 기록하는 방법을 살펴본다. 구체적으로, 다음 장에서는 PostgreSQL과 일래스틱서치를 활용하는 방법을 배운다. 두 가지 데이터베이스를 사용하는 덕분에, SQL을 이용해서 질의를 수행할 수 있는 표준적인 관계형 데이터베이스뿐만 아니라 데이터를 문서 단위로 저장하고 독자적인 질의 언어를 사용하는 NoSQL 데이터베이스도 접해 볼 것이다.

데이터베이스 다루기

제3장에서는 텍스트 파일을 읽고 쓰는 방법을 설명했다. 데이터 레이크^{data lake}의 로그 파일이나 기타 텍스트 파일을 읽어서 데이터베이스나 데이터 웨어하우스로 옮기는 것은 데이터 공학자가 흔히 하는 작업이다. 이번 장에서는 제3장에서 배운 텍스트 파일 처리 기술에 기초해서 데이터를 데이터베이스로 옮기는 방법을 살펴본다. 또한 이번 장에서는 관계형 데이터베이스와 NoSQL 데이터베이스에서 데이터를 추출하는 방법도 이야기한다. 이번 장을 마치면 여러분은 파이썬과 NiFi, 에어플로를 이용해서 데이터베이스를 다루는 데 필요한 기술들을 갖추게 될 것이다. 데이터 공학자로서 여러분이 만들 데이터 파이프라인들은 거의 전부 데이터베이스로 끝날 것이며, 데이터베이스로 시작하는 것도 아주 많을 것이다. 이번 장의 기술들을 갖추면 여러분은 관계형 데이터베이스와 NoSQL 데이터 베이스 모두에서 데이터를 추출하고 적재하는, 데이터베이스에서 시작해서 데이터베이스로 끝나는 데이터 파이프라인을 너끈히 구축할 수 있을 것이다.

이번 장의 주요 주제는 다음과 같다.

- 파이썬으로 관계형 데이터베이스에 데이터를 삽입하거나 추출하는 방법
- 파이썬으로 NoSQL 데이터베이스에 데이터를 삽입하거나 추출하는 방법
- 에어플로에서 데이터베이스 파이프라인을 구축하는 방법
- NiFi에서 데이터베이스 파이프라인을 구축하는 방법

4.1 파이썬을 이용한 관계형 데이터 삽입 및 추출

데이터베이스database라는 단어를 들으면 관계형 데이터베이스(relational database), 그러니까 열들과 행들로 이루어진 테이블들이 일정한 관계를 구성하는 형태의 데이터베이스를 떠올리는 독자가 많을 것이다. 이를테면 재고 테이블, 구매 기록 테이블, 고객 정보 테이블 등으로 이루어진 주문 관리 시스템용 데이터베이스 같은 것 말이다. 관계형 데이터베이스는 40년 이상 쓰이고 있는데, 그 시초는 1970년대 말 E. F. 코드Codd가 개발한 관계형 데이터 모형이다. IBM, Oracle, Microsoft 등 다양한 소프트웨어 제조사가 관계형 데이터베이스 제품을 판매하는데, 그런 제품들은 모두 **SQL**이라고 하는 질의 언어를 지원한다(제품마다 기능이나 구문이 조금씩 다를 수는 있다). SQL은 **Structured Query Language**(구조적 질의 언어)를 줄인 용어이다. 오픈소스 제품들도 많이 있는데, 이 책에서는 인기 있는 오픈소스 데이터베이스 시스템인 **PostgreSQL**을 사용한다. 그럼 PostgreSQL에서 데이터베이스와 테이블을 생성하는 방법을 살펴보자.

4.1.1 PostgreSQL에서 데이터베이스와 테이블 생성

제2장 **데이터 공학 기반구조 구축**에서 pgAmdin 4를 이용해서 PostgreSQL에 dataengineering이라는 이름의 데이터베이스를 하나 만들어 보았다. 그리고 사용자의 이름과 주소 등에 관한 열(필드)들이 있는 users라는 테이블도 생성했다. 그림 4.1에 dataengineering 데이터베이스와 users 테이블의 구조가 나와 있다.

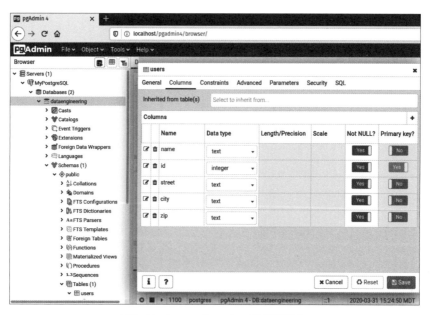

그림 4.1 dataengineering 데이터베이스

제2장에서 이 데이터베이스와 테이블을 생성한 독자는 이번 절을 건너뛰어도 된다. 그렇지 않은 독자라면 여기서 데이터베이스와 테이블을 생성하는 기본적인 방법을 익히기 바란다.

다음은 이번 장의 예제를 위한 데이터베이스와 테이블을 pgAdmin 4를 이용해서 PostgreSQL에 생성하는 과정이다.

1 브라우저로 *http://localhost/pgadmin4*를 연 후, 제2장 **데이터 공학 기반구조 구축**에서 pgAdmin 4 를 설치할 때 설정한 사용자 이름과 패스워드로 로그인한다.

2 왼쪽 **Browser** 트리 뷰에서 Servers 노드를 확장하고, **MyPostgreSQL** 아이콘을 오른쪽 클릭한 후 **Create | Database**를 선택한다.

3 데이터베이스 이름을 dataengineering으로 한다. 소유자(Owner)는 postgres로 둔다.

4 dataengineering 노드를 확장하고, 차례로 **Schemas**와 **public**을 확장한 후 **Tables**를 오른쪽 클릭하고 **Create | Table**을 선택한다.

5 테이블 이름은 users로 한다. **Columns** 탭을 클릭하고 오른쪽의 더하기 아이콘을 클릭해서, 다음과 같은 이름과 자료형으로 다섯 개의 열을 추가한다.[역주1]

   a name: text

   b id: integer

   c street: text

   d city: text

   e zip: text

이렇게 예제에 사용할 PostgreSQL 데이터베이스와 테이블이 갖추어졌다. 그럼 파이썬을 이용해서 이 테이블에 데이터를 적재하는 방법으로 넘어가자.

4.1.2 데이터를 PostgreSQL 데이터베이스에 삽입

파이썬에서 데이터베이스에 연결하는 라이브러리는 pyodbc, sqlalchemy, psycopg2 등 다양하며, API와 요청을 사용하는 방법도 다양하다. 이 책에서는 PostgreSQL 연결에 특화된 라이브러리인 psycopg2 라이브러리를 사용한다. 경험이 좀 더 쌓이면 **SQLAlchemy** 같은 도구들도 살펴보기 바란다. SQLAlchemy는 파이썬을 위한 SQL 도구 모음 및 ORM(object-relational mapper; 객체-관계형 데이터 매퍼)이다. SQLAlchemy를 이용하면 SQL 없이 좀 더 파이썬다운 방식으로 데이터베이스 질의(query)를 수행할 수 있으며, 파이썬 클래스를 데이터베이스 테이블에 직접 대응(매핑)시킬 수 있다.

역주1 추가로, 그림 4.1을 참고해서 **Not Null?** 옵션은 모두 Yes로 설정하고 **Primary Key?**는 id만 Yes로 설정하기 바란다.

4.1.2.1 psycopg2 설치

먼저, 여러분의 파이썬 환경에 psycopg2 라이브러리가 설치되어 있는지는 다음 명령으로 확인해 보기 바란다.

```
python3 -c "import psycopg2; print(psycopg2.__version__)"
```

이 명령은 -c 플래그(command 플래그)로 python3을 실행한다. 그러면 python3은 -c 다음에 있는 문자열을 하나의 파이썬 프로그램으로 간주해서 실행한다. 이 예에서 문자열은 psycopg2 라이브러리를 도입해서 버전 번호를 출력하는 파이썬 코드이다. 오류 메시지가 나온다면 psycopg2 라이브러리가 설치되어 있지 않은 것이고, 2.8.4 같은 버전 번호 다음에 몇 가지 문구를 담은 괄호 쌍이 있는 메시지가 출력된다면 설치되어 있는 것이다. 제2장에서 제시한 대로 추가 라이브러리들과 함께 에어플로를 설치했다면 이 라이브러리도 이미 설치되어 있을 것이다.

혹시 설치되어 있지 않은 독자라면 다음 명령으로 설치하기 바란다.

```
pip3 install psycopg2
```

pip은 추가적인 의존 요소들도 자동으로 찾아서 설치하려 한다. 혹시 설치 과정에서 문제가 생긴다면, 미리 컴파일된 이진 버전을 설치해 보기 바란다. 이를 위한 명령은 다음과 같다.

```
pip3 install psycopg2-binary
```

어떤 방법으로든 psycopg2를 설치한 후 다음 절로 넘어가기 바란다.

4.1.2.2 파이썬에서 PostgreSQL 데이터베이스에 연결

psycopg2를 이용해서 파이썬에서 데이터베이스를 사용하려면 먼저 데이터베이스와의 연결을 만들고 커서 객체를 생성해야 한다. 커서 객체가 있으면 그것으로 명령을 실행해서 결과를 얻을 수 있다. 다음은 커서를 생성하기까지의 과정이다.

1 psycopg2 라이브러리를 db라는 별칭으로 도입한다.

```
import psycopg2 as db
```

2 호스트, 데이터베이스 이름, 사용자 이름, 패스워드로 구성된 연결 문자열을 정의한다.[역주2]

역주2   psycopg2는 PostgreSQL 서버가 5432번 포트(기본 포트이다)에서 실행된다고 가정한다. 다른 포트에서 실행 중이라면 port=<포트 번호> 형태의 문구를 추가해야 한다.

```
conn_string="dbname='dataengineering' host='localhost' user='postgres' \
password='<패스워드>'"
```

3 연결 문자열로 connect() 메서드를 호출해서 연결 객체를 생성한다.

```
conn=db.connect(conn_string)
```

4 다음으로, 연결 객체를 이용해서 커서 객체를 생성한다.

```
cur=conn.cursor()
```

이제 데이터베이스와 연결되었다. 이제부터는 커서 객체를 이용해서 임의의 SQL 명령을 실행할 수 있다. 그럼 데이터를 PostgreSQL 데이터베이스에 삽입하는 방법을 살펴보자.

4.1.2.3 데이터 삽입

커서가 있으면 SQL를 이용해서 데이터를 삽입할 수 있다. 다음은 사용자 한 명에 대한 레코드 하나를 삽입하는 SQL insert 문을 생성하는 코드이다.

```
query = "insert into users (id,name,street,city,zip) values({},'{}','{}','{}',\
'{}')".format(1,'Big Bird','Sesame Street','Fakeville','12345')
```

mogrify() 메서드를 이용하면 실제 질의문(query statement)이 어떤 모습인지 확인할 수 있다.

> **mogrify 메서드에 관해**
>
> psycopg2 문서화에 따르면 mogrify 메서드는 인자(argument)들이 바인딩된 후의 질의 문자열을 돌려준다. 이 메서드가 돌려주는 문자열이 바로 execute() 같은 메서드로 데이터베이스에 전송하는 실제 질의문이다. 간단히 말해서 이 메서드는 인자들이 대입된 최종 질의문을 돌려준다. SQL 질의문이 오류의 원인일 때가 많기 때문에, 이처럼 데이터베이스에 실제로 전송되는 질의문을 볼 수 있으면 디버깅에 도움이 된다.

mogrify 메서드의 가장 간단한 사용법은 다음처럼 질의문 하나만 지정해서 호출하는 것이다.

```
cur.mogrify(query)
```

이렇게 하는 대신, 질의 문자열과 데이터를 분리해서 지정할 수도 있다. 데이터베이스를 다루다 보면 여러 개의 레코드를 하나의 질의문으로 추가하게 되는데, 하나의 질의 문자열과 여러 개의 레코드에 대한 튜플들의 튜플을 이용하면 그런 질의문을 손쉽게 생성할 수 있다. 다음은 앞에서와 같은 SQL 질의문을 질의 문자열 템플릿과 데이터를 따로 지정해서 생성하는 예이다.

```
query2 = "insert into users (id,name,street,city,zip) values(%s,%s,%s,%s,%s)"
data=(1,'Big Bird','Sesame Street','Fakeville','12345')
```

query2를 보면, query의 {}에 해당하는 부분을 따옴표로 감싸지 않았다. mogrify가 질의 문자열의
데이터 형식에 맞게 적절히 따옴표를 추가해 주므로 이렇게 해도 된다. 이제 질의 문자열과 데이터로
mogrify를 호출하면 실제 질의 문자열을 볼 수 있다.

```
cur.mogrify(query2,data)
```

query와 query2 둘 다 동일한 질의문이 만들어져야 정상이다. 질의문을 확인했으니, 실제로 실행해
서 레코드를 데이터베이스에 삽입해 보자.

```
cur.execute(query2,data)
```

다시 pgAdmin 4로 가서 **users** 테이블을 오른쪽 클릭한 후 **View/Edit Data | All Rows**를 선택하
기 바란다. 그런데 방금 삽입한 레코드가 보이지 않을 것이다. 왜 그럴까? 코드에 문제가 있었을까?
그렇지는 않다. insert 문처럼 데이터베이스를 수정하는 질의문을 실행한 후에는 다음과 같이 트랜
잭션을 커밋commit(회부)해 주어야 한다.

```
conn.commit()
```

이제 pgAdmin 4로 가서 다시 확인하면 방금 삽입한 레코드가 보일 것이다(그림 4.2).

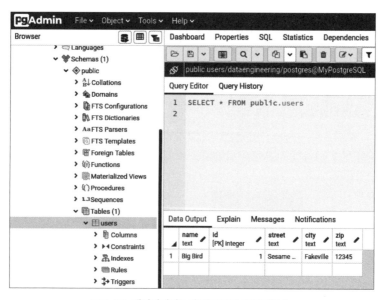

그림 4.2 데이터베이스에 레코드가 추가되었다.

지금까지 레코드 하나를 추가하는 방법을 살펴보았다. 그럼 다수의 레코드를 추가하는 방법으로 넘어가자.

4.1.2.4 다수의 레코드 삽입

레코드 여러 개를 삽입하는 한 가지 방법은 그냥 앞에서와 같은 단일 레코드 삽입 코드를 루프로 반복하는 것이다. 그러나 그렇게 하면 레코드 개수만큼의 트랜잭션이 필요하다. 그보다는 모든 레코드를 한 번의 트랜잭션으로 모두 삽입하는 것이 낫다. 이를 위해 psycopg2는 executemany라는 메서드를 제공한다. 다음은 Faker를 이용해서 레코드들을 생성하고 그것들을 executemany()로 삽입하는 예이다.

1 필요한 라이브러리들을 도입한다.

```
import psycopg2 as db
from faker import Faker
```

2 Faker 객체를 생성하고, 모든 데이터를 담을 배열을 생성한다. 그리고 레코드 ID를 담을 변수 i를 초기화한다.

```
fake=Faker()
data=[]
i=2
```

3 다음으로, Faker로 가짜 레코드에 해당하는 튜플tuple을 생성해서 배열에 추가하는 작업을 루프로 반복한다. 반복마다 다음 레코드를 위해 i를 증가한다. ID를 2부터 시작하는 것은 앞에서 Big Bird 레코드의 ID를 1로 설정했기 때문이다. id 열은 기본 키(primary key)이며, 하나의 데이터베이스 테이블에 동일한 기본 키가 여러 개 있으면 안 된다.

```
for r in range(1000):
    data.append((i,fake.name(),fake.street_address(),
            fake.city(),fake.zipcode()))
    i+=1
```

4 배열을 튜플들의 튜플로 변환한다.

```
data_for_db=tuple(data)
```

5 이제 psycopg를 이용해서 데이터베이스와 연결하고 질의 문자열도 설정한다. 이전에 본 코드와 다를 바 없다.

```
conn_string="dbname='dataengineering' host='localhost' user='postgres' \
password='<패스워드>'"
conn=db.connect(conn_string)
cur=conn.cursor()
query = "insert into users (id,name,street,city,zip) values(%s,%s,%s,%s,%s)"
```

6 레코드 하나만 사용해서, 데이터베이스에 실제로 전송될 질의문이 어떤 모습인지 출력해 본다.

```
print(cur.mogrify(query,data_for_db[1]))
```

7 이제 execute() 대신 executemany()를 이용해서 튜플들의 튜플에 담긴 레코드들이 모두 삽입되게 한다. 그런 다음 트랜잭션을 커밋한다.

```
cur.executemany(query,data_for_db)
conn.commit()
```

pgAdmin 4로 가서 users 테이블을 보면 레코드 1,000개가 있을 것이다. 그림 4.3은 내가 얻은 결과이다.

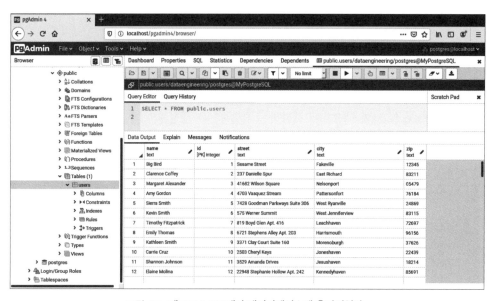

그림 4.3 레코드 1,000개가 데이터베이스에 추가되었다.

여러분의 테이블에도 1,001개의 레코드가 있을 것이다. 데이터를 PostgreSQL 데이터베이스에 삽입하는 방법을 배웠으니, 파이썬에서 SQL 질의를 수행해서 특정 레코드만 추출하는 방법으로 넘어가자.

4.1.2.5 PostgreSQL에서 데이터 추출

psycopg2를 이용해서 데이터를 추출하는 방법은 삽입하는 방법과 거의 같다. 유일한 차이는 insert 문 대신 select 문을 사용한다는 점이다. 구체적인 과정은 다음과 같다.

1 라이브러리를 도입하고, 연결과 커서를 만든다.

```
import psycopg2 as db
conn_string="dbname='dataengineering' host='localhost' user='postgres' \
password='postgres'"
conn=db.connect(conn_string)
cur=conn.cursor()
```

2 데이터 추출을 위한 질의를 실행한다. 이 예제에서는 users 테이블의 모든 레코드를 선택하는 SQL select 문을 실행한다.

```
query = "select * from users"
cur.execute(query)
```

3 이제 커서 객체는 레코드들을 담은 반복 가능한(iterable) 객체이다. 다음과 같이 for 문으로 커서를 반복해서 각 레코드에 접근할 수 있다.

```
for record in cur:
    print(record)
```

4 아니면 세 가지 fetch 메서드 중 하나로 데이터를 추출할 수도 있다.

```
cur.fetchall()
cur.fetchmany(howmany)   # howmany는 추출하고자 하는 레코드 개수
cur.fetchone()
```

5 fetchone() 메서드는 커서가 현재 가리키고 있는 레코드 하나를 가져온다. 레코드 하나만 추출하지만, 반환값은 배열임을 주의하기 바란다.

```
data=cur.fetchone()
print(data[0])
```

6 어떤 메서드를 사용하든, SQL 질의문이 선택한 레코드가 몇 개인지 알아야 제대로 사용할 수 있다. 커서 객체의 rowcount 속성이 레코드 개수이다.

```
cur.rowcount
# 1001
```

7 커서 객체의 rownumber 속성은 현재 행 번호이다. 예를 들어 fetchone()을 호출한 후 rownumber를 다시 확인하면 이전보다 1 증가한 값이 나온다.

```
cur.rownumber
```

8 마지막으로, copy_to() 메서드를 이용하면 테이블을 조회해서 레코드들을 CSV 파일에 저장할 수 있다. 우선 새로 연결과 커서를 생성한다.

```
conn=db.connect(conn_string)
cur=conn.cursor()
```

9 테이블을 저장할 파일을 연다.

```
f=open('fromdb.csv','w')
```

10 파일 객체와 테이블 이름, 구분 문자를 지정해서 copy_to를 호출한다. 구분 문자를 생략하면 기본적로 탭 문자가 쓰이는데, 여기서는 테이블을 CSV 형식으로 저장하기 위해 쉼표를 지정한다.

```
cur.copy_to(f,'users',sep=',')
f.close()
```

11 파일을 열어서 내용을 확인해 본다.

```
f=open('fromdb.csv','r')
f.read()
```

이렇게 해서 psycopg2 라이브러리를 이용해서 데이터베이스에서 데이터를 읽어오거나 데이터베이스에 데이터를 기록하는 방법을 살펴보았다. 다음 절에서는 그런 작업을 DataFrame을 이용해서 수행하는 방법을 설명한다.

DataFrame을 이용한 데이터 추출

pandas의 DataFrame으로도 데이터를 질의할 수 있다. psycopg2로 데이터베이스와 연결하는 단계까지는 이전과 같지만, 커서 객체를 생성하는 대신 직접 질의로 넘어갈 수 있다. DataFrame은 데이터의 필터링, 분석, 변환을 위한 강력한 수단을 제공한다. 다음은 DataFrame을 이용해서 데이터를 추출하는 과정이다.

1 연결을 설정한다.

```
import psycopg2 as db
import pandas as pd
conn_string="dbname='dataengineering' host='localhost' user='postgres' \
password='postgres'"
conn=db.connect(conn_string)
```

2   pandas의 read_sql() 메서드를 이용해서 질의를 수행한다. 이 메서드는 SQL 질의문과 연결 객체를 받는다.

```
df=pd.read_sql("select * from users", conn)
```

3   메서드는 users 테이블의 모든 레코드를 담은 DataFrame을 돌려준다. 그 DataFrame을 가리키는 df 변수를 통해서 그 접근할 수 있다. 예를 들어 다음은 레코드들을 JSON 형식으로 출력하는 예이다.

```
df.to_json(orient='records')
```

이상으로 관계형 데이터베이스에 있는 데이터를 다루는 데 필요한 여러 개념과 기술을 설명했다. 이제 NoSQL 데이터베이스로 넘어갈 때가 되었다. 다음 절에서는 파이썬으로 일래스틱서치를 다루는 방법을 설명한다.

4.2 파이썬을 이용한 NoSQL 데이터베이스 데이터 삽입 및 추출

데이터베이스라고 하면 흔히 관계형 데이터베이스를 떠올리지만, 그 밖에도 열 우선(columnar), 키-값, 시계열 등 다양한 종류의 데이터베이스가 있다. 이번 절에서는 NoSQL 데이터베이스 시스템의 하나인 일래스틱서치Elasticsearch를 다루는 방법을 설명한다. NoSQL은 데이터를 행들과 열들로 저장하지 않는 데이터베이스를 통틀어 가리키는 용어이다. NoSQL 데이터베이스는 데이터를 JSON 문서(document)들로 저장하고, SQL이 아닌 질의 언어를 사용한다. 그럼 파이썬에서 데이터를 일래스틱서치 데이터베이스에 삽입하는 방법부터 살펴보자.

4.2.1 elasticsearch 라이브러리 설치

먼저 elasticsearch 라이브러리를 설치해야 한다. pip으로 간단히 설치할 수 있다.

```
pip3 install elasticsearch
```

pip은 elasticsearch 라이브러리의 최신 버전을 설치한다. 제2장 **데이터 공학 기반구조 구축**의 설명에 따라 일래스틱서치를 설치했다면 이것으로 충분하다. 최신 elasticsearch 패키지는 일래스틱서치 버전 2, 5, 6, 7을 지원한다. 다음은 설치가 잘 되었는지, 버전이 몇인지 확인하는 파이썬 코드이다.

```
import elasticsearch
elasticsearch.__version__
```

설치가 잘 되었다면 다음과 같은 형태로 버전 번호가 출력될 것이다.

```
(7.6.0)
```

여러분이 설치한 일래스틱서치의 버전과 부합한다면, 이제 파이썬으로 일래스틱서치를 다룰 수 있다.

4.2.2 데이터를 일래스틱서치에 삽입

일래스틱서치에서 데이터를 질의('검색')하려면 먼저 일래스틱서치 색인(index)에 데이터를 추가해 두어야 한다. §4.1에서는 psycopg2 라이브러리를 이용해서 PostgreSQL에 접근했다. 일래스틱서치에 접근할 때는 방금 설치한 elasticsearch 라이브러리를 사용한다. 데이터를 추가하려면 먼저 일래스틱서치와 연결한 후 일래스틱서치가 이해하는 명령을 실행해야 한다. 다음은 레코드 하나를 일래스틱서치에 추가하는 과정이다.

1 필요한 라이브러리들을 도입하고, 무작위로 가짜 데이터를 생성하기 위한 Faker 객체를 생성한다.

```
from elasticsearch import Elasticsearch
from faker import Faker
fake=Faker()
```

2 일래스틱서치와 연결한다.

```
es = Elasticsearch()
```

3 단계 2의 코드는 일래스틱서치 서버가 localhost에서 실행된다고 가정한 것이다. 그렇지 않은 경우에는 다음처럼 IP 주소를 명시적으로 지정해 주면 된다.^{역주3}

```
es=Elasticsearch({'127.0.0.1'})
```

역주3   또한, 일래스틱서치의 기본 포트인 9200이 아닌 포트를 사용한다면 localhost:9210처럼 포트 번호를 지정하면 된다.

4 이 Elasticsearch 객체를 이용해서 일래스틱서치에 명령을 실행한다. 색인에 문서(일래스틱서치의 데이터 단위)를 추가하는 메서드는 index이다. 이 메서드는 데이터를 추가할 색인의 이름과 문서의 종류, 그리고 문서의 본문을 받는다. 일래스틱서치에서 문서는 JSON 객체인데, index 메서드는 문서의 본문으로 지정된 파이썬 사전 객체를 적절히 JSON 형식으로 변환해서 일래스틱서치에 보낸다.[역주4] 다음은 index를 이용해서 users 색인(자동으로 생성된다)에 새 문서를 추가하는 코드이다.

```
doc={"name": fake.name(),"street": fake.street_address(), "city": fake.city(),
    "zip":fake.zipcode()}
res=es.index(index="users",doc_type="doc",body=doc)
print(res['result']) #created
```

단계 4의 코드를 실행했을 때 콘솔에 'created'가 출력되면 문서가 잘 추가된 것이다. index 메서드는 실행 결과를 담은 사전 객체를 돌려주는데, result 키에는 색인 연산의 성공 여부를 뜻하는 문구가 담겨 있다. 지금 예의 created는 연산이 성공했으며 색인에 문서가 생성되었다는(created) 뜻이다. 이번 장 앞부분의 PostgreSQL 예제와 비슷하게, 문서를 여러 개 추가할 때 이 index 메서드를 여러 번 반복해서 호출할 수도 있지만, 그보다는 다수의 문서를 한 번에 추가하는 대량 연산(bulk operation) 메서드를 사용하는 것이 효율적이다.

4.2.2.1 helpers 모듈을 이용한 데이터 삽입

helpers 모듈의 bulk 메서드를 이용하면 다수의 문서를 한 번에 삽입할 수 있다. 문서 하나를 생성해서 삽입하는 과정을 여러 번 반복하는 것이 아니라, 먼저 모든 문서를 생성한 다음에 한 번에 일래스틱서치에 삽입한다. 구체적인 과정은 다음과 같다.

1 bulk 메서드가 있는 helpers 모듈을 도입한다.

```
from elasticsearch import helpers
```

2 추가할 문서들에 해당하는 JSON 객체들의 배열을 만들어야 한다. 앞에서는 문서의 내용을 구성하는 필드(키)들만으로 JSON 객체를 만들었지만, 이번에는 대량 연산을 위한 정보를 추가해야 한다. 특히 색인 이름과 형식을 _index와 _type으로 지정해야 한다. 이름이 밑줄로 시작하는 필드는 일래스틱서치를 위한 메타데이터 필드에 해당한다. _source 필드는 데이터베이스에 추가할 JSON 문서이다. JSON 문서 정의 바깥에는 for 루프가 있다. 이 루프는 JSON 문서를 999개 생성한다(루프 색인이 0부터 998까지 반복하므로 999).

역주4 이하의 논의에서는 "JSON 형식으로 변환될 파이썬 사전 객체"를 그냥 'JSON 객체' 또는 'JSON 문서'라고 칭하기로 하겠다.

```
actions = [
  {
    "_index": "users",
    "_type": "doc",
    "_source": {
      "name": fake.name(),
      "street": fake.street_address(),
      "city": fake.city(),
      "zip":fake.zipcode()}
  }
  for x in range(998) # 또는 for i,r in df.iterrows()
]
```

3 이제 Elasticsearch 객체와 데이터 배열로 bulk를 호출하면 삽입이 진행된다. 앞에서처럼 result 키로 연산의 결과를 확인한다.

```
res = helpers.bulk(es, actions)
print(res['result'])
```

모든 것이 잘 되었다면 일래스틱서치의 users 색인에는 이전에 추가한 문서 하나까지 합쳐서 총 1,000개의 문서가 있을 것이다. 이를 키바나에서 확인해 보자. 먼저 일래스틱서치의 users 색인을 키바나에 추가해야 한다. 키바나를 실행하고 브라우저로 *http://localhost:5601*에 접속한 후 왼쪽 햄버거 메뉴를 열고 하단 **Management** 섹션의 **Stack Management**를 클릭하기 바란다. 새 화면의 왼쪽 메뉴에서 **Index Patterns**를 선택하면 그림 4.4와 같이 파란 색[역주5] ⊕ **Create index pattern** 버튼이 있는 화면이 나온다.

그림 4.4 색인 패턴 생성

역주5 종이 책에는 그냥 회색으로 표시되지만, 독자가 실제로 모니터를 보면서 예제를 따라한다는 가정하에서 실제 색상을 표기했음을 참고하기 바란다. 이후의 스크린샷 관련 문구들에서도 마찬가지이다.

그럼 일래스틱서치의 색인을 키바나에 추가해 보자. 파란색 버튼을 클릭한 후 새 화면의 Index pattern name 칸에 users를 입력한다. 그러면 키바나가 그 패턴과 부합하는 이름의 색인인 users를 찾아낸다. 이제 파란색 **Next Step** 버튼을 클릭한 후 **Create Index Pattern**을 클릭하면 색인 패턴이 생성된다. 다시 햄버거 메뉴에서 Kibana 섹션의 **Discover**를 선택하고, 왼쪽 상단 드롭다운 목록에서 새로 추가한 색인(users)을 선택한다. 그러면 그림 4.5와 같이 이 색인의 문서들을(앞에서 추가한) 보일 것이다.

그림 4.5 **색인의 문서들을 보여주는 Discover 탭**

이상으로 일래스틱서치에 문서 하나를 추가하거나 bulk 메서드를 이용해서 다수의 문서를 추가하는 방법을 살펴보았다. 그럼 추가한 문서들을 질의(검색)하는 방법으로 넘어가자.

4.2.2.2 일래스틱서치 질의

일래스틱서치에서 데이터를 질의하는 방법은 데이터를 삽입하는 방법과 거의 비슷하다. 단, 데이터를 질의할 때는 search라는 메서드를 사용하며, 일래스틱서치에 전송하는 문서 본문도 이전과 다르다. 그럼 모든 문서를 조회하는 간단한 질의를 수행해 보자.

1 Elasticsearch 객체를 생성한다.

```
from elasticsearch import Elasticsearch
es = Elasticsearch()
```

2 일래스틱서치에 보낼 문서 본문(질의 요청) JSON 객체를 만든다. 이 객체는 match_all 검색을 이용해서 주어진 색인의 모든 문서를 질의하는 요청에 해당한다.

```
doc={"query":{"match_all":{}}}
```

3 질의 요청 객체를 search 메서드를 이용해서 일래스틱서치에 보낸다. 이때 색인 이름과 결과 집합 크기(반환할 문서 개수)도 지정한다. 결과 집합(result set)의 최대 크기는 10,000이다.

```
res=es.search(index="users",body=doc,size=10)
```

4 검색된 문서들을 출력한다.

```
print(res['hits']['hits'])
```

아니면 루프로 문서들을 훑으면서 각 문서의 _source 필드만 출력할 수도 있다.

```
for doc in res['hits']['hits']:
    print(doc['_source'])
```

질의 결과를 pandas의 DataFrame에 넣는 것도 가능하다. 질의 결과는 JSON 객체이며, JSON 데이터를 읽어서 다른 형식으로 변환하는 방법은 제3장 **파일 읽고 쓰기**에서 배웠다. 질의 결과를 DataFrame에 넣으려면 다음처럼 json_normalize 함수가 필요하다. 이 함수는 pandas 라이브러리의 json 모듈에 있다.

```
from pandas.io.json import json_normalize
df=json_normalize(res['hits']['hits'])
```

이제 질의 결과를 담은 DataFrame 객체가 생겼다. 이번 예제에서는 match_all 질의를 이용해서 색인의 모든 문서를 가져왔지만, match_all 이외의 질의 유형도 있다.

match_all 질의로 얻은 문서들에서 아무 이름이나 하나 선택하기 바란다. 나는 Ronald Goodman을 선택했다. 다음은 name 필드가 Ronald Goodman인 문서를 match 질의를 이용해서 검색하는 예이다.

```
doc={"query":{"match":{"name":"Ronald Goodman"}}}
res=es.search(index="users",body=doc,size=10)
print(res['hits']['hits'][0]['_source'])
```

루씬Lucene의 질의 언어를 이용해서 문서를 검색할 수도 있다. 루씬에서는 **필드:값** 형태의 구문을 사용한다. 이런 방식의 검색에서는 search 메서드에 질의 요청을 담은 JSON 문서를 지정하는 대신, q 매개변수에 질의문을 직접 지정한다.

```
res=es.search(index="users",q="name:Ronald Goodman",size=10)
print(res['hits']['hits'][0]['_source'])
```

city 필드로도 검색해 보자. 내 경우 Jamesberg로 검색하니 주소의 도시가 Jamesberg인 문서와

Lake Jamesberg인 문서가 반환되었다. 일래스틱서치는 빈칸을 기준으로 문자열을 토큰화해서 각각의 토큰으로 문서들을 검색한다.

```
# 도시명으로 Jamesberg를 검색하면 Jamesberg와 Lake Jamesberg가 반환된다.
doc={"query":{"match":{"city":"Jamesberg"}}}
res=es.search(index="users",body=doc,size=10)
print(res['hits']['hits'])
```

내 경우 마지막 print 문은 다음과 같이 두 개의 문서를 담은 배열을 출력했다.

```
[{'_index': 'users', '_type': 'doc', '_id': 'qDYoOHEBxMEH3Xr-PgMT', '_score': 6.929674, '_source':
{'name': 'Tricia Mcmillan', 'street': '8077 Nancy #Mills Apt. 810', 'city': 'Jamesberg', 'zip':
'63792'}}, {'_index': 'users', '_type': 'doc', '_id': 'pTYoOHEBxMEH3Xr-PgMT', '_score':
5.261652, '_source': {'name': 'Ryan Lowe', 'street': '740 Smith Pine Suite 065', 'city': 'Lake
Jamesberg', 'zip': '38837'}}]
```

부울 연산자와 필터를 이용해서 문서들을 좀 더 정밀하게 검색할 수도 있다. 질의 요청 객체의 bool 필드에 must나, must not, should를 지정하고 filter 필드에 필터링 조건을 지정하는 식이다. 다음은 이를 이용해서 앞의 검색 결과에서 Lake Jamesberg를 제외시키는 예이다. 도시명으로 Jamesberg에 must를 적용하면 두 개의 문서가 선택된다. 그러나 우편번호(zip 필드)가 Jamesberg의 우편번호인 63792이어야 한다는 필터를 적용했기 때문에 Lake Jamesberg는 제외된다. 이렇게 하는 대신 Lake Jamesberg의 우편번호에 대해 must not을 적용해도 같은 결과를 얻을 수 있다.

```
# Jamesberg로 검색하되 zip에 필터를 적용해서 Lake Jamesberg를 제외시킨다.
doc={"query":{"bool":{"must":{"match":{"city":"Jamesberg"}},"filter"
    :{"term":{"zip":"63792"}}}}}
res=es.search(index="users",body=doc,size=10)
print(res['hits']['hits'])
```

마지막 print 문은 다음과 같이 문서 하나만 출력한다.

```
[{'_index': 'users', '_type': 'doc', '_id': 'qDYoOHEBxMEH3Xr-PgMT', '_score': 6.929674,
'_source': {'name': 'Tricia Mcmillan', 'street': '8077 Nancy #Mills Apt. 810', 'city':
'Jamesberg', 'zip': '63792'}}]
```

이 예제의 질의는 문서를 한두 개만 반환하지만, 실무에서는 수만 개의 문서를 반환하는 커다란 질의도 수행하게 될 것이다. 그럼 그처럼 많은 수의 문서를 다루는 방법을 살펴보자.

4.2.2.3 scroll 메서드를 이용한 대형 결과 집합 처리

앞의 예제에서는 검색 결과 집합의 크기를 10으로 설정했다. 레코드 1,000개 정도면 한꺼번에 가져와서 처리하는 것이 큰 문제가 아니겠지만, 10,000개 이상이면 좀 곤란한 상황이 벌어질 수 있다. 그런 경우 데이터를 여러 번 나누어서 가져와야 하는데, 일래스틱서치는 이를 '스크롤링'이라고 부른다. elasticsearch 라이브러리는 데이터를 스크롤해가면서 레코드들을 나누어 가져오는 scroll 메서드를 제공한다. 다음은 이 메서드를 이용해서 데이터를 스크롤하는 과정이다.

1 Elasticsearch를 도입하고 객체를 생성한다.

```
from elasticsearch import Elasticsearch
es = Elasticsearch()
```

2 데이터를 검색한다. 지금 일래스틱서치 데이터베이스에 레코드가 1,000개밖에 없지만, 스크롤링을 시험하기 위해 결과 집합 크기를 전체 레코드 개수의 절반인 500으로 설정한다. 이번에는 search 메서드를 호출할 때 scroll이라는 새 매개변수를 지정한다. 이 매개변수는 검색 결과가 만들어지기까지 기다릴 수 있는 시간을 의미한다. 여기서는 20밀리초를 지정했다. 문서 크기와 네트워크 속도에 따라, 원하는 데이터를 가져오기에 충분한 시간으로 적절히 조정하기 바란다.

```
res = es.search(
  index = 'users',
  doc_type = 'doc',
  scroll = '20m',
  size = 500,
  body = {"query":{"match_all":{}}}
)
```

3 search 메서드가 반환한 결과에는 스크롤 ID를 뜻하는 _scroll_id라는 필드가 있다. 이 스크롤 ID를 이후 scroll 호출 시 지정해야 한다. 스크롤 ID와 결과 집합 크기를 기억해 두자.

```
sid = res['_scroll_id']
size = res['hits']['total']['value']
```

4 이제 while 루프를 이용해서 스크롤링을 시작한다. 이 루프는 size가 0보다 큰 동안만 반복된다. size가 0이면 더 이상 데이터가 없다는 뜻이다. 루프 본문에서는 앞에서 저장한 스크롤 ID와 스크롤링 시간을 지정해서 scroll 메서드를 호출한다. 이에 의해, 원래의 질의 결과에서 더 많은 데이터가 조회된다.

```
while (size > 0):
    res = es.scroll(scroll_id = sid, scroll = '20m')
```

5 루프를 반복해서 데이터를 더 가져오기 위해 새 스크롤 ID와 크기를 저장해 둔다.

```
    sid = res['_scroll_id']
    size = len(res['hits']['hits'])
```

6 마지막으로, 이번 반복에서 가져온 데이터를 적절히 활용한다. 여기서는 그냥 모든 레코드의 _source 필드(JSON 문서 원본)를 출력한다.

```
for doc in res['hits']['hits']:
    print(doc['_source'])
```

이상으로 일래스틱서치 데이터베이스에 문서들을 추가하고 질의하는 방법과 10,000개 이상의 문서들을 스크롤링하는 방법을 살펴보았다. 이제 관계형 데이터베이스와 NoSQL 데이터베이스 모두에서 데이터를 추가하고 질의하는 방법을 익혔으니, 지금까지 배운 것을 이용해서 데이터베이스용 데이터 파이프라인을 구축해 보자. 다음 절부터는 아파치 에어플로와 NiFi를 이용해서 데이터베이스용 데이터 파이프라인을 구축하는 방법을 살펴본다.

4.3 데이터베이스를 위한 아파치 에어플로 데이터 파이프라인 구축

제3장에서는 Bash와 파이썬 연산자를 이용해서 여러분의 첫 번째 에어플로 데이터 파이프라인을 만들어 보았다. 이번에는 PostgreSQL에서 데이터를 추출해서 CSV 파일에 저장하고 그것을 읽어서 일래스틱서치 색인에 추가하는 에어플로 데이터 파이프라인(DAG)을 파이썬 연산자 두 개로 구축한다. 그림 4.6은 완성된 파이프라인의 모습이다.

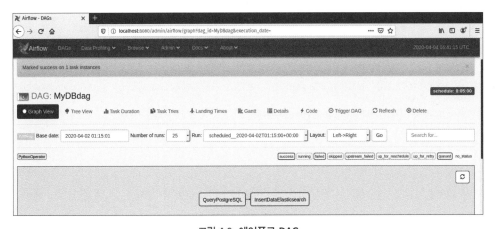

그림 4.6 에어플로 DAG

그림 4.6에서 보듯이 이번 예제의 DAG는 아주 간단하다. 작업은 두 개뿐이다. 사실 그 두 작업을 하나의 함수로 결합하는 것도 가능하다. 그러나 그렇게 하지 않는 것이 좋다. 이 책의 제2부 **실무 환경 데이터 파이프라인 배치**에서는 실무 환경을 위해 데이터 파이프라인을 수정하는 방법을 살펴본

다. 실무용 파이프라인의 핵심 특성 하나는 각 작업이 원자적(atomic)이어야 한다는 것이다. 즉, 각 작업은 더 이상 분할할 수 없는 형태이어야 한다. 예를 들어 레코드 추출과 적재를 분할하지 않고 하나의 작업으로 묶으면, 그 작업이 실패했을 때 추출이 잘못되었는지 아니면 적재가 잘못되었는지를 추적해야 하므로 디버깅에 더 많은 시간이 걸린다. 그럼 예제 데이터 파이프라인을 구축하는 구체적인 과정으로 넘어가자.

4.3.1 에어플로 DAG 구현

에어플로의 모든 DAG에는 그것이 DAG로 실행되는 데 필요한 조건들을 충족하기 위한 공통의 상용구 코드(boilerplate code)가 어느 정도 존재한다. 필수 라이브러리들과 해당 작업에 필요한 라이브러리들을 도입하는 코드가 그러한 예이다. 다음 예제 코드는 에어플로 DAG 구현을 위한 DAG 모듈과 두 가지 연산자 모듈, 날짜 및 시간 관련 모듈을 도입하고, 파일과 데이터베이스 작업을 위해 pandas, psycopg2, elasticsearch 라이브러리를 도입한다.

```
import datetime as dt
from datetime import timedelta
from airflow import DAG
from airflow.operators.bash_operator import BashOperator
from airflow.operators.python_operator import PythonOperator
import pandas as pd
import psycopg2 as db
from elasticsearch import Elasticsearch
```

다음으로, 이 DAG를 위한 인수들을 지정한다. 실행 일정이 매일 한 번(daily)인 경우 DAG는 start_date 필드에 지정된 날짜의 다음 날 자정에 실행된다는 점을 주의하기 바란다.

```
default_args = {
    'owner': 'paulcrickard',
    'start_date': dt.datetime(2020, 4, 2),
    'retries': 1,
    'retry_delay': dt.timedelta(minutes=5),
}
```

이제 DAG 이름과 인수들, 실행 일정을 지정해서 DAG 객체를 생성하고, 그 객체를 이용해서 연산자들을 설정한다. 이번 예제에서는 파이썬 연산자 두 개를 사용한다. 하나는 PostgreSQL 데이터베이스에서 데이터를 가져오는 작업에 해당하고 다른 하나는 그 데이터를 일래스틱서치에 삽입하는 작업에 해당한다. getData 작업이 먼저이고 insertData 작업이 나중이므로, >> 비트 자리이동 연산자를 이용해서 전자를 상류, 후자를 하류로 설정한다.

```
with DAG('MyDBdag',
        default_args=default_args,
        schedule_interval=timedelta(minutes=5),
                        # '0 * * * *',
        ) as dag:
    getData = PythonOperator(task_id='QueryPostgreSQL',
        python_callable=queryPostgresql)

    insertData = PythonOperator(task_id='InsertDataElasticsearch',
        python_callable=insertElasticsearch)

getData >> insertData
```

마지막으로, 실제 작업을 수행하는 함수들을 정의한다. 앞에서 연산자들을 정의할 때 지정한 queryPostgresql과 insertElasticsearch가 바로 그것이다. 이 함수들의 코드는 이미 익숙할 것이다. 이번 장의 이전 절들에 나온 예제 코드와 거의 같다.

먼저 queryPostgresql을 보자. PostgreSQL 데이터베이스와 연결하고, pandas의 read_sql()를 이용해서 SQL 질의를 수행하고, pandas의 to_csv() 메서드를 이용해서 데이터를 디스크에 저장한다.

```
def queryPostgresql():
    conn_string="dbname='dataengineering' host='localhost' user='postgres' \
password='<패스워드>'"
    conn=db.connect(conn_string)
    df=pd.read_sql("select name,city from users",conn)
    df.to_csv('postgresqldata.csv')
    print("-------Data Saved------")
```

다음으로, insertElasticsearch는 localhost에서 실행 중인 일래스틱서치 서버와 연결하고, 이전 작업에서 저장한 CSV 파일을 DataFrame으로 읽어 들이고, 그 DataFrame을 훑으면서 각 행을 JSON으로 변환하고, index 메서드를 이용해서 일래스틱서치에 추가한다.

```
def insertElasticsearch():
    es = Elasticsearch()
    df=pd.read_csv('postgresqldata.csv')
    for i,r in df.iterrows():
        doc=r.to_json()
        res=es.index(index="frompostgresql",
                    doc_type="doc",body=doc)
        print(res)
```

이렇게 해서 에어플로 DAG가 완성되었다. 그럼 이것을 에어플로에서 실제로 실행하고 결과를 확인해 보자.

4.3.2 DAG 실행

DAG를 실행하려면 앞의 코드를 여러분의 $AIRFLOW_HOME/dags 폴더에 저장해야 한다. 나는 파일 이름을 AirflowDB.py로 했다. 그런 다음 에어플로 웹 서버와 스케줄러를 실행한다.

```
airflow webserver
airflow scheduler
```

서버가 준비를 마칠 때까지 기다렸다다 브라우저로 *http://localhost:8080*에 접속한다. 에어플로 GUI 화면에서 **MyDBdag**를 선택하고 **Tree View**를 선택한 후 DAG를 활성화하고, **Runs** 목록에서 실행 횟수를 적절히 선택한 후 **Update** 버튼을 클릭한다. 잠시 기다리면 그림 4.7과 같이 각 실행의 상태가 표시될 것이다.

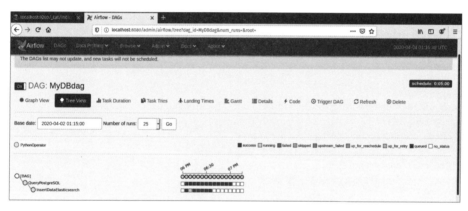

그림 4.7 작업에 성공한 실행들과 대기 중인 실행들

데이터 파이프라인이 성공적으로 실행되었는지 확인하기 위해, 키바나를 이용해서 일래스틱서치의 데이터를 살펴보자. 브라우저로 *http://localhost:5601*을 열고, 이 DAG를 위한 색인을 키바나에 추가한다. §4.2.2.1 **helpers를 이용한 데이터 삽입**에서처럼 햄버거 메뉴 하단 Management 섹션의 **Stack Management**를 클릭하고 Index Patterns의 ⊕ **Create index pattern** 버튼을 클릭한다. 색인 이름 입력 칸에서 frompostrgresql을 입력하면 그 색인을 키바나가 찾아낸다. **Next Step**과 **Create Index Pattern**을 클릭해서 frompostrgresql 색인 패턴을 추가하기 바란다. 다시 **Discover** 탭으로 가서 왼쪽 드롭다운 목록에서 frompostrgresql을 선택하면 이 색인의 데이터가 표시된다. 그림 4.7과 비슷한 화면이 될 것이다.

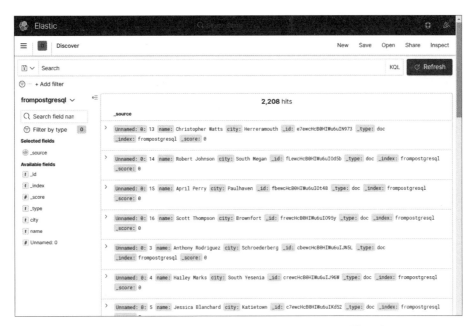

그림 4.8 에어플로 데이터 파이프라인으로 일래스틱서치에 추가한 문서들

문서들을 살펴보면 이름(name 필드)과 도시명(city 필드)만 포함되었음을 알 수 있는데, 이는 queryPostgresql에서 그 두 필드만 질의했기 때문이다. 이 색인에 문서가 2,000개 이상이라는 점도 주목하기 바란다. PostgreSQL에는 레코드가 1,000개밖에 없는데 왜 이렇게 된 것일까? 이유는, 데이터 파이프라인이 여러 번 실행되어서 PostgreSQL의 레코드들이 여러 번 추가되었기 때문이다. 실무용 데이터 파이프라인의 또 다른 핵심 특성은 각 실행이 멱등적(idempotent)이어야 한다는 것이다. 이는 데이터 파이프라인을 여러 번 실행해도 그 결과가 같아야 한다는 뜻이다. 그러나 이번 예제의 데이터 파이프라인은 멱등적이지 않다. 이 문제는 제2부의 제7장 **실무용 파이프라인의 특징**에서 해결한다. 일단 지금은 이 문제를 덮어 두고, 이 파이프라인과 같은 일을 하는 파이프라인을 아파치 NiFi에서 만드는 방법으로 넘어가자.

4.4 NiFi 처리기를 이용한 데이터베이스 처리

이번 장에서 우리는 파이썬을 이용해서 관계형 데이터베이스와 NoSQL 데이터베이스를 다루는 방법을 살펴보았다. 데이터베이스 접근은 아주 흔한 작업이기 때문에 NiFi에는 이를 위한 처리기들이 미리 정의되어 있다. 이번 절에서는 §4.3에서 만든 에어플로 DAG와 동일한 일을 하는 데이터 파이프라인을 NiFi에서 만들어 본다. 그림 4.9는 완성된 데이터 파이프라인의 모습이다.

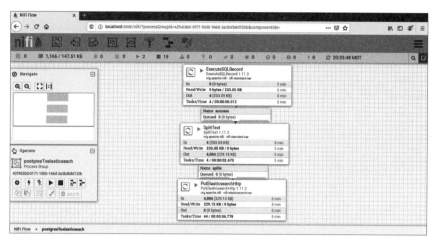

그림 4.9 PostgreSQL의 데이터를 일래스틱서치로 옮기는 NiFi 데이터 파이프라인

이 데이터 파이프라인은 에어플로 버전보다 작업이 하나 더 많지만, 그래도 아주 단순하기 때문에 쉽게 이해할 수 있을 것이다. 그럼 이 데이터 파이프라인을 구축하는 과정을 살펴보자.

4.4.1 PostgreSQL에서 데이터 추출

NiFi에서 관계형 데이터베이스를 처리하는 데 가장 많이 쓰이는 처리기는 ExecuteSQLRecord 처리기이다. NiFi GUI에서 **Processor** 아이콘을 캔버스에 끌어다 놓고 ExecuteSQLRecord를 검색해서 추가하기 바란다. 그럼 이 처리기를 설정해 보자.

4.4.1.1 ExecuteSQLCommand 처리기의 설정

이 처리기를 설정하려면 데이터베이스 연결 풀(connection pool)을 만들어야 한다(그림 4.10).

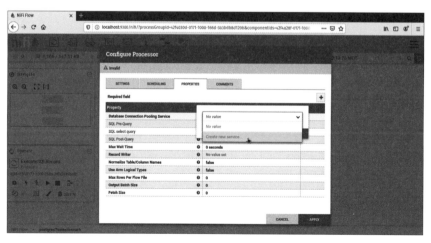

그림 4.10 데이터베이스 연결 풀링 서비스 생성

Database Connection Pooling Service 속성에서 Create new service…를 선택하면 제어기 서비스(controller service)를 추가하는 대화상자가 나타나는데, 첫 드롭다운 목록은 이미 선택되어 있는 DBCPConnectionPool을 그대로 두고, 그 아래 제어기 서비스 이름 입력 칸에는 기억하기 쉽도록 데이터베이스 이름인 dataengineering을 입력하기 바란다. PostgreSQL 같은 이름은 피하는 것이 좋다. 나중에 여러분이 좀 더 복잡한 데이터 파이프라인을 만들게 되면 하나의 데이터 파이프라인에서 둘 이상의 PostgreSQL 데이터베이스에 연결하는 경우도 생길 텐데, PostgreSQL 같은 일반적인 이름을 사용하면 구체적으로 어떤 PostgreSQL 데이터베이스에 연결하는 것인지 기억하기 어렵다.

CREATE 버튼을 클릭해서 새 서비스를 생성한 후, 해당 속성의 오른쪽 끝에 있는 화살표 아이콘을 클릭해서 제어기 서비스 세부 설정 화면으로 간다. 거기서 방금 추가한 dataengineering 서비스의 톱니바퀴 아이콘을 클릭한 후 PROPERTIES 탭을 선택한다. 그림 4.11은 필요한 속성들을 설정한 후의 모습이다.

그림 4.11 데이터베이스 연결 서비스 설정

Database Connection URL 속성에는 자바 데이터베이스 연결 문자열 형식의 연결 URL을 지정해야 한다. 이 URL은 이것이 JDBC(Java Database Connectivity)를 위한 URL임을 뜻하는 jdbc로 시작하고, 그다음에 데이터베이스 종류를 나타내는 식별자가 온다. PostgreSQL을 위한 식별자는 postgresql 이다. 그다음에는 데이터베이스 서버 호스트 주소와 데이터베이스 이름이 오는데, 지금 예에서는 localhost와 dataengineering이다. Database Driver Class Name 속성에는 PostgreSQL용 드라이버의 클래스 이름 org.postgresql.Driver를 지정하면 된다. Database Driver Location(s) 속성에는 제2장 §2.1.2에서 설치한 드라이버의 경로를 지정한다. §2.1.2의 설명을 그대로 따랐다면 NiFi가 설치된 디렉터리의 drivers 폴더에 드라이버 jar 파일이 있을 것이다. 마지막으로, **Database User** 속성과 **Password** 속성에 PostgreSQL 사용자 이름과 패스워드를 입력하기 바란다.

이제 레코드 기록기 서비스를 생성해야 한다. ExecuteSQLRecord 처리기 속성 탭으로 돌아가서, **RecordWriter** 속성에서 **Create new service…**를 선택해서 **JSONRecordSetWriter** 서비스를 새로 생성한다. 오른쪽 끝의 화살표 아이콘을 클릭한 후 생성된 **JSONRecordSetWriter** 서비스의 톱니바퀴 아이콘을 클릭하고 속성 탭에서 **Output Grouping** 속성을 찾기 바란다. 이 속성을 반드시 **One Line Per Object**로 변경해야 한다. 그림 4.12는 여기까지 마친 모습이다.

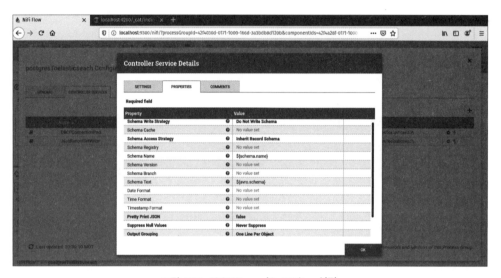

그림 4.12 **JSONRecordSetWriter 설정**

이제 처리기를 위한 제어기 서비스들의 설정이 끝났다.[역주6] 이제 ExecuteSQLRecord 처리기의 속성 탭으로 돌아가서 속성 하나만 설정하면 이 처리기의 모든 설정이 끝난다. 그 속성은 바로 **SQL select Query**이다. 이 속성에 데이터베이스에 대해 수행할 SQL 질의문을 지정하면 된다. 이번 예제에서는 다음과 같은 질의문을 사용하기로 한다.

```
select name, city from users
```

이 질의문은 PostgreSQL 데이터베이스의 users 테이블에서 모든 레코드를 선택하되, name 필드와 city 필드만 결과 집합에 포함한다. 그럼 파이프라인의 다음 처리기로 넘어가자.

역주6　제어기 서비스 설정 화면에서 나가기 전에, 번개 아이콘을 클릭해서 제어기 서비스를 활성화하는 것을 잊지 말기 바란다.

4.4.1.2 SplitText 처리기의 설정

ExecuteSQLRecord 처리기는 다수의 레코드들로 이루어진 데이터를 출력한다. 파이프라인의 이후 단계에서 그 레코드들을 처리하려면, 그 레코드들을 각각 하나의 FlowFile로 만들어야 한다. 그런 용도의 처리기로 SplitText가 있다. 이 처리기를 캔버스에 추가하고, 더블클릭하거나 오른쪽 클릭 후 **Configure**를 선택해서 속성 탭으로 간다. **Line Split Count**는 1로 설정하고, **Header Line Count**는 기본값 0을 그대로 둔다(ExecuteSQLRecord 처리가 출력하는 데이터에는 헤더 행이 없으므로). **Remove Trailing Newlines**도 기본값 **true**를 그대로 둔다.

이렇게 설정하면 SplitText 처리기는 입력된 FlowFile의 각 행(레코드)을 각각 하나의 FlowFile로 만든다. 결과적으로, 레코드 1,000개에 대한 FlowFile 1,000개가 생성된다.

4.4.1.3 PutElasticsearchHttp 처리기의 설정

예제 데이터 파이프라인의 마지막 단계에서는 FlowFile들을 일래스틱서치에 삽입한다. 이를 위해 **PutElasticsearchHttp** 처리기를 사용한다. 이름이 **PutElasticsearch**로 시작하는 처리기는 네 가지인데, 이 책에서는 **PutElasticsearchHttp**와 **PutelasticsearchHttpRecord**만 사용한다. 다른 둘(**Putelasticsearch**와 **Putelasticsearch5**)은 일래스틱서치의 이전 버전들(2와 5)을 위한 것이다.

이 처리기의 속성 탭으로 가서 필수 속성인 **Elasticsearch URL** 속성을 설정해야 한다. 일래스틱서치 서버의 호스트 주소와 포트 번호로 이루어진 HTTP URL을 지정해야 하는데, 일래스틱서치 설치 시 특별히 변경한 것이 없다면 *http://localhost:9200*을 사용하면 된다. 다음으로, **Index** 속성에는 레코드들을 추가할 새 일래스틱서치 색인 이름을 지정한다. 여러분이 원하는 이름을 지정하면 된다. 나는 fromnifi로 했다. **Type** 속성은 doc로, **Index Operation** 속성은 **index**로 설정하기 바란다. 제2부에서는 다른 종류의 색인 연산을 이용해서, ID를 지정해서 레코드들을 삽입하는 방법도 배운다.

4.4.2 데이터 파이프라인 실행

처리기들을 모두 설정했으니, 이들을 연결해서 데이터 파이프라인을 완성하자. **ExecuteSQLRecord**를 **SplitRecord**와 success 관계로 연결하고, **SplitRecord**를 **PutElasticsearchHttp**와 splits 관계로 연결하면 된다. 연결이 없는 관계들은 자동으로 종료되도록 설정하기 바란다(**SETTINGS** 탭의 Automatically Terminate Relationships 체크 상자들). 마지막 처리기인 **PutElasticsearchHttp**의 경우는 모든 관계를 자동으로 종료해야 한다.

이제 캔버스 빈 곳을 더블클릭하고 **Operate** 상자의 실행 아이콘(오른쪽 삼각형)을 클릭해서 처리기들을 실행한다. 첫 대기열에는 FlowFile이 하나이지만 둘째 대기열에서 그것이 1,000개의 FlowFile로 분할됨을 확인할 수 있을 것이다. 1,000개의 FlowFile은 100개 단위로 일래스틱서치에 추가되며, 결국에는 대기열이 모두 비게 된다.

삽입이 잘 되었는지를 이번에는 키바나 대신 일래스틱서치의 API를 이용해서 확인해 보자. 브라우저로 *http://localhost:9200/_cat/indices*에 접속하기 바란다. 이 REST 종점(endpoint)은 일래스틱서치 데이터베이스에 있는 색인들을 나열해 준다. 앞에서 지정한 색인(fromnifi)이 있는지 살펴보고, 문서 개수도 확인해 보기 바란다. 그림 4.13은 내가 얻은 결과이다.

```
yellow open frompostgresql              u3EVJEFJR-eDPtrufvSNkA 1 1 2208 0 250.4kb 250.4kb
yellow open fromnifi                    N6AL_aLdO1y4iK96kDFamw 1 1 1001 0 233.8kb 233.8kb
yellow open test                        VWacjWq_S9a0fW6l-YbcIA 1 1    1 0   3.9kb   3.9kb
green  open kibana_sample_data_ecommerce -6sdGU13T12GIjE2rU_ZlQ 1 0 4675 0   4.9mb   4.9mb
green  open .kibana_task_manager_1      1nLCVInfTa6XmmifoGntXA 1 0    2 0    13kb    13kb
green  open .apm-agent-configuration    51toZCyRS2yWlnLJZWF5-A 1 0    0 0   283b    283b
green  open .kibana_1                   g5gxKq0xR0y71FCG0rKiMw 1 0   66 5 993.3kb 993.3kb
yellow open users                       8K7wOmQ4S90gxh2TqBybKw 1 1 1003 0 286.6kb 286.6kb
```

그림 4.13 fromnifi 색인에 PostgreSQL 데이터베이스의 모든 레코드가 추가되었다.

문서 개수는 데이터 파이프라인을 얼마나 오랫동안 실행하느냐에 따라 다르다. 에어플로 예제에서처럼 이 파이프라인도 멱등적이지 않다. 실행이 계속되면 같은 레코드가 다른 ID로 일래스틱서치에 계속 추가된다. 실무용 파이프라인에서는 이런 행동이 바람직하지 않은데, 이 문제는 제2부 **실무 환경 데이터 파이프라인 배치**에서 해결한다.[역주7]

4.5 요약

이번 장에서는 파이썬을 이용해서 관계형 데이터베이스와 NoSQL 데이터베이스의 데이터를 질의하거나 삽입하는 방법을 설명했다. 또한 에어플로와 NiFi에서 데이터 파이프라인을 구축하는 방법도 살펴보았다. 데이터베이스를 다루는 기술은 데이터 공학자에게 아주 중요한 기술 중 하나이다. 거의 대부분의 데이터 파이프라인은 어떤 방식으로든 데이터베이스와 연동된다. 이번 장에서 배운 기술들은 여러분이 배워야 할 다른 기술들, 주로는 SQL 기술의 토대로 작용한다. 강력한 SQL 기술을 이번 장에서 배운 데이터 파이프라인 기술들과 결합하면, 이후 여러분이 어떤 데이터 공학 과제를 마주친다고 해도 너끈히 처리할 수 있을 것이다.

역주7　이 NiFi 데이터 파이프라인은(그리고 제6장의 예제 데이터 파이프라인 등 다른 몇몇 데이터 파이프라인도) 나중에 다른 예제에서 다시 쓰이므로, 보관해 두면 시간이 절약될 것이다. 제8장에서 프로세스 그룹과 데이터 파이프라인 버전 관리 방법을 배우겠지만, 그전에는 NiFi의 템플릿 기능을 이용하는 것이 효과적이다. 캔버스에 데이터 파이프라인이 하나 뿐이라고 할 때, 캔버스의 빈 곳을 오른쪽 클릭한 후 **Create template**을 선택하고 템플릿 이름을 지정하면 해당 데이터 파이프라인을 담은 템플릿이 생성된다. 생성된 템플릿은 NiFi 주 화면 오른쪽 상단의 햄버거 메뉴에서 **Templates**를 선택하면 확인할 수 있다. 나중에 데이터 파이프라인을 다시 불러오고 싶으면, 상단 도구 모음에서 **Template** 아이콘을 캔버스에 끌어다 놓고 원하는 템플릿을 선택하면 된다.

그런데 이번 장의 예제 데이터 파이프라인들은 멱등적이지 않다. 파이프라인을 실행할 때마다 이전과는 다른 결과가 나오는데, 이는 바람직하지 않은 일이다. 이 문제는 제2부에서 해결한다. 그러나 2부로 넘어가기 전에 먼저 데이터를 보강, 변환, 정리하는 방법과 데이터 처리에서 흔히 발생하는 문제점들을 해결하는 방법부터 배워야 한다.

다음 장에서는 데이터 파이프라인의 데이터 추출 단계와 적재 단계 사이에서 파이썬을 이용해서 데이터를 처리하는 방법을 살펴본다.

데이터의 정제, 변환, 증강

이전 두 장에서 우리는 파일과 데이터베이스를 읽고 쓰는 데이터 파이프라인을 구축하는 방법을 살펴보았다. 데이터를 읽고 쓰는 작업들만으로 실무용 데이터 파이프라인을 구축하는 경우도 많이 있다. 데이터 레이크에서 파일들을 읽어 들여서 데이터베이스에 삽입하는 데이터 파이프라인이 그러한 예이다. 이제는 여러분도 그런 데이터 파이프라인을 구축하는 능력을 갖추었다. 그렇지만 본격적인 데이터 파이프라인에서는 데이터 추출과 적재 사이에서 뭔가 다른 일을 수행해야 한다. 그것은 바로 데이터 정제(data cleaning 또는 data cleansing) 작업이다. 정제는 다소 애매모호한 용어인데, 좀 더 구체적으로 말하자면 데이터 정제는 데이터의 유효성을 점검하고 보정하는 것을 말한다. 특히, 데이터를 정제할 때는 다음과 같은 질문을 던진다: 데이터가 완결적인가? 값들이 적절한 범위 안에 있는가? 열들이 적절한 형식인가? 모든 열이 유용한가?

데이터에 존재하는 공통적인 문제점들을 파악하고 고치려면, 이를테면 불필요한 열들을 제거하거나 널null 값들을 적절한 값으로 대체하려면, 먼저 데이터를 이해할 필요가 있다. 이를 위해 이번 장에서는 먼저 탐색적 데이터 분석(exploratory data analysis; 또는 탐험적 데이터 분석)에 필요한 기본적인 기술들을 살펴본다. 또한, 이번 장에서는 파이썬 pandas 라이브러리에 있는 여러 유용한 메서드들도 살펴본다. 이번 장에서 설명하는 기술들을 이용하면, 데이터 파이프라인을 위한 모든 탐색적 데이터 분석 및 데이터 정제 작업을 파이썬만으로 수행할 수 있다. 이번 장의 기술들은 이후 장들에서 구축할 ETL 데이터 공학 파이프라인의 변환 단계에 쓰인다.

이번 장의 주요 주제는 다음과 같다.

- 파이썬을 이용한 탐색적 데이터 분석
- pandas를 이용한 공통적인 데이터 문제점 처리
- 에어플로를 이용한 데이터 정제

5.1 파이썬을 이용한 탐색적 데이터 분석

데이터를 정제하려면 먼저 데이터가 어떤 모습인지 알아야 한다. 여러분은 데이터 공학자이지 해당 영역의 전문가나 데이터의 최종 사용자가 아니지만, 데이터 공학을 위해서는 데이터가 어떻게 사용되는지, 유효한 데이터는 어떤 모습인지 알아야 한다. 예를 들어 여러분이 인구 통계학자는 아닐지라도, 사람의 나이를 담은 age 필드의 값이 음수이어서는 안 되며 100을 넘는 값이 드물어야 한다는 점은 알아야 한다.

5.1.1 예제 데이터 내려받기

이번 장의 예제에서는 미국 앨버커키 시의 실제 전동 스쿠터(e-scooter) 데이터를 사용한다. 이 데이터에는 2019년 5월 21일부터 7월 21일까지 전동 스쿠터를 이용한 통행(trip) 자료가 들어 있다. *https://github.com/PaulCrickard/escooter/blob/master/scooter.csv*에서 이 자료가 담긴 CSV 파일을 독자의 홈 디렉터리에 내려받기 바란다. 해당 깃허브 저장소에는 앨버커키 시청이 제공한 원본 Excel 파일과 몇 가지 요약 파일들도 있다.

5.1.2 기본적인 데이터 탐색

데이터를 정제하려면 먼저 데이터가 어떤 모습인지부터 파악해야 한다. 데이터를 파악하는 과정을 가리켜 **탐색적 데이터 분석**(exploratory data analysis, EDA)이라고 부른다. 데이터를 탐색할 때는 데이터의 형태(shape), 행들과 열들의 수, 열들의 형식, 값들의 범위 등을 살펴본다. 더 나아가서, 값들의 분포나 비대칭도를 산정하는 등 좀 더 자세한 분석을 수행할 수도 있지만, 이번 절에서는 다음 절에서 데이터를 정제하는 데 필요한 정도로만 데이터를 파악하기로 한다.

이전 두 장에서 여러분은 파일과 데이터베이스에서 읽은 데이터를 DataFrame에 집어넣는 방법을 배웠다. DataFrame은 이번 장의 데이터 탐색에서 주된 도구이므로, 이전보다 더 많은 것을 배우게 될 것이다.

우선 다음과 같이 pandas 라이브러리를 도입하고 .csv 파일의 데이터를 읽어 들이기 바란다.

```
import pandas as pd
df=pd.read_csv('/home/paulcrickard/scooter.csv')
```

그럼 이 DataFrame 객체에 담긴 데이터를 탐색하고 분석해 보자.

5.1.2.1 데이터 탐색

데이터 탐색의 첫 단계로 데이터를 한번 출력해 보고 싶은 독자도 있겠지만, 그보다는 데이터의 열들과 데이터 형식(자료형)들을 먼저 살펴보는 게 좋겠다. 다음처럼 DataFrame의 columns 속성과 dtypes 속성을 이용하면 된다.

```
df.columns
```
```
Index(['month', 'trip_id', 'region_id', 'vehicle_id', 'started_at', 'ended_at',
       'DURATION', 'start_location_name', 'end_location_name', 'user_id',
       'trip_ledger_id'],
      dtype='object')
```

```
df.dtypes
```
```
month                object
trip_id              int64
region_id            int64
vehicle_id           int64
started_at           object
ended_at             object
DURATION             object
start_location_name  object
end_location_name    object
user_id              int64
trip_ledger_id       int64
```

열은 총 11개이고, 그중 다섯 개가 정수 형식이다. 이름에 id가 있는 열들은 모두 정수 형식임을 알수 있다. 나머지는 객체 형식이다. DataFrame에서 말하는 객체(dtype에 object라고 나오는)는 다양한데이터 형식을 아우르는 일반적인 형식이다. 열 형식들 중 대문자로만 된 DURATION이 눈에 띌 것이다. 이처럼 열 이름의 대소문자 구성에 일관성이 없는 것도 데이터 정제의 대상이다. 다음 절에서 이런 대소문자 비일관성 같은 공통적인 문제점을 바로잡고, 너무 일반적인 object 형식 대신 주어진 열의 자료에 맞는 좀 더 구체적인 형식(텍스트 데이터는 strings, 날짜와 시간은 datetimes 등)을 부여한다.

열들과 그 형식들을 확인했으니, 이제 데이터 자체를 살펴보자. 다음은 head() 메서드를 이용해서 처음 다섯 레코드를 출력한 예이다.

```
df.head()

   month  trip_id  ...   user_id  trip_ledger_id
0    May  1613335  ...   8417864         1488546
1    May  1613639  ...   8417864         1488838
2    May  1613708  ...   8417864         1488851
3    May  1613867  ...   8417864         1489064
4    May  1636714  ...  35436274         1511212
[5 rows x 11 columns]
```

head()의 반대는 tail()이다. 두 메서드 모두 기본적으로 레코드(행) 다섯 개를 출력한다. 호출 시 레코드 수를 지정하면 그만큼의 레코드들이 출력된다. 예를 들어 head(10)은 처음 10개의 레코드를 출력한다.

head()와 tail() 모두 처음 두 열과 마지막 두 열만 표시하고, 그 중간의 열들은 ...로 생략한다. DataFrame 전체를 출력하면 행들도 마찬가지 방식으로 생략된다. 이 DataFrame의 모든 열을 보고 싶다면 표시할 열들의 수를 set_option 메서드를 이용해서 충분히 크게 변경하면 된다.

```
pd.set_option('display.max_columns', 500)
```

이제 다시 head()를 호출하면 이 DataFrame의 모든 열이 보일 것이다. 디스플레이나 터미널 창의 너비에 따라서는 뒤쪽 열들이 개별적인 행들로 출력될 수도 있다.

head 메서드와 tail 메서드는 모든 열을 표시한다. 특정한 열만 보고 싶다면, DataFrame을 파이썬 사전 객체처럼 취급해서 대괄호 쌍으로 원하는 열의 이름을 지정하면 된다. 다음은 DURATION 열만 출력하는 예이다.

```
df['DURATION']

0          0:07:03
1          0:04:57
2          0:01:14
3          0:06:58
4          0:03:06
             ...
34221      0:14:00
34222      0:08:00
34223      1:53:00
34224      0:12:00
34225      1:51:00
```

이번에는 중간 행들이 ...로 생략되었다. 이는 head()와 tail()을 조합한 것과 같다. 표시할 열들의 수를 변경할 때처럼 set_option 메서드와 'display_max_rows'로 행들의 수를 변경할 수 있지만, 이번 예제의 데이터 탐색에서는 굳이 그럴 필요가 없다.

여러 개의 열들을 표시하는 것도 가능하다. 다음처럼 이중 대괄호 쌍을 이용하면 된다.

```
df[['trip_id','DURATION','start_location_name']]

      trip_id DURATION                          start_location_name
0     1613335  0:07:03         1901 Roma Ave NE, Albuquerque, NM 87106, USA
1     1613639  0:04:57  1 Domenici Center en Domenici Center, Albuquer...
2     1613708  0:01:14  1 Domenici Center en Domenici Center, Albuquer...
3     1613867  0:06:58  Rotunda at Science & Technology Park, 801 Univ...
4     1636714  0:03:06          401 2nd St NW, Albuquerque, NM 87102, USA
...       ...      ...                                              ...
34221 2482235  0:14:00       Central @ Broadway, Albuquerque, NM 87102, USA
34222 2482254  0:08:00       224 Central Ave SW, Albuquerque, NM 87102, USA
34223 2482257  1:53:00       105 Stanford Dr SE, Albuquerque, NM 87106, USA
34224 2482275  0:12:00     100 Broadway Blvd SE, Albuquerque, NM 87102, USA
34225 2482335  1:51:00       105 Stanford Dr SE, Albuquerque, NM 87106, USA
```

더 나아가서, sample()를 이용해서 무작위로 일부 행들을 추출(sampling; 표집)할 수도 있다. 인수로는 추출할 행들의 수를 지정한다.[역주1] 다음은 행 다섯 개를 추출하는 예이다.

```
df.sample(5)

      month  trip_id  ...    user_id  trip_ledger_id
4974   June  1753394  ...   35569540        1624088
18390  June  1992655  ...   42142022        1857395
3132    May  1717574  ...   37145791        1589327
1144    May  1680066  ...   36146147        1553169
21761  June  2066449  ...   42297442        1929987
```

행들의 색인이 순서대로가 아님을 주목하자. 무작위 표집이므로 당연히 그래야 한다.

데이터의 일부를 잘라낼 수도 있다. 이를 슬라이싱slicing이라고 부른다. 슬라이싱을 할 때는 [시작:끝] 형태의 대괄호 표기법을 사용하는데, 시작 색인을 생략하면 첫 행으로 간주되고 끝 색인을 생략하면 마지막 행으로 간주된다. 다음은 첫 행부터 행 10개를 추출하는 예이다.[역주2]

```
df[:10]

   month  trip_id  ...   user_id  trip_ledger_id
0    May  1613335  ...   8417864        1488546
1    May  1613639  ...   8417864        1488838
2    May  1613708  ...   8417864        1488851
3    May  1613867  ...   8417864        1489064
```

역주1 기본값은 1이다. 즉, 그냥 sample()를 호출하면 행 하나만 추출된다.

역주2 이 표기는 수학에서 말하는 반개구간에 해당한다. 즉, 시작 <= 색인 < 끝을 만족하는 색인들이 선택된다. 지금 예에서 0부터 10까지가 아니라 0부터 9까지의 색인이 선택된 것은 그 때문이다. 같은 맥락에서, 끝 색인을 생략하면 엄밀히 말해 마지막 행이 아니라 마지막 행의 다음 행(존재하지 않는)으로 간주된다.

```
4       May   1636714  ...   35436274        1511212
5       May   1636780  ...   34352757        1511371
6       May   1636856  ...   35466666        1511483
7       May   1636912  ...   34352757        1511390
8       May   1637035  ...   35466666        1511516
9       May   1637036  ...   34352757        1511666
```

10번 행부터 마지막 행(34,225)까지 추출하려면 다음과 같은 표현식을 사용하면 된다.

```
df[10:]
```

중간의 행들을 잘라내는 것도 물론 가능하다. 다음은 3번 행부터 9번 행 이전 행들을 추출하는 예이다.

```
df[3:9]

   month  trip_id  ...   user_id  trip_ledger_id
3    May  1613867  ...   8417864        1489064
4    May  1636714  ...  35436274        1511212
5    May  1636780  ...  34352757        1511371
6    May  1636856  ...  35466666        1511483
7    May  1636912  ...  34352757        1511390
8    May  1637035  ...  35466666        1511516
```

원하는 행의 색인을 명시적으로 알고 있는 경우도 종종 생긴다. 그런 경우 loc를 이용해서 원하는 행에 접근할 수 있다. loc는 색인을 인수로 받는데, 지금 예에서는 색인이 정수이다. 다음은 loc를 이용해서 예제 DataFrame의 특정 행을 선택하는 예이다.

```
df.loc[34221]

month                                            July
trip_id                                       2482235
region_id                                         202
vehicle_id                                    2893981
started_at                            7/21/2019 23:51
ended_at                               7/22/2019 0:05
DURATION                                      0:14:00
start_location_name  Central @ Broadway, Albuquerque, NM 87102,
                                                  USA
end_location_name    1418 4th St NW, Albuquerque, NM 87102, USA
user_id                                      42559731
trip_ledger_id                                2340035
```

특정 행의 특정 열만 선택하는 것도 가능하다. at이 그런 기능을 제공한다. 다음은 2번 통행의 경과 시간(duration)에 접근하는 예이다.

```
df.at[2,'DURATION']
```
```
'0:01:14'
```

loc와 at은 행의 위치(색인)에 기초해서 데이터에 접근하는 수단이다. DataFrame은 특정한 조건에 기초해서 데이터에 접근하는 수단도 제공하는데, where 메서드가 바로 그것이다. 다음은 사용자 ID에 대한 조건을 이용해서 특정 사용자의 통행 기록을 조회하는 예이다.

```
user=df.where(df['user_id']==8417864)
user
```
```
       month    trip_id  ...     user_id  trip_ledger_id
0        May  1613335.0  ...   8417864.0       1488546.0
1        May  1613639.0  ...   8417864.0       1488838.0
2        May  1613708.0  ...   8417864.0       1488851.0
3        May  1613867.0  ...   8417864.0       1489064.0
4        NaN        NaN  ...         NaN             NaN
...      ...        ...  ...         ...             ...
34221    NaN        NaN  ...         NaN             NaN
34222    NaN        NaN  ...         NaN             NaN
34223    NaN        NaN  ...         NaN             NaN
34224    NaN        NaN  ...         NaN             NaN
34225    NaN        NaN  ...         NaN             NaN
```

where에 지정한 조건은 사용자 ID가 8417864와 같은 행들을 선택하라는 뜻이다. 그런데 출력을 보면 그 조건에 맞는 행들뿐만 아니라 그렇지 않은 행들도 선택되었다. NaN이 있는 행들이 바로 그것이다.

NaN이 있는 행들이 포함되지 않게 하려면 where 메서드를 사용하는 대신 DataFrame의 대괄호 쌍 안에 괄호 쌍으로 조건을 지정하면 된다. 다음이 그러한 예이다.

```
df[(df['user_id']==8417864)]
```

이제는 NaN 행들 없이 딱 네 개의 행만 선택된다.

서로 다른 조건으로 선택한 결과들을 결합하는 것도 가능하다. 다음은 사용자 ID에 기초한 선택을 통행 ID에 기초한 선택과 결합해서 특정 사용자의 특정 통행에 대한 행을 선택하는 예이다.

```
one=df['user_id']==8417864
two=df['trip_ledger_id']==1488838
df.where(one & two)
```
```
    month    trip_id  ...     user_id  trip_ledger_id
0     NaN        NaN  ...         NaN             NaN
1     May  1613639.0  ...   8417864.0       1488838.0
2     NaN        NaN  ...         NaN             NaN
3     NaN        NaN  ...         NaN             NaN
4     NaN        NaN  ...         NaN             NaN
```

NaN 행들이 포함되지 않게 하려면 다음처럼 대괄호 쌍 자체에 조건들을 지정하면 된다.

```
df[(one)&(two)]

   month  trip_id  ...  user_id  trip_ledger_id
1    May  1613639  ...  8417864         1488838
```

where를 사용했을 때와 동일한 사용자–통행 조합이 NaN 행들 없이 선택되었다.

5.1.2.2 데이터 분석

데이터를 살펴보았으니 이제 분석을 시작하자. DataFrame의 describe 메서드는 데이터에 관한 몇 가지 주요 통계량을 돌려준다. 통계학에는 다섯 수치 요약(five-number summary)이라고 부르는 일단의 통계량들이 있는데, describe()가 출력하는 것은 그 통계량 집합의 한 변형이다.

```
df.describe()

            trip_id  region_id     vehicle_id       user_id  trip_ledger_id
count  3.422600e+04    34226.0   3.422600e+04  3.422600e+04    3.422600e+04
mean   2.004438e+06      202.0   5.589507e+06  3.875420e+07    1.869549e+06
std    2.300476e+05        0.0   2.627164e+06  4.275441e+06    2.252639e+05
min    1.613335e+06      202.0   1.034847e+06  1.080200e+04    1.488546e+06
25%    1.813521e+06      202.0   3.260435e+06  3.665710e+07    1.683023e+06
50%    1.962520e+06      202.0   5.617097e+06  3.880750e+07    1.827796e+06
75%    2.182324e+06      202.0   8.012871e+06  4.222774e+07    2.042524e+06
max    2.482335e+06      202.0   9.984848e+06  4.258732e+07    2.342161e+06
```

기본적으로 describe 메서드는 수치 데이터에 유용하다. 예를 들어 나이 열이 있는 DataFrame에 대해 이 메서드를 호출하면 나이들의 분포를 빠르게 파악할 수 있으며, 나이가 음수인 레코드가 있거나 100세 이상인 레코드가 너무 많은 등의 오류도 손쉽게 파악할 수 있다.

특정 열에 대해 describe()를 호출하는 것이 더 도움이 될 때도 있다. 다음은 예제 DataFrame의 start_location_name 열(통행의 출발 장소)을 분석하는 예이다.

```
df['start_location_name'].describe()

count                                                 34220
unique                                                 2972
top       1898 Mountain Rd NW, Albuquerque, NM 87104, USA
freq                                                   1210
```

이 열은 수치 데이터가 아니므로 이전과는 다른 종류의 통계량들이 반환되는데, 이 통계량들은 이 열에 대한 어느 정도의 통찰을 제공한다. count는 전체 출발 장소의 수(34220)이고 unique는 고유한, 즉 중복을 제거한 출발 장소의 수(2972)이다. top은 가장 빈번한 출발 장소(1898 Mountain Rd NW)

이고 freq는 그 빈도(1210)이다. 나중에 이 데이터에 지오코딩geocoding을 적용해서 주소에 좌표를 부여할 텐데, 이 분석 덕분에 34,220개가 아니라 2,972개의 장소만 지오코딩하면 된다는 점을 알게 되었다.

데이터의 세부사항을 제공하는 또 다른 메서드로 value_counts가 있다. value_counts 메서드는 고유한 값들과 그 개수(빈도)를 돌려준다. 다음 예에서 보듯이, 이 메서드는 DataFrame의 특정한 열 하나에 대해 호출한다.

```
df['DURATION'].value_counts()
```
```
0:04:00    825
0:03:00    807
0:05:00    728
0:06:00    649
0:07:00    627
```

메서드의 반환 결과를 보면 0:04:00의 빈도가 825로 가장 높다. 이 점을 describe()로 알아내려면 다른 모든 값의 빈도들을 일일이 비교해 보아야 한다. 빈도의 비율(상대빈도)을 알고 싶으면 다음처럼 normalize 매개변수에 True를 지정하면 된다(기본값은 False).

```
df['DURATION'].value_counts(normalize=True)
```
```
0:04:00    0.025847
0:03:00    0.025284
0:05:00    0.022808
0:06:00    0.020333
0:07:00    0.019644
```

이 결과를 보면, 특정한 값 하나가 경과 시간의 상당 부분을 차지하지는 않음을 알 수 있다.

value_counts()에는 dropna라는 매개변수도 있다. 이 매개변수는 결측값의 생략 여부를 뜻하는데, 기본값은 True(생략함)이다. 다음은 end_location_name 열(도착 장소)의 값들을 출력한 예인데, dropna를 False로 설정했기 때문에 결측값에 해당하는 NaN의 빈도도 출력되었다.

```
df['end_location_name'].value_counts(dropna=False)
```
```
NaN                                          2070
1898 Mountain Rd NW, Albuquerque, NM 87104, USA    802
Central @ Tingley, Albuquerque, NM 87104, USA     622
330 Tijeras Ave NW, Albuquerque, NM 87102, USA    529
2550 Central Ave NE, Albuquerque, NM 87106, USA   478
                                              ...
507 Bridge Blvd SW, Albuquerque, NM 87102, USA      1
820 2nd St NW, Albuquerque, NM 87102, USA           1
909 Alcalde Pl SW, Albuquerque, NM 87104, USA       1
```

그런데 각 열의 결측값 개수는 isnull() 메서드로 파악하는 것이 가장 편하다. 다음처럼 isnull()와 sum()을 조합하면 각 열의 결측값 총계가 나온다.

```
df.isnull().sum()

month                  0
trip_id                0
region_id              0
vehicle_id             0
started_at             0
ended_at               0
DURATION            2308
start_location_name    6
end_location_name   2070
user_id                0
trip_ledger_id         0
```

value_counts()의 또 다른 매개변수는 bins이다. 전동 스쿠터 데이터 집합에는 이 메서드가 적합한 열이 없다. 다음은 그냥 bins 구문을 보여주기 위한 예일 뿐이다.

```
df['trip_id'].value_counts(bins=10)

(1787135.0, 1874035.0]      5561
(1700235.0, 1787135.0]      4900
(1874035.0, 1960935.0]      4316
(1960935.0, 2047835.0]      3922
(2047835.0, 2134735.0]      3296
(2221635.0, 2308535.0]      2876
(2308535.0, 2395435.0]      2515
(2134735.0, 2221635.0]      2490
(2395435.0, 2482335.0]      2228
(1612465.999, 1700235.0]    2122
```

통행 ID들을 이런 식으로 분석해봤자 큰 의미가 없지만, 만일 age 같은 열에 대해 이 메서드를 적용했다면 연령별 분포를 파악할 수 있을 것이다.[역주3]

이상으로 데이터를 탐색하고 분석하는 기본적인 방법을 살펴보았다. 탐색과 분석을 통해서 데이터에 존재하는 문제점들, 이를테면 결측값(널 값)이 있다거나 열의 형식이 잘못 되어 있는 등의 문제점을 파악할 수 있다. 문제점들을 파악했다면 다음으로 할 일은 그것들을 바로잡아서 데이터를 정제하는 것이다. 그럼 공통적인 데이터 문제점들을 바로잡는 방법을 살펴보자.

[역주3] bins 매개변수를 지정하면, value_counts는 주어진 열의 값들을 지정된 개수만큼의 '통(bin)'에 나누어 담고 각 통에 담긴 값의 개수를 센다. 간단히 말하면 이 매개변수는 통계학에서 말하는 도수분포표(빈도분포표)를 생성한다.

5.2 pandas를 이용한 공통적인 데이터 문제점 처리

특별하고도 고유한 데이터를 깨끗하고도 정확하게 수집하는 세계 최고의 시스템을 만들 수 있다면 좋을 것이다. 그렇지만 현실의 데이터에는 이러저러한 문제점이 있기 마련이며, 그런 문제점들은 특별하지도, 고유하지도 않다. 아마 그런 문제점들은 시스템의 문제점이나 데이터 입력 과정의 문제점에서 비롯되었을 것이다. 전동 스쿠터 데이터 집합은 인간의 입력 없이 GPS를 이용해서 수집한 것이지만, 그럼에도 도착 장소가 누락된 행들이 존재한다. 누군가가 스쿠터를 대여해서 주행한 후 어딘가에서 멈추었다면 당연히 도착 장소가 존재해야 마땅하지만, 이상하게도 도착 장소가 없는 행들이 있다. 이번 절에서는 공통적인 데이터 문제점들을 처리하는 방법을 전동 스쿠터 데이터의 예를 통해 살펴본다.

5.2.1 행과 열 제거

데이터의 필드(열)들을 수정하기 전에, 먼저 모든 열이 다 필요한지부터 점검해 봐야 한다. 전동 스쿠터 데이터에는 region_id라는 필드가 있다. 이 필드는 스쿠터 통행이 일어난 지역을 식별하기 위한 것인데, 지금 우리가 가지고 있는 것은 앨버커키라는 한 지역의 데이터이므로 이 필드는 필요하지 않다.

DataFrame에서 행이나 열을 제거할 때는 drop이라는 메서드를 사용한다. 열을 제거할 때는 다음 예처럼 columns 매개변수에 제거할 열 이름을 지정하면 된다.

```
df.drop(columns=['region_id'], inplace=True)
```

inplace 매개변수를 True로 설정했다는 점도 주목하기 바란다. DataFrame에서 실제로 열이 제거되게 하려면 이렇게 해야 한다.

행을 제거할 때는 columns 대신 index에 행 색인을 지정하면 된다. 다음은 34225번 행을 제거하는 예이다.

```
df.drop(index=[34225],inplace=True)
```

이상의 예들은 특정 행이나 특정 열을 명시적으로 지정해서 제거한다. 이와는 달리, 특정 조건에 맞는 행이나 열을 제거하는 것도 가능하다.

조건부 제거에서 가장 먼저 고려해야 할 것은 결측값, 즉 값이 널null인 항목들을 제거하는 것이다. 값이 없는 열이나 행은 유용하지 않을 뿐만 아니라 다른 데이터까지 왜곡할 여지가 있다. 결측값을 제거할 때는 dropna() 메서드를 사용한다.

dropna()는 axis, how, thresh, subset, inplace 매개변수를 받는다.

- axis는 제거의 축(axis)을 결정한다. 간단히 말하면 행을 제거할 것이냐 열을 제거할 것이냐를 결정하는데, 0을 지정하면 행이 제거되고 1을 지정하면 열이 제거된다. 기본값은 0이다.
- how는 모든 값이 널일 때 제거할 것인지 널인 값이 하나라도 있으면 제거할 것인지를 결정한다. 전자는 all, 후자는 any이다. any가 기본값이다.
- thresh는 널 값이 얼마나 많아야 제거를 진행할지를 결정한다. 널이 아닌 값들의 개수가 이 매개변수에 지정한 정수 이상이면 제거가 일어나지 않는다.
- subset은 DataFrame의 한 부분집합(일부 행들 또는 열들)에 대해서만 결측값 제거를 적용하는 데 쓰인다.
- inplace는 해당 DataFrame 자체를 수정할 것인지의 여부이다. 기본값은 False이다.

전동 스쿠터 데이터에는 출발 장소 이름이 없는 행이 여섯 개 있다.

```
df['start_location_name'][(df['start_location_name'].isnull())]
```

```
26042    NaN
26044    NaN
26046    NaN
26048    NaN
26051    NaN
26053    NaN
```

axis=0과 how=any로(둘 다 기본값) dropna를 호출하면 이 행들이 제거될 것이다. 그러나 그렇게 하면 다른 열(end_location_name 등)에 널 값이 있는 다른 행들도 제거된다. 대신, 다음처럼 subset 매개변수를 이용해서 출발 장소 열들에 대해서만 제거를 진행해야 한다.

```
df.dropna(subset=['start_location_name'],inplace=True)
```

이제 다시 널 값이 있는 start_location_name 열들을 조회하면 다음처럼 빈 Series 객체가 반환된다.

```
df['start_location_name'][(df['start_location_name'].isnull())]
```

```
Series([], Name: start_location_name, dtype: object)
```

열 전체를 제거하는 경우에는, 그 열에 결측값이 있는 행들이 일정 비율 이상이야 의미가 있을 것이다. 예를 들어 75% 이상의 행들에 결측값이 있는 열은 제거하는 것이 나을 수 있다. 그런 경우 다음처럼 널이 아닌 값이 25% 이상이어야 한다는 조건을 thresh 매개변수로 지정하면 된다.

```
thresh=int(len(df)*.25)
```

좀 더 복잡한 방식으로 제거하는 방법으로 넘어가기 전에, 결측값들을 제거하는 대신 어떤 기본
값으로 채우는 것도 가능하다는 점을 알아두기 바란다. 이를 위한 메서드는 fillna()이다. 다음은
값이 없는 모든 열을 기본값으로 채우는 예이다.

```
df.fillna(value='00:00:00',axis='columns')
```

```
9201    00:00:00
9207    00:00:00
9213    00:00:00
9219    00:00:00
9225    00:00:00
```

그런데 모든 열을 한 가지 값으로 채우는 대신, 해당 열에 따라 다른 값을 배정할 수는 없을까?
그런 경우 열마다 개별적으로 열 이름과 개별 값을 지정해서 fillna()를 호출하는 것은 너무 번거로
울 것이다. 해결책은 원하는 값들을 담은 사전 객체를 value 매개변수에 지정하는 것이다.

그럼 이에 대한 예제를 보자. 다음 코드는 먼저 출발 장소와 도착 장소가 모두 없는 행들을 찾는
다. 다음으로, start_location_name 필드와 end_location_name 필드에 각각 다른 값을 담은 사전
객체를 만든다. 그 객체를 value 매개변수에 지정해서 fillna()를 호출한다. 마지막으로, DataFrame
의 그 두 열에 실제로 그 값들이 채워졌는지 확인해 본다.[역주4]

```
startstop=df[(df['start_location_name'].isnull())&
  (df['end_location_name'].isnull())]
value={'start_location_name':'Start St.','end_location_name':'Stop St.'}
startstop.fillna(value=value, inplace=True)
startstop[['start_location_name','end_location_name']]
```

```
       start_location_name end_location_name
26042            Start St.          Stop St.
26044            Start St.          Stop St.
26046            Start St.          Stop St.
26048            Start St.          Stop St.
26051            Start St.          Stop St.
26053            Start St.          Stop St.
```

좀 더 구체적인 조건을 충족하는 행들만 제거하는 것도 가능하다. 예를 들어 5월(May)에 발생
한 통행에 해당하는 행들만 제거할 수 있다. DataFrame의 모든 행을 훑으면서 month 필드가 May인
지 점검하는 방식도 가능하겠지만, 그보다는 조건식을 이용해서 행들을 선별하고 해당 색인(index)을
drop 메서드에 지정하는 것이 더 간단하다. 다음은 month 필드가 May인 행들만으로 새 DataFrame
을 만드는 예이다.

역주4 앞에서 출발 장소가 널인 행들을 모두 삭제했다면, df=pd.read_csv('scooter.csv')로 데이터를 다시 적재하기 바란다. 이후의 예제들에서
마찬가지이다.

```
may=df[(df['month']=='May')]
may
```

```
     month  trip_id  ...      user_id trip_ledger_id
0      May  1613335  ...      8417864        1488546
1      May  1613639  ...      8417864        1488838
2      May  1613708  ...      8417864        1488851
3      May  1613867  ...      8417864        1489064
4      May  1636714  ...     35436274        1511212
...    ...      ...  ...          ...            ...
4220   May  1737356  ...     35714580        1608429
4221   May  1737376  ...     37503537        1608261
4222   May  1737386  ...     37485128        1608314
4223   May  1737391  ...     37504521        1608337
4224   May  1737395  ...     37497528        1608342
```

이제 원래의 DataFrame에 대해 drop()을 호출하되, index 매개변수에 이 may DataFrame의 index 필드를 지정한다.

```
df.drop(index=may.index,inplace=True)
```

원래의 DataFrame에서 월별 행 수를 출력해 보면 5월 자료가 완전히 사라졌음을 확인할 수 있다.

```
df['month'].value_counts()
```

```
June    20259
July     9742
```

이상으로 문제 있는 또는 필요하지 않은 열들과 행들을 제거하는 여러 가지 방법을 살펴보았다. 다음 절부터는 데이터를 적절한 형태로 변환하는 방법을 살펴본다.

5.2.2 열 생성 및 수정

§5.1.2.1에서 데이터를 탐색할 때 한 가지 눈에 띈 것은 DURATION 열만 이름이 모두 대문자라는 점이었다. 대소문자 구성의 불일치는 흔한 데이터 문제점이다. 데이터를 수집하다 보면 모든 글자가 대문자이거나, 첫 글자만 대문자이거나, **camelCase**처럼 단어 사이에 빈칸이 없고 둘째 단어의 첫 글자만 대문자이거나, 등등 대소문자 구성이 중구난방인 데이터를 만나게 된다. 다음은 모든 열 이름을 소문자로 만드는 코드이다.

```
df.columns=[x.lower() for x in df.columns]
print(df.columns)
```

```
Index(['month', 'trip_id', 'region_id', 'vehicle_id', 'started_at', 'ended_at',
       'duration', 'start_location_name', 'end_location_name', 'user_id',
```

```
        'trip_ledger_id'],
      dtype='object')
```

이 코드는 축약형 for 루프를 사용한다. for 키워드 앞에 있는 것이 루프의 본문에 해당한다. 이 for 루프는 df.columns의 모든 항목에 대해 lower()를 적용하고, 그 결과를 다시 해당 항목에 배정함으로써 모든 열 이름의 모든 문자를 소문자로 만든다. 첫 글자만 대문자가 되게 하려면 capitalize()를, 모든 글자가 대문자가 되게 하려면 upper()를 적용하면 된다. 다음은 upper()를 적용하는 예이다.

```
df.columns=[x.upper() for x in df.columns]
print(df.columns)
```
```
Index(['MONTH', 'TRIP_ID', 'REGION_ID', 'VEHICLE_ID', 'STARTED_AT', 'ENDED_AT',
       'DURATION', 'START_LOCATION_NAME', 'END_LOCATION_NAME', 'USER_ID',
       'TRIP_LEDGER_ID'],
      dtype='object')
```

또한, rename 메서드를 이용해서 특정 열의 이름만 변경할 수도 있다. 다음은 DURATION 열을 소문자로 만드는 예이다.

```
df.rename(columns={'DURATION':'duration'},inplace=True)
```

inplace 매개변수를 True로 설정했음을 주목하자. 제4장에서 psycopg2로 데이터베이스를 수정한 후 반드시 conn.commit()를 호출해야 수정 사항이 반영되었음을 기억할 것이다. DataFrame도 비슷하다. 기본적으로, DataFrame을 수정하는 어떤 메서드를 호출하면 수정된 결과가 반환될 뿐, 원래의 DataFrame은 변하지 않는다. 변경된 결과를 사용하려면 그것을 새 DataFrame에 저장해야 한다. 그런 과정을 거치지 않고 원본 자체를 수정하고 싶으면, 이 예에서처럼 반드시 inplace 매개변수를 True로 설정해야 한다.

이번 예에서처럼 열 하나의 이름을 바꾸는 데에는 rename 메서드가 최선의 선택이 아니다. 이 메서드는 다수의 열 이름을 바꿀 때 빛을 발한다. 여러 열의 이름을 바꿀 때는 바꿀 이름들을 담은 사전 객체를 columns 매개변수에 지정한다. 다음은 DURATION을 소문자화하고 region_id의 밑줄 이후 부분을 제거하도록 rename을 호출하는 예이다.

```
df.rename(columns={'DURATION':'duration','region_id':'region'},inplace=True)
```

동일한 작업을 수행하는 여러 가지 방법을 배워 두는 것은 좋은 일이다. 한 가지 방법을 모든 상황에 적용하기보다는, 여러 방법 중 주어진 상황에서 가장 적합한 것을 적용하는 것이 낫다.

열의 이름들을 변경하는 여러 방법을 열의 값을 변경하는 데에도 응용할 수 있다. df.columns 대신 대괄호 표기법을 이용해서 원하는 열들을 선택하고 거기에 upper()나 lower(), capitalize()를 적용하면 된다. 다음은 month 열의 값들을 모두 대문자화하는 예이다.

```
df['month']=df['month'].str.upper()
df['month'].head()
```

```
0    MAY
1    MAY
2    MAY
3    MAY
4    MAY
```

열 이름이나 값의 대소문자 구성이 어떤 것인지 자체는 그리 중요하지 않다. 중요한 것은 일관성이다. 전동 스쿠터 데이터의 경우 하나의 열만 이름이 모두 대문자이고 나머지 열들은 모두 소문자이다. 이는 바람직하지 않다. 예를 들어 여러 개의 데이터베이스나 데이터 웨어하우스에서 데이터를 조회하는 데이터 과학자는 duration 필드만큼은 모두 대문자로 입력해야 한다는 점을 반드시 기억해야 하며, 실수로 소문자를 사용하면 질의가 실패하게 된다.

DataFrame에 새 열을 추가하려면 df['새 열 이름']=값 형태의 코드를 실행하면 된다. 이렇게 하면 주어진 이름의 열이 생성되고, 모든 행의 해당 열에 주어진 값이 배정된다. DataFrame의 행들을 훑으면서 조건에 따라 다른 값을 배정할 수도 있다. 다음이 그러한 예이다.

```
for i,r in df.head().iterrows():
    if r['trip_id']==1613335:
        df.at[i,'new_column']='Yes'
    else:
        df.at[i,'new_column']='No'
df[['trip_id','new_column']].head()
```

```
   trip_id new_column
0  1613335        Yes
1  1613639         No
2  1613708         No
3  1613867         No
4  1636714         No
```

그러나 이런 식으로 DataFrame을 훑으면 처리가 아주 느릴 수 있다. 좀 더 효율적인 방법은 조건과 열 이름, 값을 지정해서 loc() 메서드를 호출하는 것이다. 다음 코드는 특정 조건에 맞는 열의 값을 좀 더 효율적으로 변경하는 방법을 보여준다.

```
df.loc[df['trip_id']==1613335,'new_column']='1613335'
df[['trip_id','new_column']].head()
```

```
   trip_id new_column
```

```
0   1613335      1613335
1   1613639           No
2   1613708           No
3   1613867           No
4   1636714           No
```

기존 값을 분할한 후 DataFrame에 추가해서 새로운 열들을 생성할 수도 있다. Series 객체에 대해 str.split()를 호출해서 임의의 구분자에 따라 텍스트를 분할하거나, **pat** 매개변수(pattern을 줄인 것이다)에 정규표현식 패턴을 지정해서 텍스트를 분할하면 된다. 이때 분할 개수를 지정할 수도 있는데, –1이나 0은 모든 분할을 뜻한다. 예를 들어 1,000,000을 쉼표를 기준으로 분할한다고 할 때, 분할 개수로 2를 지정하면 1과 000,000이 만들어진다. (expand=True)를 이용해서 분할들을 열들로 확장할 수도 있다. expand를 True로 설정하지 않으면, 그냥 분할들로 이루어진 목록(list)이 해당 열에 배정될 뿐이다. 추가로, 구분자(separator)를 지정하지 않으면 빈칸이 구분자로 적용된다. 다음은 특별한 매개변수 없이 str.split()를 호출하는 예이다.

```
d=df[['trip_id','started_at']].head()
d['started_at']=d['started_at'].str.split()
d
```

```
    trip_id          started_at
0   1613335   [5/21/2019, 18:33]
1   1613639   [5/21/2019, 19:07]
2   1613708   [5/21/2019, 19:13]
3   1613867   [5/21/2019, 19:29]
4   1636714   [5/24/2019, 13:38]
```

이번에는 분할들로 새 열들을 만들어보자. 먼저 분할들을 확장해서 새 DataFrame에 배정하고, 그 DataFrame의 열들을 원본 DataFrame의 열들에 배정하면 된다. 다음은 started_at의 날짜와 시간을 분할해서 각각 date와 time이라는 열을 만드는 예이다.

```
d=df[['trip_id','started_at']].head()
new=d['started_at'].str.split(expand=True)
new
```

```
           0       1
0   5/21/2019   18:33
1   5/21/2019   19:07
2   5/21/2019   19:13
3   5/21/2019   19:29
4   5/24/2019   13:38
```

```
d['date']=new[0]
d['time']=new[1]
d
```

```
     trip_id       started_at        date    time
0   1613335   5/21/2019 18:33   5/21/2019   18:33
1   1613639   5/21/2019 19:07   5/21/2019   19:07
2   1613708   5/21/2019 19:13   5/21/2019   19:13
3   1613867   5/21/2019 19:29   5/21/2019   19:29
4   1636714   5/24/2019 13:38   5/24/2019   13:38
```

§5.1.2.1 "데이터 탐색"에서 이야기했듯이, DataFrame의 dtypes 필드를 보면 열들의 형식을 알 수 있다. started_at 열은 범용적인 object 형식인데, 값을 보면 datetime 형식이 더 적합함이 자명하다. 다음 예에서 보듯이, 현재의 started_at 필드를 날짜로 취급해서 필터링해도 그냥 모든 행이 반환된다.

```
when = '2019-05-23'
x=df[(df['started_at']>when)]
len(x)
```

```
34226
```

34226은 DataFrame 전체의 길이이므로, 필터는 그냥 모든 행을 돌려준 것이다. 우리가 원하는 결과는 이것이 아니다. 열을 날짜 및 시간에 특화된 형식으로 변경하려면 to_datetime() 메서드를 이용하면 된다. 이때 날짜 및 시간의 서식(format)도 지정할 수 있다. 이 메서드는 수정된 열을 돌려줄 뿐이므로, DataFrame을 실제로 변경하려면 이 메서드의 반환값을 기존 열에 배정해야 한다. 다음은 started_at 열을 datetime 형식으로 변경하는 예이다.

```
d['started_at']=pd.to_datetime(df['started_at'],format='%m/%d/%Y %H:%M')
d.dtypes
```

```
trip_id                int64
started_at    datetime64[ns]
```

이제 started_at 열은 범용적인 object 형식이 아니라 datetime 형식(구체적으로는 datetime64)의 값을 담으므로, 날짜를 이용해서 특정 행들을 선택할 수 있다. 다음 예에서 보듯이, 이번에는 DataFrame 전체가 아니라 조건에 맞는 행들만 선택된다.

```
when = '2019-05-23'
d[(d['started_at']>when)]
```

```
   trip_id           started_at
4  1636714  2019-05-24 13:38:00
```

d의 나머지 행들은 모두 출발 날짜가 2019-05-21이므로, 이것이 정확한 결과이다.

이상으로 행과 열을 추가하거나 삭제하는 방법과 널 값들을 제거 또는 대체하는 방법, 열을 새로 생성하는 방법을 이야기했다. 다음 절에서는 외부 자료를 이용해서 데이터를 더욱 풍부하게 만드는 방법을 살펴본다.

5.2.3 데이터 보강

전동 스쿠터 데이터는 장소들을 담고 있다는 점에서 지리적 데이터이지만, 구체적인 좌표는 없다. 이 데이터로 지도를 작성한다거나 공간적 질의를 수행하려면 좌표가 필요하다. 지리 좌표는 장소에 대한 지오코딩으로 구할 수 있다. 다행히 앨버커키 시는 누구나 사용할 수 있는 공용 지오코딩 데이터를 제공한다.

이번 예제에서는 데이터의 한 부분집합을, 구체적으로는 빈도순으로 상위 5개의 출발 장소에 대한 데이터를 사용한다. 다음은 해당 행 다섯 개로 새 DataFrame을 만들고 열 이름들을 적절히 설정하는 코드이다.

```
new=pd.DataFrame(df['start_location_name'].value_counts().head())
new.reset_index(inplace=True)
new.columns=['address','count']
new
```

```
                                      address  count
0   1898 Mountain Rd NW, Albuquerque, NM 87104, USA    1210
1     Central @ Tingley, Albuquerque, NM 87104, USA     920
2   2550 Central Ave NE, Albuquerque, NM 87106, USA     848
3   2901 Central Ave NE, Albuquerque, NM 87106, USA     734
4    330 Tijeras Ave NW, Albuquerque, NM 87102, USA     671
```

그런데 address 필드에는 지오코딩에 필요 없는 정보가 포함되어 있다. 지오코딩에는 거리(도로) 주소만 있으면 된다. 또한, 둘째 행의 Central @ Tingley에서 @는 이 주소가 두 도로가 만나는 교차로임을 뜻하는데, 우리가 사용할 지오코딩 데이터에는 교차로가 @가 아니라 *and*라는 단어로 표현되어 있다. 다음은 이러한 점들을 고려해서 데이터를 적절히 정제하는 코드이다.

```
n=new['address'].str.split(pat=',',n=1,expand=True)
replaced=n[0].str.replace("@","and")
new['street']=n[0]
new['street']=replaced
new
```

```
                                      address  count              street
0   1898 Mountain Rd NW, Albuquerque, NM 87104, USA    1210   1898 Mountain Rd NW
1     Central @ Tingley, Albuquerque, NM 87104, USA     920   Central and Tingley
2   2550 Central Ave NE, Albuquerque, NM 87106, USA     848   2550 Central Ave NE
3   2901 Central Ave NE, Albuquerque, NM 87106, USA     734   2901 Central Ave NE
4    330 Tijeras Ave NW, Albuquerque, NM 87102, USA     671    330 Tijeras Ave NW
```

이제 이 DataFrame을 훑으면서 street 필드로 지오코딩을 수행하면 된다. 이번 예제에서는 또 다른 CSV 파일에 담긴 지리 좌표 데이터로 DataFrame을 만들고 그것을 원래의 DataFrame에 결합하는 접근 방식을 사용한다.

다른 자료 공급원에서 가져온 데이터를 기존 데이터와 결합(join)함으로써 데이터를 보강 (enriching; 또는 풍부화)할 수 있다. 데이터베이스의 두 테이블에 있는 자료를 결합하는 것과 비슷하게 pandas의 DataFrame들을 결합하는 것이 가능하다. 이 예제를 위한 지오코드 데이터를 담은 geocodedstreet.csv 파일이 원서 깃허브 저장소(서문 "예제 코드 내려받기" 참고)에 있으니 내려받기 바란다. 다음은 이 파일을 pd.read_csv()로 읽어 들인 후 처음 몇 행을 표시하는 코드이다. 출력에서 보듯이, 이 데이터에는 거리 이름을 담은 street 열과 함께 그 위치의 경도, 위도 좌표를 담은 x, y열 이 있다.

```
geo=pd.read_csv('geocodedstreet.csv')
geo
```

```
              street            x          y
0   1898 Mountain Rd NW  -106.667146  35.098104
1   Central and Tingley  -106.679271  35.091205
2   2550 Central Ave NE  -106.617420  35.080646
3   2901 Central Ave NE  -106.612180  35.081120
4   330 Tijeras Ave NW   -106.390355  35.078958
5       nothing street   -106.000000  35.000000
```

이 새 데이터로 원본 DataFrame을 보강하는 방법은 크게 두 가지인데, 하나는 결합이고 다른 하나는 병합이다. 결합의 경우에는 원본 DataFrame에 대해 join() 메서드를 호출하는데, 이때 other 매개변수에 다른 DataFrame(원본과 결합할)을 지정하고, how 매개변수에 결합 방식을 지정한다. how에 설정할 수 있는 값은 왼쪽 결합, 오른쪽 결합, 내부 결합에 해당하는 left, right, inner이다. 이들은 각각 SQL의 LEFT JOIN, RIGHT JOIN, INNER JOIN과 동일한 방식이다. 또한, 중복된(이름이 같은) 열들을 분간할 수 있도록 lsuffix나 rsuffix 매개변수에 적절한 열 이름 접미어를 지정할 수 있다. 다음은 new DataFrame(상위 출발 장소 5개)과 지오코드 DataFrame을 결합해서 새 DataFrame을 만드는 코드이다.

```
joined=new.join(other=geo,how='left',lsuffix='_new',rsuffix='_geo')
joined[['street_new','street_geo','x','y']]
```

```
            street_new           street_geo            x          y
0   1898 Mountain Rd NW  1898 Mountain Rd NW  -106.667146  35.098104
1   Central and Tingley  Central and Tingley  -106.679271  35.091205
2   2550 Central Ave NE  2550 Central Ave NE  -106.617420  35.080646
3   2901 Central Ave NE  2901 Central Ave NE  -106.612180  35.081120
4   330 Tijeras Ave NW   330 Tijeras Ave NW   -106.390355  35.078958
```

공통의 street 열이 두 개의 열로 중복되고, 각각 lsuffix와 rsuffix에 지정된 접미어가 붙었음을 확인할 수 있다. 사실 이번 예제에서는 이처럼 공통의 열을 중복할 필요가 없다. 이렇게 한 것은 단지 접미어가 어떻게 작용하는지 보여주기 위한 것일 뿐이다.

두 DataFrame을 병합(하나의 열을 기준으로 중복 없이 결합)할 때는 merge() 메서드를 사용한다. 다음 예에서 보듯이, 병합할 두 DataFrame을 지정하고 on 매개변수에 기준 열을 지정하면 된다.

```
merged=pd.merge(new,geo,on='street')
merged.columns
```
```
Index(['address', 'count', 'street', 'x', 'y'], dtype='object')
```

기존 DataFrame(출발 장소들)에 새 DataFrame의 x 필드와 y 필드가 추가되었음을, 그러나 street 열은 여전히 하나뿐임을 주목하자. 이것이 앞에서 본 왼쪽 결합 결과보다 훨씬 깔끔하다. 두 경우 (joined와 merged) 모두, 결과 DataFrame에서 색인은 원래의 두 DataFrame 모두에 색인을 설정해 두었을 때만 사용할 수 있다.

이렇게 해서 데이터의 정제, 변환, 보강 방법을 살펴보았다. 이제 지금까지 배운 기술과 지식을 이용해서 좀 더 정교한 데이터 파이프라인을 구축해 볼 때가 되었다. 다음 두 절에서는 에어플로에서 데이터 정제 파이프라인을 구축하는 방법을 설명한다.

5.3 에어플로를 이용한 데이터 정제

앞에서 우리는 파이썬을 이용해서 데이터를 정제하는 방법을 살펴보았다. 이제부터는 데이터를 정제하는 코드로 파이썬 함수를 정의하고, 그 함수를 에어플로 데이터 파이프라인의 한 작업으로 사용한다. 이번 예제의 에어플로 데이터 파이프라인은 데이터를 정제하고, 필터링하고, 그 결과를 디스크에 기록한다.

이전 장들의 에어플로 예제에서처럼, 필요한 라이브러리들을 도입하고 기본 인수들을 정의하는 코드로 시작한다.

```
import datetime as dt
from datetime import timedelta
from airflow import DAG
from airflow.operators.bash_operator import BashOperator
from airflow.operators.python_operator import PythonOperator
import pandas as pd
default_args = {
    'owner': 'paulcrickard',
    'start_date': dt.datetime(2020, 4, 13),
```

```
    'retries': 1,
    'retry_delay': dt.timedelta(minutes=5),
}
```

다음으로, 데이터 정제 작업을 수행하는 함수를 작성한다. 이 함수는 먼저 파일에서 데이터를 읽어 들이고, 지역 ID를 담은 필드를 제거하고, 열 이름들을 소문자로 바꾸고, started_at 필드의 형식을 datetime으로 바꾼다. 마지막으로, 정제된 데이터를 CSV 파일에 기록한다.

```
def cleanScooter():
    df=pd.read_csv('scooter.csv')
    df.drop(columns=['region_id'], inplace=True)
    df.columns=[x.lower() for x in df.columns]
    df['started_at']=pd.to_datetime(df['started_at'],
                              format='%m/%d/%Y %H:%M')
    df.to_csv('cleanscooter.csv')
```

다음으로, 필터링을 수행하는 함수를 작성한다. 이 함수는 정제된 데이터를 읽어 들이고, 출발 날짜를 기준으로 특정 기간의 행들을 선택해서 또 다른 CSV 파일에 기록한다.

```
def filterData():
    df=pd.read_csv('cleanscooter.csv')
    fromd = '2019-05-23'
    tod='2019-06-03'
    tofrom = df[(df['started_at']>fromd)&
                (df['started_at']<tod)]
    tofrom.to_csv('may23-june3.csv')
```

두 함수 모두, 함수의 본문은 이전 절들의 예제 코드와 거의 같으므로 따로 설명할 필요가 없을 것이다. 이제 에어플로 DAG의 연산자들과 작업들을 정의하자. PythonOperator로 해당 함수들을 지정해 주면 된다. 다음은 DAG와 작업들을 정의하는 코드이다.

```
with DAG('CleanData',
        default_args=default_args,
        schedule_interval=timedelta(minutes=5),
        # '0 * * * *',
        ) as dag:
    cleanData = PythonOperator(task_id='clean',
                             python_callable=cleanScooter)
    selectData = PythonOperator(task_id='filter',
                             python_callable=filterData)
```

BashOperator를 이용한 작업도 하나 추가한다. 제3장 **파일 읽고 쓰기**에서는 그냥 터미널에 메시지를 출력하기 위해 Bash 작업을 사용했지만, 이번 Bash 작업은 selectData 작업이 기록한 파일을 데스크톱(바탕화면)에 복사한다. 파일 경로들을 여러분의 환경에 맞게 적절히 수정해야 할 것이다.

```
copyFile = BashOperator(task_id='copy', bash_command=
    'cp may23-june3.csv /home/paulcrickard/Desktop')
```

이 작업은 그냥 리눅스의 파일 복사 명령 cp를 이용해서 파일의 복사본을 만든다. 이런 식으로 파일을 다루는 작업을 만들 때는 작업이 해당 파일들에 접근할 수 있는지 확인해야 한다. 여러 개의 프로세스가 같은 파일을 건드리거나 사용자가 해당 파일에 접근하려 한다면 파이프라인이 멈출 수 있다.

마지막으로, 지금까지 만든 작업들을 순서대로 연결해서 DAG를 정의한다.

```
cleanData >> selectData >> copyFile
```

이제 DAG가 완성되었다. 지금까지의 코드를 담은 파일을 $AIRFLOW_HOME/dags 폴더에 복사하고, 다음 명령들로 에어플로의 웹 서버와 스케줄러를 실행하기 바란다.

```
airflow webserver
airflow scheduler
```

웹 브라우저로 *http://localhost:8080/*에 접속해서 에어플로 GUI를 띄운 후, 새 DAG를 선택하고 **Tree View** 탭을 클릭해서 DAG를 활성화하고 실행하자. 그림 5.1은 내가 얻은 결과이다.

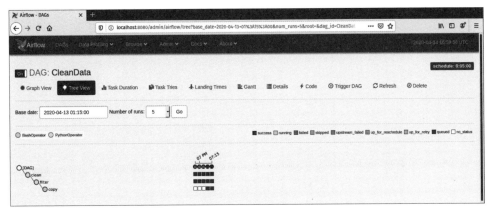

그림 5.1 DAG 실행

그림을 보면 처음 세 실행이 실패했는데, 이 화면을 갈무리할 당시에 데이터 파일들이 제자리에 있지 않았기 때문이었다.[역주5] 앞에서도 언급했듯이, 에어플로에서 외부 파일에 접근할 때는 조심할 필요가 있다.

[역주5] 참고로, 에어플로에서 파이썬 함수에 언급된 상대 경로들은 현재 작업 디렉터리, 즉 airflow webserver와 airflow scheduler를 실행했을 때의 디렉터리를 기준으로 해석되는 것으로 보인다. 경로 관련 오류를 피하려면 절대 경로를 지정하면 되지만, 그러면 DAG 정의를 다른 설치본에서 실행할 때 문제가 생길 수 있다. 절대 경로와 상대 경로를 절충하는 한 가지 방법은 데이터 파일들이 있는 어떤 기준 디렉터리를 적당한 환경 변수에 설정해 두고, 파이썬 코드에서 그 환경 변수를 참조하는 것이다.

축하한다! 이것으로 여러분은 이번 장의 과제를 성공적으로 완수했다.

5.4 요약

이번 장에서는 기본적인 탐색적 데이터 분석(EDA)을 통해서 데이터에 존재하는 오류를 찾아내는 방법을 살펴보고, 공통적인 데이터 문제점들을 바로잡아서 데이터를 정제하는 방법을 설명했다. 그런 다음에는 이번 장에서 배운 기술들을 이용해서 아파치 에어플로에서 데이터 파이프라인을 구축했다.

다음 장에서는 311 데이터를 위한 데이터 파이프라인을 구축하고 키바나에 대시보드를 만드는 예제 프로젝트를 단계별로 살펴본다. 여러분이 이 책에서 이번 장까지 배운 모든 기술을 이 예제 프로젝트에 적용할 뿐만 아니라, 대시보드 구축과 API 호출 같은 새로운 기술 몇 가지도 배우게 될 것이다.

실습 프로젝트:
311 데이터 파이프라인 만들기

이전 세 장에서 여러분은 파이썬과 에어플로, NiFi를 이용해서 데이터 파이프라인을 구축하는 방법을 배웠다. 이번 장에서는 지금까지 배운 기술들을 활용해서, **SeeClickFix**(*https://seeclickfix.com/*)에 연결해서 앨버커키의 도시 문제점(city issue)들, 즉 311 전화번호로 신고 또는 제안된 불편사항들을 기록한 데이터를 모두 내려받고 일래스틱서치에 적재하는 데이터 파이프라인을 구축한다. 나는 현재 이 파이프라인을 8시간 간격으로 실행하고 있다. 나는 이 파이프라인을 오픈소스 정보의 원천으로 사용해서 이웃들의 삶의 질 문제를 살펴보고, 버려진 차량이나 낙서, 주사 바늘 등에 대한 신고들도 모니터링한다. 또한, 사람들이 시청에 어떤 종류의 민원을 제기하는지 살펴보는 것은 아주 흥미로운 일이다. 내가 사는 도시의 경우, COVID-19 대유행 동안 클럽들에서 사회적 거리를 지키지 않는 사람들에 대한 신고가 많이 있었다.

이번 장의 주요 주제는 다음과 같다.

- 좀 더 복잡한 데이터 파이프라인 구축
- 키바나 대시보드 만들기

6.1 데이터 파이프라인 구축

이번 장의 데이터 파이프라인은 이전 장들에서 살펴본 파이프라인들과는 달리, 실행하려면 약간의 요령이 필요하다. 이 파이프라인은 같은 데이터베이스에서 두 개의 경로로 데이터를 가져오는데, 한 경로는 첫 번째 실행 이후에는 꺼버린다. 또한, 이번 파이프라인에는 성공(success) 관계에 대해 자기 자신과 연결되는 처리기가 있다. 다음은 완성된 파이프라인의 모습이다.

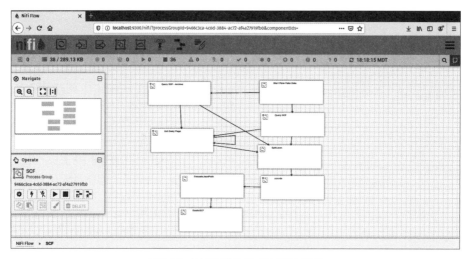

그림 6.1 완성된 예제 데이터 파이프라인

꽤 복잡해 보이는 데이터 파이프라인이지만, 이번 장을 다 읽고 나면 그리 어렵게 느껴지지 않을 것이다.

6.1.1 데이터 형식 매핑

파이프라인을 만들기 전에, 지리 데이터를 담을 일래스틱서치 색인부터 준비해야 한다. 이번에 특기할 사항은, 지리 좌표를 원활하게 활용하기 위해 한 필드를 지오포인트geopoint 데이터 형식으로 매핑한다는 점이다. 키바나를 실행하고 브라우저로 *http://localhost:5601*을 열기 바란다. 햄버거 메뉴에서 **Dev Tools**(Management 섹션에 있다)를 선택하고, 그림 6.2를 참고해서 왼쪽 편집창에 데이터 형식 매핑 요청 코드를 입력한 후 오른쪽 삼각형 아이콘을 클릭하자. 그러면 일래스틱서치에 요청이 전송된다. 모든 것이 잘 진행된다면 오른쪽 창에 그림 6.2와 같은 메시지가 나타날 것이다.

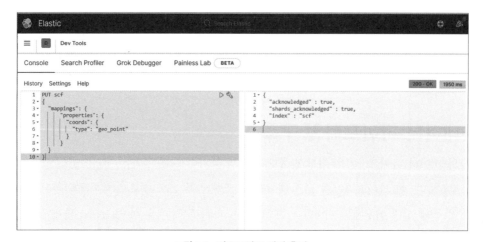

그림 6.2 지오포인트 매핑 추가

이제 coords 필드(속성)에 geo_point 형식이 매핑된 scf라는 색인이 만들어졌다. 이후 예제 데이터 파이프라인을 실행해서 이 색인에 레코드들을 추가하면, 일래스틱서치는 레코드의 coords 필드의 값을 지리 좌표(위도와 경도)로 인식한다.

그럼 데이터 파이프라인을 만들어 보자.

6.1.2 파이프라인 시작 요령

앞에서 데이터 파이프라인을 시작하려면 요령이 필요하다고 말한 것을 기억할 것이다. 이 파이프라인은 외부 서버에서 데이터를 가져와야 한다. 그러려면 HTTP API 종점(endpoint)에 연결해서 API를 호출하는 NiFi 처리기가 필요하다. 또한, 데이터를 처리하는 데 사용할 ExecuteScript 처리기도 필요하다. 그런데 이 처리기는 반드시 FlowFile을 입력받아야 한다. 따라서 이 처리기가 파이프라인의 첫 처리기일 수는 없다.

그런 이유로, 파이프라인의 첫 실행을 위한 FlowFile을 생성하는 GenerateFlowFile 처리기를 데이터 파이프라인의 첫 처리기로 둔다. 브라우저로 NiFi GUI를 열고, 빈 캔버스에 이 처리기를 추가하고, 설정 대화상자의 SETTINGS 탭(이하 설정 탭)에서 처리기 이름을 적절히 변경하기 바란다. 나는 Start Flow Fake Data로 했다. 이름에 'Fake'라는 단어를 사용한 것은, 이것이 단지 전체 흐름을 시작하기 위한 가짜 데이터를 생성하는 처리기일 뿐임을 기억하기 위한 것이다. 속성들은 따로 설정할 것이 없다. PROPERTIES 탭(이하 속성 탭)은 그림 6.3처럼 모두 기본값들로 두면 된다.

그림 6.3 GenerateFlowfile 처리기 설정

마지막으로, SCHEDULING 탭에서 처리기의 실행 간격(Run Schedule 항목)을 적절히 설정하자.

나는 API 종점에 과도한 부담을 가하지 않기 위해 8 hr(여덟 시간)로 설정했다.

이 처리기는 실행 시 0바이트의 데이터를 담은 FlowFile 하나를 생성한다. 데이터는 전혀 없지만, NiFi 자체가 생성한 메타데이터는 담고 있다. 이 FlowFile은 다음 처리기를 시동함으로써 전체 파이프라인을 시작하는 역할만 한다. 이것이 앞에서 말했던 특별한 요령이다.

6.1.3 SeeClickFix 질의

이전의 NiFi 예제들에서는 아무 코드도 작성하지 않고, 그냥 처리기들을 추가하고 설정하는 것만으로 파이프라인을 구축했다. 이번 파이프라인도 그런 식으로 만드는 것이 불가능하지는 않지만, 좀 더 유연한 처리를 위해 파이썬 스크립트를 파이프라인에 추가하기로 하자(참고로, NiFi는 자바로 만들어졌으므로, 파이프라인의 파이썬 코드는 Jython으로 실행된다).

먼저, 스크립트 실행을 위한 ExecuteScript 처리기를 캔버스에 추가하고, 더블클릭해서 설정 대화상자를 띄운다. 설정 탭에서 처리기의 이름을 적당히 설정하기 바란다. 이 처리기는 SeeClickFix를 질의하는 데 사용할 것이므로 Query SCF 정도가 적당하겠다. 속성 탭으로 가서, **Script Engine** 속성을 **python**으로 변경한다. **Script Body** 속성에는 이 처리기로 실행할 파이썬 코드를 입력해야 한다. 그럼 이 속성에 설정할 파이썬 스크립트를 차례로 살펴보자.

1 우선 필요한 라이브러리들을 도입한다. NiFi에서 파이썬을 사용하려면 다음과 같은 라이브러리들이 항상 필요하다.[역주1]

```
import java.io
from org.apache.commons.io import IOUtils
from java.nio.charset import StandardCharsets
from org.apache.nifi.processor.io import StreamCallback
from org.python.core.util import StringUtil
```

2 다음으로, 작업 처리 시 호출될 process 메서드를 담은 클래스를 정의한다. process 메서드는 나중에 좀 더 구체적으로 작성할 것이다.

```
class ModJSON(StreamCallback):
  def __init__(self):
        pass
  def process(self, inputStream, outputStream):
    # 여기서 구체적인 작업을 진행한다.
```

역주1   참고로, (적어도 NiFi 1.12.1과 크롬 웹브라우저에서) **Script Body** 속성의 편집창에서 Enter 키를 누르면 **OK** 버튼을 클릭한 것과 같은 효과가 난다. 편집창 안에서 줄을 바꾸려면 Shift+Enter 키를 눌러야 한다.

3 마지막으로, 스크립트 본문에서는 일단 오류가 발생하지 않았다고 가정하고, FlowFile이 입력되었는지 점검한다. FlowFile이 입력되었다면 앞의 클래스를 이용해서 FlowFile을 기록한다. 그런 다음 오류가 있었는지 점검한다. 오류가 있었다면 FlowFile을 실패(failure) 관계로 연결된 다음 처리기로 보내고, 없었다면 성공 관계로 연결된 다음 처리기로 보낸다.

```
errorOccurred=False
flowFile = session.get()
if (flowFile != None):
  flowFile = session.write(flowFile, ModJSON())
  #flowFile = session.putAttribute(flowFile)
  if(errorOccurred):
    session.transfer(flowFile, REL_FAILURE)
  else:
    session.transfer(flowFile, REL_SUCCESS)
```

이상은 모든 파이썬 ExecuteScript 처리기에 적용되는 공통의 틀이다. 처리기마다 다르게 할 것은 process 메서드의 정의(및 관련 코드)뿐이다. 이번 예제를 위한 process는 잠시 후에 5번 항목에서부터 구체적으로 살펴보겠다.

NiFi는 Jython을 사용하므로, 필요하다면 Jython 환경에 더 많은 파이썬 라이브러리를 추가해서 활용할 수 있다. 그러나 이는 이 책의 범위를 넘는 주제이다. 여기서는 파이썬 표준 라이브러리들만 사용하기로 한다.

4 다음으로, SeeClickFix API를 호출하는 데 필요한 urllib 라이브러리의 모듈들과 json 라이브러리를 도입한다.

```
import urllib
import urllib2
import json
```

5 그럼 process 메서드를 살펴보자. 이 메서드는 try 블록에서 HTTP 종점에 대한 요청을 보내고, 응답을 outputStream에 출력한다. 예외(오류)가 발생했다면 except 블록에서 errorOccurred를 True로 설정한다. 그러면 파이썬 스크립트는 FlowFile을 실패 관계로 연결된 처리기로 보낸다. try 블록의 문장들 중 파이썬 표준 라이브러리를 사용하지 않는 것은 FlowFile을 출력하는 outputStream.write()뿐이다. 나머지는 모두 표준 라이브러리(urllib과 json 등)를 사용한다. 다음 코드를 process 메서드에 추가하기 바란다.

```
    try:
        param = {'place_url':'bernalillo-county',
                'per_page':'100'}
```

```
        url = 'https://seeclickfix.com/api/v2/issues?' +
                urllib.urlencode(param)
        rawreply = urllib2.urlopen(url).read()
        reply = json.loads(rawreply)
        outputStream.write(bytearray(json.dumps(reply,
                indent=4).encode('utf-8')))
    except:
        global errorOccurred
        errorOccurred=True

        outputStream.write(bytearray(json.dumps(reply,
                indent=4).encode('utf-8')))
```

예외가 발생하지 않았다면 이 코드는 베르나릴로군(Bernalillo County)[역주2]에 대한 불편사항(issue) 중 처음 100개를 가져와서 하나의 FlowFile에 기록한다. 그 FlowFile에는 불편사항 데이터뿐만 아니라 몇 가지 메타데이터도 포함되는데, 이 파이프라인에 중요한 메타데이터 두 가지는 **page** 필드와 **pages** 필드이다.

처리기는 그 FlowFile을 Get Every Page 처리기와 SplitJson 처리기에 보낸다. 즉, 여기서부터 데이터 파이프라인은 두 가지 경로로 갈라진다. 그럼 데이터를 일래스틱서치에 적재하는 SplitJson 경로부터 살펴보자.

6.1.4 일래스틱서치를 위한 데이터 변환

다음은 전체 데이터 파이프라인 중 일래스틱서치를 위해 데이터를 변환하는 부분을 구축하는 과정이다.

1 SplitJson 처리기를 캔버스에 추가하고 더블클릭해서 설정 대화상자를 띄운다. 속성 탭에서 **JsonPath Expression** 속성을 $.issues로 설정한다. 이제 이 프로세스는 입력 FlowFile에 담긴 불편사항 100개를 각각 개별적인 FlowFile로 분할한다.

2 다음으로, NiFi가 기대하는 형식(geo_point)의 지리 좌표 정보를 FlowFile에 추가한다. 좀 더 구체적으로 말하면, 위도,경도 형태의 문자열을 담은 coords라는 필드를 추가할 것이다. 우선 ExecuteScript 처리기를 캔버스에 추가하고 더블클릭한 후, 속성 탭에서 **Script Engine**을 python으로 변경한다. 그리고 **Script Body** 속성에 앞에서 본 공통의 틀과 함께 import json 문을 추가한다.

3 이제 이 처리기를 위한 process 메서드를 정의한다. 이 메서드는 입력 스트림을 문자열로 변환하

역주2 앨버커키 시가 이 군의 군청 소재지이다.

는 역할을 한다. 입력 스트림은 이전 처리기가 전달한 FlowFile의 내용인데, 지금 예에서 그 내용은 하나의 불편사항을 담은 JSON 데이터이다. 그것을 json 라이브러리를 이용해서 파이썬 객체로 변환하고, 그 객체에 coords라는 이름의 필드를 추가한다. 필드의 값은 원래의 FlowFile JSON 객체에 있던 lat 필드와 lng 필드의 값을 쉼표로 연결한 형태의 문자열이다. 마지막으로, 파이썬 객체를 다시 JSON 형식으로 변환해서 출력 스트림에 기록한다. 이것이 다음 처리기를 위한 FlowFile이 된다.

```python
def process(self, inputStream, outputStream):
    try:
        text = IOUtils.toString(inputStream,
                                StandardCharsets.UTF_8)
        reply=json.loads(text)
        reply['coords']=str(reply['lat'])+','+str(reply['lng'])
        d=reply['created_at'].split('T')
        reply['opendate']=d[0]
        outputStream.write(bytearray(json.dumps(reply,
                           indent=4).encode('utf-8')))
    except:
        global errorOccurred
        errorOccurred=True
        outputStream.write(bytearray(json.dumps(reply,
                           indent=4).encode('utf-8')))
```

이렇게 하면 coords라는 새 필드가 추가된 불편사항 FlowFile이 출력된다. coords 필드의 값은 일래스틱서치가 하나의 지오포인트로 인식하는 형태의 문자열이다. 이제 각 불편사항마다 고유한 식별자만 있으면 불편사항들을 일래스틱서치에 적재할 준비가 끝난다.

4   일래스틱서치에서 각 항목(문서)의 고유 ID는 관계형 데이터베이스의 기본 키(primary key)에 해당한다. 다행히, API로 얻은 불편사항 JSON에 이미 고유한 ID가 부여되어 있다. 그 ID를 FlowFile에 추가하기만 하면 된다. 이를 위해 EvaluateJsonPath 처리기를 캔버스에 추가하기 바란다. 처리기를 더블클릭한 후 속성 탭의 오른쪽 상단에서 더하기 아이콘을 클릭해서 새 속성(특성)을 추가한다. 이름은 id로, 값은 $.id로 하면 된다. 제3장의 예제에서 보았듯이, $.는 JSON 객체에서 특정 필드를 추출하는 역할을 한다. 이제 FlowFile에 JSON 데이터에서 추출한 고유한 ID가 포함되었다.

5   다음으로, PutElasticsearchHttp 처리기를 캔버스에 추가하고 더블클릭해서 속성들을 설정하자. **Elasticsearch URL** 속성을 *http://localhost:9200*으로 설정하고, **Identifier Attribute** 속성은 **id**로 설정한다. 이것은 앞의 처리기에서 추출한 ID이다. **Index**는 **SCF**(SeeClickFix를 줄인 것이다)로 설정하고, **Type**은 **doc**으로 설정하기 바란다. 마지막으로, **Index Operation** 속성을 **upsert**로 설

정한다. 일래스틱서치에서 **upsert** 연산은 만일 주어진 ID의 문서가 없으면 그 ID로 새 문서를 추가한다. 주어진 ID의 문서가 있는 경우에는, 만일 새 문서가 기존 문서와 다르면 기존 문서를 갱신하고, 그렇지 않으면 아무 일도 하지 않고 새 문서를 폐기한다. 기존 문서와 다르지 않다면 갱신할 필요가 없기 때문이다.

이렇게 해서 시민 불편사항들을 일래스틱서치의 scf 색인에 적재하는 경로가 완성되었다. 그런데 이 경로는 처음 100개의 불편사항만 가져온다. Query SCF 처리기가 추가한 메타데이터에 따르면, SeeClickFix 데이터 집합에서 베르나릴로군에 대한 레코드는 4,336개이다. 레코드 100개가 한 페이지이므로, 이는 44페이지 분량이다.

다음 절부터는 모든 데이터를 가져오는 방법을 살펴본다.

6.1.5 모든 페이지 얻기

예제 데이터 파이프라인은 SeeClickFix 질의 결과들을 두 가지 경로로 나누어 전송한다. SplitJson 경로는 앞에서 살펴보았다. 첫 질의에서 100개의 불편사항을 가져옴과 함께, 전체적으로 불편사항들이 몇 페이지나 되는지도 알게 된다(메타데이터의 일부로). 현재의 SplitJson 경로는 첫 100개의 불편사항을 처리할 뿐이다. 모든 데이터를 처리하려면 나머지 페이지들로 SplitJson 경로를 반복 실행해야 하는데, 지금부터 설명할 GetEveryPage 경로가 바로 그런 작업을 담당한다.

우선 ExecuteScript 처리기를 캔버스에 추가하고 더블클릭해서 설정 대화상자를 연다. 설정 탭에서 이름을 Get Every Page로 변경한다. 그런 다음 속성 탭으로 가서, **Script Engine** 속성을 **python**으로 변경하고, **Script Body** 속성에는 앞에서처럼 공통의 틀과 함께 urllib 라이브러리와 json 라이브러리를 도입하는 문장들을 추가한다.

이 처리기의 process 메서드는 먼저 JSON 형식의 입력 스트림을 json 라이브러리를 이용해서 파이썬 객체로 변환한다. 그런 다음 메타데이터를 이용해서 현재 페이지 번호가 전체 페이지 수보다 작거나 같으면 API를 호출해서 다음 페이지(next_page_url)를 요청하고, 응답을 JSON 형식으로 FlowFile에 기록한다. 현재 페이지 번호가 전체 페이지 수보다 크면, 더 처리할 페이지가 없는 것이므로 처리를 종료한다.

```
try:
    text = IOUtils.toString(inputStream,
                            StandardCharsets.UTF_8)
    asjson=json.loads(text)
    if asjson['metadata']['pagination']
    ['page']<=asjson['metadata']['pagination']['pages']:
      url = asjson['metadata']['pagination']
```

```
                            ['next_page_url']
        rawreply = urllib.request.urlopen(url).read()
        reply = json.loads(rawreply)
        outputStream.write(bytearray(json.dumps(reply,
                            indent=4).encode('utf-8')))
    else:
        global errorOccurred
        errorOccurred=True
        outputStream.write(bytearray(json.dumps(asjson,
                            indent=4).encode('utf-8')))
except:
    global errorOccurred
    errorOccurred=True
    outputStream.write(bytearray(json.dumps(asjson,
                        indent=4).encode('utf-8')))
```

이 처리기의 성공 관계는 앞에서 만든 경로의 SplitJson 처리기에 연결해야 한다. 그러면 그 처리기는 현재 페이지의 불편사항들을 분할하고, 좌표를 추가하고, ID를 추출하고, 불편사항들을 일래스틱서치에 적재한다.

이러한 과정을 나머지 페이지들에 대해 반복하려면 이 ExecuteScript 처리기의 성공 관계를 자기 자신과 연결해야 한다. 이 처리기로 첫 페이지를 처리한 후에는, 성공 관계에 의해 이 처리기에 다음 페이지인 페이지 2가 입력된다. 해당 불편사항들을 SplitJson에 전송한 후 다시 이 처리기로 돌아오면 현재 페이지는 페이지 3이다. 이러한 과정이 현재 페이지 번호가 전체 페이지 수인 44를 넘길 때까지 반복된다.

이 데이터 파이프라인이 성공적으로 실행된다면, SeeClickFix에 있는 베르나릴로군에 대한 현재 불편사항들이 모두 일래스틱서치에 추가될 것이다. 그런데 이들은 베르나릴로군에 대한 현재의 불편사항일 뿐이다. 이보다 훨씬 많은 불편사항 레코드가 SeeClickFix 기록보관소(아카이브)에 있다. 이 파이프라인은 8시간마다 새 불편사항들을 가져오므로, 일래스틱서치에는 항상 최신의 불편사항들이 유지된다. 그렇지만 필요하다면 보관된 모든 불편사항 레코드들로 일래스틱서치를 채우는 것도 가능하다. 그러면 불편사항들의 전체 역사를 가지게 된다.

6.1.6 과거 데이터 채우기

과거의 통행 기록들로 SCF 색인을 채우는 것은 간단하다. 기존 Query SCF 처리기의 복사본을 추가한 후 param 객체를 조금만 변경하면 된다. Query SCF 처리기를 오른쪽 클릭해서 **copy**를 선택하고, 캔버스의 빈 곳을 오른쪽 클릭해서 **paste**를 선택하면 복사본이 만들어진다. 복사본을 더블클릭한 후 설정 탭에서 이름을 Query SCF - Archive로 변경하기 바란다. 그런 다음 속성 탭으로 가서, **Script Body**의 파이썬 코드 중 param 객체를 정의하는 행을 다음과 같이 변경한다.

```
param = {'place_url':'bernalillo-county', 'per_page': '100',
         'status':'Archived'}
```

값이 Archived인 status라는 필드를 추가했다는 점이 이전과 다르다. 첫 실행을 위해, Start Flow Fake Data 처리기의 성공 관계를 이 처리기에 연결한다. 그리고 과거 불편사항들을 일래스틱서치에 적재하기 위해, 이 처리기 자체의 성공 관계를 SplitJson 처리기에 연결한다. 또한, 모든 과거 레코드를 반복해서 처리해야 하므로 이 처리기의 성공 관계를 Get Every Page 처리기에도 연결한다. 과거 데이터는 더 이상 갱신되지 않으므로, 파이프라인의 실행이 한 번 끝난 후에는 이 Query SCF - Archive 처리기는 중지해도 된다.

전자상거래 기록 시스템처럼 새 레코드가 끊임없이 추가되는 시스템을 위한 데이터 파이프라인은 이번 예제의 패턴을 따를 때가 많다. 즉, 일단은 현재 레코드들을 추출하고 일정 간격(시스템의 갱신 주기에 따라서는 매일이나 매시간, 또는 실시간)으로 새 레코드들을 가져오는 데이터 파이프라인을 구축하고, 그 데이터 파이프라인이 잘 작동하면 과거 데이터도 가져와서 데이터 웨어하우스를 채우는 처리기를 추가한다. 물론 모든 응용에 과거 데이터가 필요한 것은 아니고, 과거 데이터가 감당할 수 없을 정도로 덩치가 큰 경우도 있지만, 이번 예제에서는 과거 레코드들이 그리 많지 않았기 때문에 해볼 만한 일이었다.

뭔가가 잘 안 돌아가거나, 새 웨어하우스를 채워야 할 때도 이 예제의 패턴이 유용할 것이다. 웨어하우스가 손상되었거나 새 웨어하우스를 온라인에 올리는 경우, 이 과거 데이터 채우기 파이프라인으로 모든 데이터를 다시 적재함으로써 새 데이터베이스를 완성하면 된다. 그러나 그 데이터베이스는 현재 상태만 담게 된다는 문제가 있는데, 실무용 데이터 파이프라인을 다루는 제2부에서 이런 문제점을 해결하도록 데이터 파이프라인을 개선해 볼 것이다. 일단 지금은 SeeClickFix 레코드들이 채워진 새 일래스틱서치 색인을 키바나로 시각화(visualization)하는 방법을 살펴보자.

6.2 키바나 대시보드 만들기

SeeClickFix 데이터 파이프라인으로 일래스틱서치에 채운 데이터를 효과적으로 살펴보고 분석하는 한 가지 방법은 키바나를 이용해서 데이터를 시각화하는 것이다. 이번 절에서는 앞에서 만든 예제 데이터 파이프라인을 위한 키바나 대시보드(현황판)를 만드는 방법을 살펴본다.

브라우저로 *http://localhost:5601*을 열고, §4.2.2.1에서처럼 Stack Management 페이지로 간다(키바나 주 화면의 햄버거 메뉴를 열고 **Management** 섹션의 **Stack Management**를 클릭). 왼쪽 메뉴에서 **Index Patterns**를 선택한 후 **Create new Index Pattern** 버튼을 클릭하고, **Index pattern name**에 scf*를 입력한다(그림 6.4 참고).

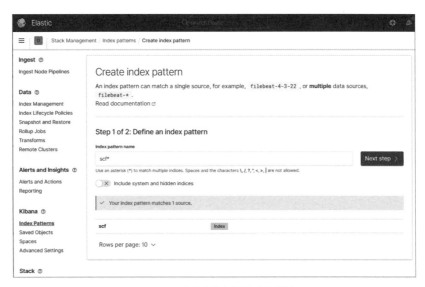

그림 6.4 키바나에서 색인 패턴 생성

Next step을 클릭한 후, **Time Filter field name**이라는 선택 목록에 주목하자. 이번 예제의 scf 색인에는 시간을 담은 필드가 여러 개 있으며, 이 선택 목록이 말해 주듯이 일래스틱서치는 실제로 그 필드들을 시간 필드로 인식한다. 이들 중 어떤 것을 '기본' 시간 필터 필드로 사용할 것인지를 일래스틱서치에게 알려 주어야 한다. 여기서 선택한 필드는 **Discovery** 화면에 막대그래프 형태로 요약할 때나 시각화나 대시보드에서 시간 필터를 적용할 때 기본 시간 필드로 쓰인다. 이 예제의 경우에는 그림 6.5와 같이 created_at 필드를 기본 시간 필드로 설정한다.

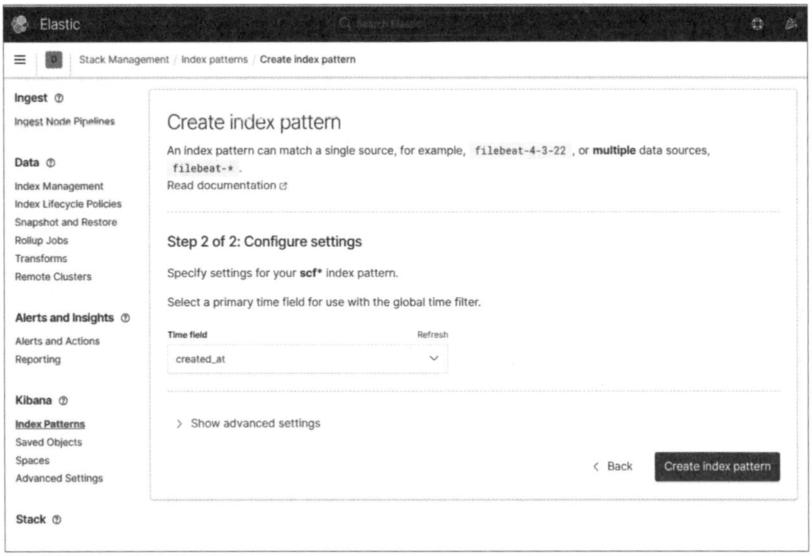

그림 6.5 시간 필터 필드 설정

이렇게 해서 키바나를 위한 색인 설정이 끝났다. 그럼 이 색인을 시각화해 보자.

6.2.1 시각화 생성

시각화를 생성하려면, 먼저 햄버거 메뉴에서 **Visualize**를 클릭한 후 오른쪽 상단 **Create Visualization** 버튼을 클릭한다. 그러면 다양한 시각화 유형이 제시된 대화상자가 나타난다(그림 6.6).

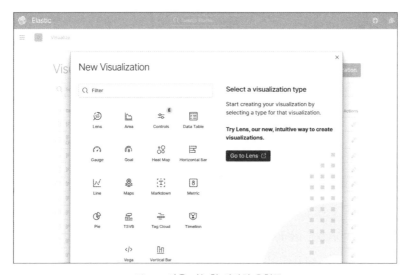

그림 6.6 사용 가능한 시각화 유형들

대화상자는 **Lens**나 **Controls**(오른쪽 위에 붙은 ⓔ는 이것이 실험적인(experimental) 단계임을 의미한다), **Vega** 시각화 유형들을 제시하는데, 이번 예제에서는 수직 막대그래프에 해당하는 **Vertical Bar**를 사용하기로 한다. 이 시각화를 클릭한 후, **Choose a source**에서 데이터 공급원으로 scf를 선택하기 바란다. 이번 장의 다른 모든 시각화도 마찬가지이다. 데이터 공급원을 선택하면 시각화를 설정하는 화면이 나온다. 이 시각화의 경우 y 축은 **Count**를 그대로 두고, x 축을 위한 버킷을 하나 추가하기로 하자. **Buckets**에서 더하기 기호를 클릭한 후, **X-Axis**를 선택하기 바란다. 그런 다음 **Aggregations**에서 **Date Histogram**을 선택하고, **Field**로는 created_at을 선택한다. 그리고 **Minimum interval**은 **Month**로 하기 바란다. 이제 **Update** 버튼을 클릭하면 그림 6.7과 비슷한(구체적인 모습은 독자의 데이터에 따라 다르다) 화면이 될 것이다.[역주3]

역주3 아무 막대도 나타나지 않는다면, 상단 달력 아이콘을 클릭해서 좀 더 기간을 길게 설정하기 바란다. 그림은 지난 2년간의 데이터를 표시하도록 설정한 것이다. 또한, 이하의 시각화들에서는 데이터 공급원 선택과 **Update** 버튼 클릭 등 반복되는 사항은 생략하기로 하겠다.

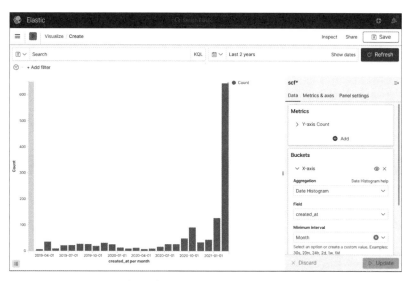

그림 6.7 **월별 created_at 도수 막대그래프**

이 막대그래프를 적당한 이름으로 저장하기 바란다. 나는 SeeClickFix 데이터에 대한 막대그래프임을 기억할 수 있도록 scf-bar라는 이름으로 저장했다.

다시 시각화 추가 화면으로 가서, 이번에는 수치를 보여주는 **Metric** 유형을 추가하자. **Metrics** 옵션을 열면 보이는 **Custom label** 필드에 이 수치의 이름을 지정할 수 있다. 나는 Issues로 했다. 그러면 그림 6.8에서처럼 수치 아래에 Count 대신 Issues가 나타난다. 잠시 후에 만들 대시보드에서 이 시각화는 불편사항 개수를 보여주는 용도로 쓰인다. 필터를 적용하면 그에 따라 개수가 변하는 모습을 보게 될 것이다.

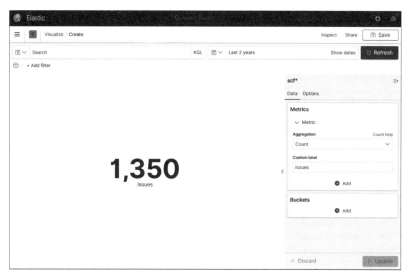

그림 6.8 **Metric 시각화의 설정**

이 시각화도 적절한 이름으로 저장하기 바란다. 나는 scf를 접두어로 붙인 scf-metrics로 했다.

다음으로, 파이 그래프에 해당하는 **Pie**를 생성하기 바란다. 기본은 도넛 형태인데, 이것을 그대로 사용하기로 한다. **Buckets**에서 **Split slices**를 추가하고, **Aggregations**에서 **Terms**를 선택한다. **Field**는 request_type.title.keyword를 선택한다. 나머지 설정들은 기본값 그대로 둔다. 그러면 그림 6-9와 같이 상위 다섯 가지 불편사항들에 대한 파이 그래프가 만들어진다.

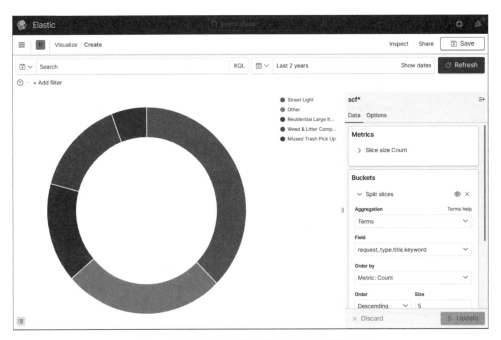

그림 6.9 상위 다섯 가지 불편사항들에 대한 파이 그래프

다음으로는 마크다운 시각화를 추가한다. 마크다운 시각화는 엄밀히 말해서 데이터에 대한 시각화는 아니고, 대시보드에 관한 설명을 제공하는 용도로 쓰인다. 시각화 유형 대화상자에서 **Markdown**을 클릭해서 마크다운 시각화 생성 화면을 띄우고, 오른쪽 창에서 마크다운 형식의 텍스트를 입력한 후 **Update** 버튼을 클릭하면 그것을 렌더링한 결과가 왼쪽 창에 나타난다. 그림 6.10은 <H1> 수준의 제목 하나와 약간의 설명문, 그리고 불릿 목록을 추가한 예이다.

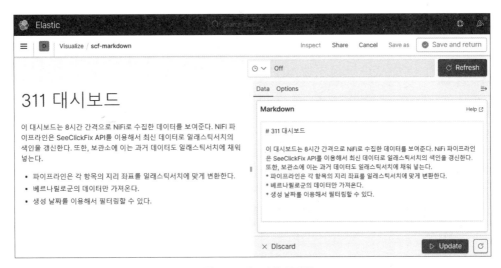

그림 6.10 마크다운 시각화

마지막으로 지도 시각화를 추가하기로 한다. 지도는 중요한 시각화 유형일 뿐만 아니라 설정할 것도 많기 때문에 아예 햄버거 메뉴에 **Maps**라는 항목이 따로 마련되어 있다. 그 항목을 선택한 후 **Create Map**을 클릭하거나 시각화 유형 대화상자에서 **Maps**를 선택하면 지도 생성 화면이 나오는데, 거기서 **Add Layer** 버튼을 클릭하면 그림 6.11과 같이 지도 데이터의 출처를 선택할 수 있는 화면이 나온다.

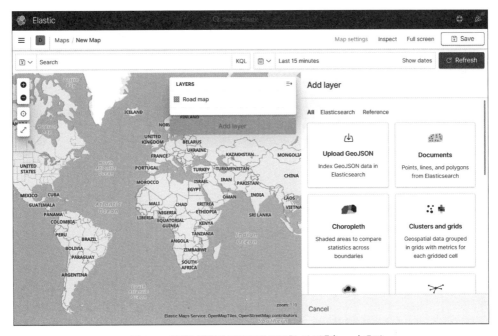

그림 6.11 일래스틱서치 문서들에 기초한 새 계층(layer) 추가

여기서 **Documents**를 클릭한 후 **Index pattern**에서 scf*를 선택하자. 그러면 그림 지도 위의 "Layers"에도 scf*가 선택될 것이다. 또한, 키바나는 지도 작성에 맞는 적절한 필드(지금 예제의 경우 coord)를 알아서 선택해 준다. 이제 하단 **Add Layer**를 클릭하면 그림 6.12와 비슷하게 베르나릴로군 지도 위에 불편사항 신고 위치들이 표시될 것이다. 만일 아무것도 보이지 않는다면, 상단의 데이터 기간이 "Last 15 minutes"로 되어 있지는 않은지 확인하기 바란다. 그런 경우 create_at 필드의 값이 지난 15분에 해당하는 항목들이 없기 때문에 아무것도 나타나지 않는다. 그림 6.12는 기간을 "Last 2 years"로 설정한 모습이다.[역주4] 이 지도도 적절한 이름으로 저장하기 바란다.

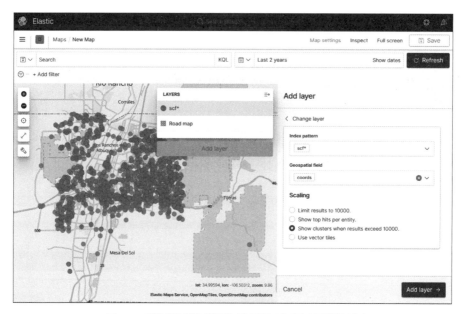

그림 6.12 **일래스틱서치 색인의 데이터를 지도로 시각화한 결과**

이상으로 데이터를 다양한 방식으로 보여주는 시각화들을 만들었다. 다음 절에서는 이 시각화들로 하나의 대시보드를 구성한다.

역주4 또한, 그림과는 달리 미국에 녹색 점이 하나 있는 세계 전도가 나타나 있는 상태라면, 지도 왼쪽 가장자리의 아이콘 중 확대·축소 아이콘 (북동–남서 화살표 모양)을 클릭해 보기 바란다.

6.2.2 대시보드 만들기

대시보드를 만들려면 먼저 햄버거 메뉴에서 **Dashboard**를 클릭한다. 그런 다음 **Create dashboard**를 클릭하면 시각화들을 추가할 수 있는 화면이 나타난다. 대시보드를 처음 생성하면 기존 시각화를 추가하는 링크와 새 시각화를 생성하는 링크가 제시되는데, 이미 시각화들을 다 만들어 두었으므로 **Add an existing**을 클릭하면 된다. 이 링크를 클릭한 후 검색창에 scf를(또는, 앞에서 여러분이 사용한 시각화 이름 접두어를) 입력하면 앞에서 만든 다섯 가지 시각화 객체들이 보일 것이다. 이들을 모두 추가하고, 그림 6.13을 참고해서 위치와 크기를 적절히 조정하기 바란다.

그림 6.13 SeeClickFix 대시보드

이 대시보드에는 마크다운, 파이 그래프, 지도, 수치, 막대그래프가 있다. 시각화 패널의 위치를 이동하려면 패널 상단의 제목 줄을, 크기를 조정하려면 오른쪽 하단 모서리를 클릭해서 끌면 된다. 또한 오른쪽 상단의 톱니바퀴 아이콘을 클릭해서 패널의 제목을 변경할 수도 있다. 그러면 시각화를 저장할 때 사용한 이름 대신 그 제목이 표시된다.

대시보드는 필터링을 지원한다. 필터를 변경하면 그에 따라 시각화들도 모두 변한다. 예를 들어 파이 그래프의 조각 중 하나를 클릭하면 해당 항목으로 필터가 적용된다. 그림 6.14는 Street Light 조각을 클릭한 결과이다.

그림 6.14 가로등(Street Light) 관련 불편사항으로 필터링한 결과

수치 시각화는 필터링에 따른 변화를 아주 잘 보여준다. 필터를 적용하기 전과 수치가 확연하게 바뀌었다. 또한, 지도와 막대그래프도 이전과는 달라졌다. 날짜로도 데이터를 필터링할 수 있다. Street Light에 대한 필터를 삭제한 후(X 아이콘 클릭), 상단의 날짜 기간 항목을 클릭하고 화살표 왼쪽 부분(시작 날짜)을 클릭하면 그림 6.15처럼 데이터의 시작 날짜를 설정하는 대화상자가 나타난다(종료 날짜를 설정하려면 화살표 오른쪽을 클릭하면 된다).

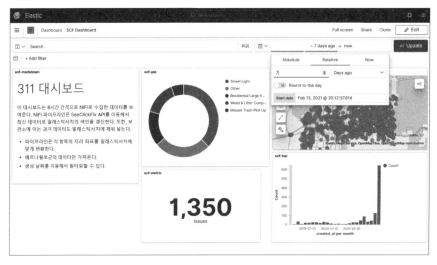

그림 6.15 날짜 및 시간 필터 설정

날짜 및 시간 설정 대화상자에는 **Absolute, Relative, Now** 탭이 있는데, 가운데의 **Relative**에서는 현재 시점을 기준으로 상대적인 시간(초에서부터 년까지)을 지정할 수 있다. **Now**는 현재 시점을 설정하는 데 쓰인다. 그리고 **Absolute**로는 구체적인 날짜와 시간을 지정할 수 있다. 그림 6.16은 7일 전부터 지금까지의 데이터를 표시하도록 설정한 예이다.

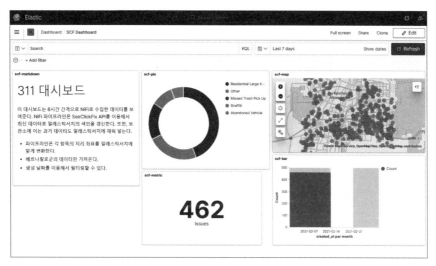

그림 6.16 **7일간 필터가 적용된 대시보드**

마지막으로, 지도에 대한 필터링을 살펴보자. 지도 위에 직사각형 또는 임의의 다각형을 그려서 데이터를 필터링할 수 있다. 지도 왼쪽 가장자리의 도구 아이콘을 클릭하면 그림 6.17과 같이 몇 가지 옵션이 나타난다.

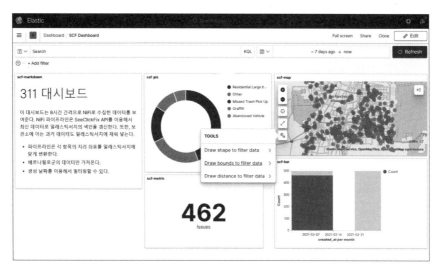

그림 6.17 **지도의 도구 아이콘**

그림 6.18은 그 상태에서 **Draw bounds to filter data**와 **Draw bounds**를 선택한 후 마우스로 지도에서 직사각형 영역을 선택한 결과이다.

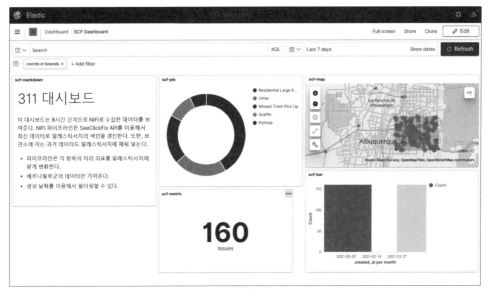

그림 6.18 **지도를 이용한 데이터 필터링**

대시보드의 시각화 패널들이 지도상의 직사각형 영역에 맞게 갱신되었음을 주목하자. 맵 필터는 내가 아주 좋아하는 필터 중 하나이다.

키바나 대시보드를 만들어 두면 데이터 공학자가 아닌 사람들도 데이터 파이프라인을 유용하게 활용할 수 있다. 여러분이 데이터를 이동하고 변환하는 파이프라인을 만들어도, 그것을 활용할 사람이 없으면 무의미하다. 대시보드를 통해서 데이터 파이프라인은, 분석가와 경영진이 탐색하고 뭔가 배울 수 있는 살아 있는 데이터로 변한다. 키바나 대시보드는 또한 데이터 공학자 자신에게도 유용한 도구이다. 데이터 공학자는 자신이 추출, 변환, 적재한 데이터를 대시보드로 시각화함으로써 데이터 파이프라인에 존재하는 어떤 명백한 문제점을 손쉽게 찾아낼 수 있다. 즉, 데이터 공학자에게 대시보드는 일종의 디버깅 도구라고 할 수 있다.

6.3 요약

이번 장에서는 REST API를 이용해서 외부의 데이터를 가져오는 데이터 파이프라인을 만들어 보았다. 또한, 하나의 데이터 파이프라인을 이용해서 과거의 데이터를 데이터베이스에 채우거나 기존의 모든 데이터로 데이터베이스를 다시 생성하는 기법도 배웠다.

이번 장의 후반부에서는 키바나를 이용해서 대시보드를 만드는 기본적인 방법을 살펴보았다. 일반적으로 대시보드 구성은 데이터 공학자의 책임이 아니다. 그러나 작은 회사에서는 대시보드도 데이터 공학자가, 즉 여러분이 만들어야 할 가능성이 아주 크다. 더 나아가서, 대시보드를 빠르게 만드는 능력을 갖추어 두면 데이터 파이프라인을 점검하거나 데이터에 존재하는 오류를 찾는 데 도움이 된다.

다음 장부터는 이 책의 제2부가 시작된다. 제2부에서는 지금까지 배운 지식과 기술을 더욱 확장해서, 실무(production)용 데이터 파이프라인을 만드는 방법을 살펴본다. 데이터 파이프라인을 실무 환경에 배치(deployment)하는 방법과 함께, 더 나은 데이터 검증 기법들을 비롯해 파이프라인을 실무 환경에서 실행하는 데 필요한 다양한 기술을 배우게 될 것이다.

실무 환경 데이터
파이프라인 배치

PART II에서는 지금까지 배운 것에 기초해서 데이터 파이프라인을 실무 환경에 배치하고 운용하는 방법을 논의한다. 실무용 데이터 파이프라인의 특징들을 개괄한 후, 버전 관리, 모니터링, 로깅 등 소프트웨어 공학에서 흔히 볼 수 있는 기법들을 소개한다. 이런 기술들은 실무용 데이터 파이프라인의 구축은 물론 관리에도 필요하다. 마지막으로는 데이터 파이프라인을 실무 환경에 실제로 배치하는 방법을 살펴본다.

PART II의 장들은 다음과 같다.

7

실무용 데이터 파이프라인의 특징

이번 장에서는 실무(production)에 바로 사용할 수 있는 데이터 파이프라인의 여러 특징을 살펴본다. 데이터 파이프라인을 여러 번 실행해도 결과가 변하지 않게 하려면 어떻게 해야 하는지(멱등성), 트랜잭션이 실패했을 때 어떻게 처리해야 하는지(원자성) 배우게 될 것이다. 또한 이번 장에서는 스테이징 환경에서 데이터를 검증하는 방법도 살펴본다. 이번 장의 예제 데이터 파이프라인은 내가 실무 환경에서 실제로 실행 중인 데이터 파이프라인이다.

이 예제 파이프라인은 내게 보너스 같은 것이어서, 오류나 결측 데이터는 크게 신경 쓰지 않는다. 그래서 이 예제 파이프라인에는 중요한 임무를 처리하는 실무 데이터 파이프라인에 반드시 있어야 하는 요소 몇 가지가 빠져 있다. 모든 데이터 파이프라인은 허용 가능한 오류 비율 또는 결측 데이터 비율이 각자 다르다. 그렇지만 실무용 데이터 파이프라인은 이번 장에서 이야기할 몇 가지 추가적인 특징을 반드시 갖추어야 한다.

이번 장은 주요 주제는 다음과 같다.

- 데이터의 스테이징과 검증
- 멱등적인 데이터 파이프라인 구축
- 원자적인 데이터 파이프라인 구축

7.1 데이터의 스테이징과 검증

실무용 데이터 파이프라인을 구축할 때는 데이터의 스테이징staging과 검증(validating)이 대단히 중요하다. 기본적인 데이터 검증 및 정제 방법은 제5장 **데이터의 정제, 변환, 보강**에서 이야기했지만, 실무에서는 그런 작업들을 좀 더 체계적이고 자동화된 방식으로 수행할 필요가 있다. 다음 두 절에서는 실무 환경에서 데이터를 스테이징하고 검증하는 과정을 살펴본다.

7.1.1 데이터 스테이징

이전 장들의 예제 NiFi 데이터 파이프라인들은 데이터 공급원에서 추출한 데이터를 일련의 처리기에 투입한다. 각 처리기들은 주어진 데이터에 대해 어떤 작업을 수행하고 그 결과를 다음 처리기에 넘겨준다. 그런데 처리기 중 하나가 작업에 실패하면 어떻게 해야 할까? 모든 처리를 처음부터 다시 시작해야 할까? 원본 데이터에 따라서는 그렇게 하지 못할 수도 있다. 이런 문제에 도움을 주는 것이 스테이징(데이터를 임시로 보관해 두는 것)이다. 이번 장에서는 두 종류의 스테이징을 논의하는데, 하나는 파일 또는 데이터베이스 덤프의 스테이징이고 다른 하나는 웨어하우스에 적재할 데이터베이스 데이터의 스테이징이다.

7.1.1.1 데이터 파일 스테이징

이 책에서 논의하는 스테이징의 첫 번째 종류는 어떤 데이터 공급원(주로는 트랜잭션 데이터베이스)에서 추출한 데이터를 파일에 저장함으로써 데이터를 스테이징하는 것이다. 먼저, 이런 종류의 스테이징이 필요한 이유를 말해 주는 일반적인 시나리오를 하나 살펴보자.

Widget Co.는 전 세계 위젯widget(소형 장치, 부품 등) 분야를 석권한 회사로, 현재 유일한 온라인 위젯 판매사이다. 매일 전 세계의 사용자가 이 회사의 웹사이트에서 위젯을 주문한다. 분석가가 데이터를 질의하고 보고서를 작성하는 데 사용할, 매 시간 웹사이트의 판매 기록을 추출해서 데이터 웨어하우스에 적재하는 데이터 파이프라인을 구축하는 임무가 이 회사의 데이터 공학자에게 주어졌다.

주문이 전 세계에서 이루어지므로, 각 판매 레코드의 지역 날짜 및 시간을 UTC(협정 세계시)로 변환할 필요가 있다. 이 시나리오에서는 필요한 변환이 이것뿐이라고 가정한다. 그림 7.1은 이러한 변환을 포함해서 판매 레코드들을 데이터 웨어하우스에 적재하는, 그리 복잡하지 않은 NiFi 데이터 파이프라인이다.

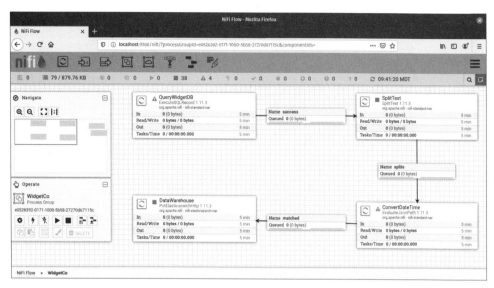

그림 7.1 위젯 판매 레코드들을 데이터 웨어하우스에 적재하는 데이터 파이프라인

이 데이터 파이프라인은 위젯 데이터베이스를 질의해서 얻은 레코드들을 하나의 FlowFile에 담아서 SplitText 처리기에 보낸다. 그 처리기는 각각의 레코드를 날짜 및 시간을 UTC로 변환하는 처리기에 보낸다. 마지막 처리기는 변환된 레코드들을 데이터 웨어하우스에 적재한다.

그런데 분할된 레코드의 날짜 변환이 실패하면 어떻게 해야 할까? 데이터베이스를 다시 질의해서 처음부터 다시 시작하면 될까? 그럴 수는 없다. 트랜잭션은 매 분 진행되며, 트랜잭션이 실패해서 주문이 취소되면 해당 레코드는 더 이상 데이터베이스에 존재하지 않는다. 또한, 고객이 이를테면 파란색 위젯 다섯 개 대신 빨간색 위젯 하나만 구매하기로 마음을 바꾸어서 주문을 변경하는 경우도 있다. 데이터베이스를 다시 질의해서 처리한다면 마케팅 팀은 그런 변경들을 알지 못하게 되며, 따라서 판매 촉진 계획을 세우기가 어려워진다.

이 시나리오의 요점은, 트랜잭션 데이터베이스에서는 끊임없이 트랜잭션이 일어나고 데이터가 계속 변한다는 점이다. 방금 수행한 질의가 돌려준 결과 집합은 5분 전에 수행한 질의가 돌려준 결과 집합과 완전히 다를 수 있다. 따라서, 데이터 파이프라인 중간에서 뭔가가 실패해서 데이터베이스 질의부터 다시 시작한다면 원래의 데이터를 잃게 된다. 바로 이것이, 데이터 공급원에서 추출한 데이터를 스테이징해야 하는 이유이다.

그림 7.2는 앞의 예제 데이터 파이프라인이 스테이징을 추가한 결과이다.

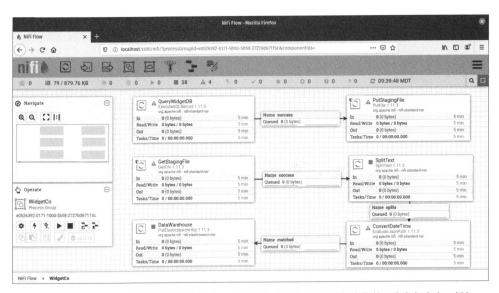

그림 7.2 스테이징을 이용해서 위젯 판매 레코드들을 데이터 웨어하우스에 적재하는 데이터 파이프라인

이 데이터 파이프라인은 두 개의 그래프로 구성된다. 첫 그래프(위)는 위젯 데이터베이스를 질의해서 그 결과를 디스크의 CSV 파일에 기록한다. 이것이 스테이징 단계이다. 둘째 그래프는 스테이징된 파일에서 데이터를 적재해서 각 레코드를 개별 FlowFile로 분리하고, 각각의 날짜 및 시간을 변환하고, 최종적으로 웨어하우스에 적재한다. 만일 이 그래프에서 뭔가가 잘못된다면, 또는 어떠한 이유로 파이프라인을 다시 실행해야 한다면, 그냥 데이터베이스 질의 그래프는 건너뛰고 이 그래프만 다시 실행하면 된다. CSV 파일은 원래의 질의 결과의 복사본에 해당한다. 따라서, 지금부터 석 달 후에 웨어하우스가 망가져도, 기존 CSV 파일들로 둘째 그래프를 실행하면 웨어하우스를 복원할 수 있다(데이터베이스는 석 달 전과는 완전히 다른 상태이므로 복원에 사용할 수 없다).

데이터베이스에서 추출한 결과를 CSV 파일들에 보관하는 것의 또 다른 장점은 파이프라인 재실행의 부담이 적다는 것이다. 데이터베이스 질의에 자원이 많이 소모된다면(그래서 오직 밤에만 실행할 수 있다면), 또는 질의할 시스템이 다른 부서나 대행사, 외주 회사에 있다면, 질의 수행이 꽤 부담스러운 일이 된다. 뭔가 잘못되었을 때 자원을 소모해 가면서 질의를 다시 수행하기보다는 그냥 복사본을 사용하는 것이 편하다.

이전 장들에서 만든 에어플로 예제 데이터 파이프라인들에서는 이미 질의 결과를 스테이징했다. 애초에 에어플로는 좋은 관례를 권장하는 방식으로 작동한다. 에어플로 예제들은 각 작업이 결과를 파일에 저장하고, 파이프라인의 다음 작업은 그 파일을 읽어 들이는 관례를 따랐다. 그러나 NiFi에서는 질의 결과를 데이터 파이프라인의 다음 처리기(SplitRecords나 Text 등)에 직접 전달할 때가 많다. 이는 실무 환경에서 실행되는 데이터 파이프라인에는 좋은 관례가 아니며, 이 책의 나머지 예제들도 더 이상 그런 방법을 사용하지 않는다.

7.1.1.2 데이터베이스 스테이징

데이터를 파일에 담아서 스테이징하는 것은 데이터 파이프라인의 처음 부분에서 일어나는 데이터 추출 단계에 도움이 된다. 그러나 파이프라인의 마지막 부분에서 일어나는 데이터 적재 단계에서는 데이터를 데이터베이스에 담아서 스테이징하는 것이 더 낫다. 가능하다면 웨어하우스의 데이터베이스와 동일한 데이터베이스를 스테이징에 사용하는 것이 좋다. 그럼 이런 종류의 스테이징이 필요한 이유를 말해 주는 시나리오를 하나 살펴보자.

Widget Co.의 데이터 공학자는 위젯 데이터베이스에서 데이터를 질의하고 그 데이터를 스테이징하는 그래프와 데이터를 변환해서 웨어하우스에 적재하는 그래프로 구성된 데이터 파이프라인을 구축했다. 그런데 데이터가 제대로 적재되지 않는 경우가 발생했다. 데이터베이스를 살펴보니, 필드 매핑이 잘못되어서 날짜가 그냥 문자열로 저장되었다. 데이터 적재가 제대로 되지 않았다는 것이 적재 자체가 실패했다는 것은 아님을 주의하기 바란다. 적재 실패를 처리하는 방법은 이번 장에서 나중에 이야기한다.

데이터를 데이터베이스에 실제로 적재하기 전에는, 적재 과정에서 어떤 문제가 발생할지 그저 추측만 할 수 있을 뿐이다. 이번 절에서 말하는 종류의 스테이징에서는 데이터를 실제 데이터 웨어하우스의 복사본에 적재하고, 그 복사본에 대해 검증 절차와 질의를 실행해서 데이터가 제대로 적재되었는지 확인한다. 예를 들어, 적재할 레코드들의 수가 정확한지 알고 싶으면 select count(*) 질의를 수행하면 된다. 이런 종류의 스테이징을 이용하면 적재 시 문제점이 있는지, 있다면 어떤 문제점인지를 미리 알 수 있다.

그림 7.3은 파이프라인의 양쪽에 스테이징을 적용한 Widget Co. 데이터 파이프라인의 모습이다.

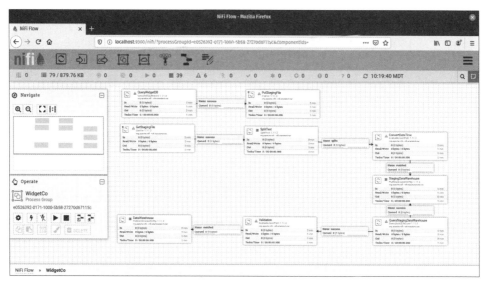

그림 7.3 파이프라인의 양쪽에 스테이징을 적용한 실무용 데이터 파이프라인

이 데이터 파이프라인은 위젯 데이터베이스를 질의하고 그 결과를 파일에 스테이징한다. 파이프라인의 나머지 부분은 그 파일에서 데이터를 추출해 날짜와 시간을 변환한다. 여기까지는 이전 시나리오의 파이프라인과 같지만, 이다음부터는 차이가 있다. 이번 파이프라인은 변환한 데이터를 데이터 웨어하우스의 복제본에 적재한다. 그런 다음 그 복제본에서 데이터를 질의해서 몇 가지 검증을 수행한 후 데이터 웨어하우스의 최종 데이터베이스에 적재한다.

ETL 대 ELT

지금까지의 예제들은 ETL, 즉 Extract(추출)-Transform(변환)-Load(적재)라는 과정을 따랐다. 이와는 달리, ELT 과정은 변환보다 적재가 먼저이다. 즉, 추출한 데이터를 즉시 적재한 후 변환을 수행한다. SQL 기반 변환 도구들을 사용한다면 ELT가 아주 유용하다. 둘 중 어느 하나가 정답인 것은 아니다. 그냥 용도나 취향에 따라 선택하면 되는 문제일 뿐이다.

데이터 파이프라인의 앞쪽 끝과 뒤쪽 끝에서 데이터를 스테이징하면, 파이프라인을 통과하는 데이터의 오류를 처리하고 데이터를 검증하기가 수월해진다. 물론, 그 두 군데에서만 데이터를 스테이징할 수 있는 것은 아니다. 데이터 파이프라인의 모든 데이터 변환 지점에 스테이징을 적용할 수 있다. 그러면 오류 디버깅이 쉬워지고, 파이프라인의 어디에서 오류가 발생하든 그 지점부터 파이프라인을 다시 실행할 수 있다. 변환들이 복잡해지고 시간이 오래 걸리게 됨에 따라, 이러한 스테이징의 장점도 더욱 커진다.

앞의 데이터 파이프라인에서는 위젯 데이터베이스에서 추출한 데이터를 파일에 보관했지만, 파일 대신 데이터베이스(관계형이든 NoSQL이든)에 보관하는 것도 물론 가능하다. 단, 데이터베이스의 데이터를 파일에 덤프하는 것이 데이터베이스에 적재하는 것보다는 약간 더 간단하다(스키마를 다루거나 추가적인 기반구조를 설치할 필요가 없다는 점에서).

데이터 스테이징은 파이프라인 재실행, 오류 처리, 파이프라인 디버깅에 유용할 뿐만 아니라, 파이프라인의 검증 단계에도 유용하다. 다음 절에서는 Great Expectations라는 도구를 이용해서 파일과 데이터베이스에 스테이징한 데이터에 대한 검증 모음(validation suite)을 구축하는 방법을 살펴본다.

7.1.2 Great Expectations를 이용한 데이터 검증

파일이나 데이터베이스에 데이터를 스테이징해 두었다면, 수월한 데이터 검증을 위한 기반이 마련된 것이다. 제5장 **데이터의 정제, 변환, 증강**에서는 pandas를 이용해서 탐색적 데이터 분석(EDA)을 수행했다. EDA를 통해서 우리는 데이터에 어떤 열들이 있는지, 널 값은 몇 개인지, 열의 값들이 어떤 범위인지, 각 열의 데이터 형식은 무엇인지 파악했다. pandas는 강력한 도구이며, value_counts와

describe 같은 메서드를 이용하면 데이터에 대한 통찰을 많이 얻을 수 있다. 그렇지만 검증 과정을 좀 더 깔끔하게 만들고 데이터에 대한 기대(expectation)를 좀 더 명백하게 표현할 수 있는 다른 도구들도 있다.

이번 절에서 살펴볼 도구는 **Great Expectations**이다. 그림 7.4는 **Great Expectations** 공식 사이트(*https://greatexpectation.io*)의 시작 페이지이다. 여기서 이 도구에 대한 정보를 얻을 수 있으며, 토론이나 개발에 참여할 수도 있다.

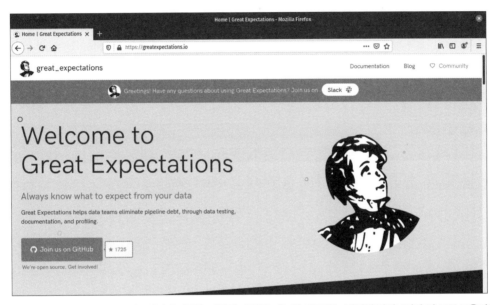

그림 7.4 Great Expectations는 데이터 검증을 비롯해 다양한 기능을 제공하는 파이썬 라이브러리 및 도구 모음이다.

여기서 Great Expectations를 소개하는 이유는 이 도구 모음의 강력함과 편리함 때문이다. 데이터에 대한 기대(expectation)를 사람이 읽기 쉬운 형태로 명시하기만 하면 Great Expectations가 세부적인 구현을 만들어 준다. 예를 들어 다음 코드는 age 열이 널 값이 아니어야 한다는(not to be null) 기대를 Great Expectations의 명세 형식으로 표현한 것이다.

```
expect_column_values_to_not_be_null('age')
```

특히, Great Expectations는 데이터가 DataFrame에 있든 데이터베이스에 있든 상관없이 동일한 기대 명세로부터 적절한 검증 코드를 생성한다. 즉, 같은 기대 명세를 서로 다른 데이터 문맥에서 사용할 수 있다.

7.1.2.1 Great Expectations 설치 및 기본적인 사용 방법

Great Expectations는 다음과 같이 pip으로 간단하게 설치할 수 있다.

```
pip3 install great_expectations
```

Great Expectations가 생성한 문서들을 보려면 주피터 노트북Jupyter Notebook이 필요하다. 주피터 노트북 역시 pip으로 설치할 수 있다.

```
pip3 install jupyter
```

필요한 구성요소들을 갖추었으니, 이제 Great Expectations를 시험해 보기 위한 프로젝트를 만들어 보자. 우선 여러분의 홈 디렉터리에 peoplepipeline이라는 예제 프로젝트용 디렉터리(이하 프로젝트 디렉터리)를 만들고 그곳으로 들어가기 바란다. 다음은 리눅스에서 이를 수행하는 명령들이다.

```
mkdir $HOME/peoplepipeline
cd $HOME/peoplepipeline
```

Great Expectations를 실행하기 전에, 먼저 예제에 사용할 데이터를 만든다. 프로젝트 디렉터리에서 다음 파이썬 스크립트(제3장에 나왔던 것과 거의 같다)를 실행하기 바란다.

```python
from faker import Faker
import csv
output=open('people.csv','w')
fake=Faker()
header=['name','age','street','city','state','zip','lng','lat']
mywriter=csv.writer(output)
mywriter.writerow(header)
for r in range(1000):
    mywriter.writerow([fake.name(),fake.random_int(min=18,
    max=80, step=1), fake.street_address(), fake.city(),fake.
    state(),fake.zipcode(),fake.longitude(),fake.latitude()])
output.close()
```

이 스크립트는 인적 정보 레코드 1,000개를 생성해서 현재 디렉터리(프로젝트 디렉터리)에 people.csv 라는 CSV 파일로 저장한다.

이제 이 프로젝트를 위한 Great Expectations를 설정해 보자. 다음처럼 명령줄 인터페이스(command-line interface, CLI)를 이용해서 프로젝트를 초기화하기 바란다.

```
great_expectations init
```

이 명령을 실행하면 Great Expectations 설정 과정이 대화식으로 진행된다. 우선 Great Expectations 는 생성될 디렉터리 구조를 보여주고, 계속 진행할 것인지 묻는다(그림 7.5).

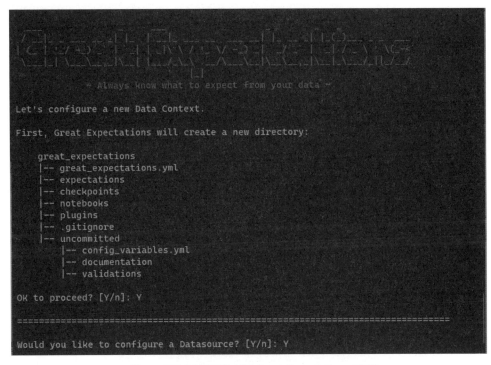

그림 7.5 **예제 프로젝트를 위한 Great Expectations 초기화**

데이터 공급원을 설정하겠냐는 질문에 Y를 입력하고 *Enter* 키를 누르면 Great Expectations는 여러 가지 질문을 던지는데, 특히 다음 질문들이 중요하다.

- What data would you like Great Expectations to connect to?(연결할 데이터의 종류)
- What are you processing your files with?(파일 처리에 사용할 라이브러리)
- Enter the path (relative or absolute) of the root directory ...(데이터 파일들이 있는 디렉터리 경로)
- Name the new Expectation Suite(생성할 기대 모음의 이름)

그림 7.5를 참고해서 질문들에 적절히 답하기 바란다. 처음 두 질문에 대해 반드시 1(Files on a filesystem ...)과 1(Pandas)을 선택하고, 데이터 파일 디렉터리 경로에 관한 질문에는 여러분의 환경에 맞는 경로를 입력해야 한다.

```
What data would you like Great Expectations to connect to?
    1. Files on a filesystem (for processing with Pandas or Spark)
    2. Relational database (SQL)
: 1

What are you processing your files with?
    1. Pandas
    2. PySpark
: 1

Enter the path (relative or absolute) of the root directory where the data files are stored.
: /home/paulcrickard/peoplepipeline

Give your new Datasource a short name.
[peoplepipeline__dir]:

Great Expectations will now add a new Datasource 'peoplepipeline__dir' to your deployment, by adding
this entry to your great_expectations.yml:

    peoplepipeline__dir:
      data_asset_type:
        class_name: PandasDataset
        module_name: great_expectations.dataset
      batch_kwargs_generators:
        subdir_reader:
          class_name: SubdirReaderBatchKwargsGenerator
          base_directory: /home/paulcrickard/peoplepipeline
      class_name: PandasDatasource
      module_name: great_expectations.datasource

Would you like to proceed? [Y/n]:

=================================================================================

Would you like to profile new Expectations for a single data asset within your new Datasource? [Y/n]:

Would you like to:
    1. choose from a list of data assets in this datasource
    2. enter the path of a data file
: 1

Which data would you like to use?
    1. people (file)
    Don't see the name of the data asset in the list above? Just type it
: 1

Name the new Expectation Suite [people.warning]: people.validate
```

그림 7.6 **질문들에 적절히 답해서 Great Expectations를 초기화한다.**

나머지 질문들에 Y로 답하면 Great Expectations는 검증 문서를 생성해서 브라우저로 연다. 그림
7.7은 Great Expectations가 이 예제 프로젝트에 대해 생성한 문서의 모습이다.

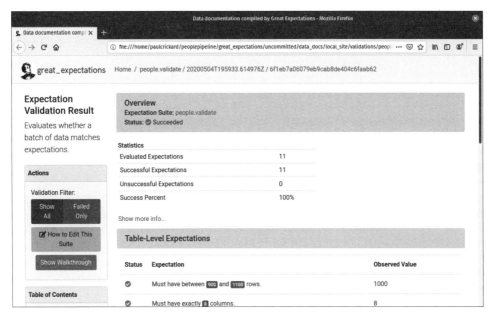

그림 7.7 **Great Expectations가 생성한 문서**

Great Expectations가 생성한 문서의 처음 부분을 보면, Great Expectations는 11개의 기대를 생성해서 평가했으며, 11개 항목이 전부 성공(검증 통과)했다. 그 아래에는 구체적인 기대 항목들이 나오는데, 첫 섹션은 레코드 개수, 열 개수와 이름, 순서에 대한 테이블 수준의 기대들이다. 그다음은 나이(**age** 열)에 대한 기대들인데, 주목할 점은 나이가 특정 범위이어야 함을 명시했다는 점이다. 나이가 17을 넘거나 81 미만이어야 검증을 통과한다. 그림 7.8에 이러한 기대들이 나와 있다.

Status	Expectation	Observed Value
✓	Must have between `900` and `1100` rows.	1000
✓	Must have exactly `8` columns.	8
✓	Must have these columns in this order: `name`, `age`, `street`, `city`, `state`, `zip`, `lng`, `lat`	['name', 'age', 'street', 'city', 'state', 'zip', 'lng', 'lat']

age		
Status	**Expectation**	**Observed Value**
✓	values must never be null.	100% not null
✓	minimum value must be between `17` and `19`.	18
✓	maximum value must be between `79` and `81`.	80
✓	mean must be between `49.151` and `51.151`.	50.151

그림 7.8 **예제 데이터에 대한 기대들**

이 기대들은 필요 이상으로 엄격하다. 예를 들어 나이는 반드시 널이 아니어야 한다. 그럼 몇몇 기대를 우리의 입맛에 맞게 수정해 보자. 기대를 수정하려면 주피터 노트북이 필요하다. 주피터 노트북이 설치되어 있다고 할 때, 다음처럼 suite edit과 함께 기대 모음(expectation suite) 이름을 지정해서 Great Expectations를 실행하면 기대들을 수정할 수 있는 노트북이 자동으로 열린다.

```
great_expectations suite edit people.validate
```

잠시 기다리면 그림 7.9와 같은 모습의 주피터 노트북이 브라우저에 나타날 것이다.

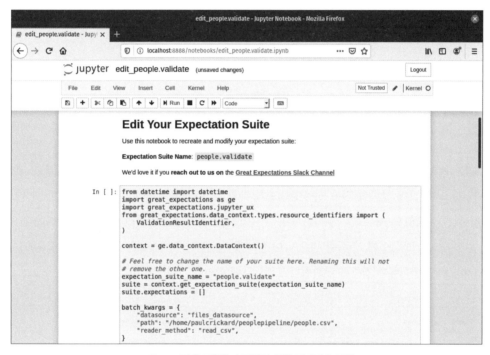

그림 7.9 **기대 모음을 수정하기 위한 주피터 노트북**

코드를 보면 몇 가지 항목이 눈에 띨 것이다. 특히, batch_kwargs 변수에는 기대 모음 이름과 데이터 파일의 경로 등이 설정되어 있다. 노트북을 아래로 스크롤하면 Table_Expectation(s)라는 헤더가 보일 것이다. 여기에는 테이블 수준 기대들이 정의되어 있는데, 특정 셀의 코드를(또는 셀 자체를) 삭제하거나 변경하면 해당 기대가 삭제 또는 변경된다. 여기서는 행(레코드) 수에 대한 기대를 삭제하기로 한다. 그림 7.10은 해당 코드를 선택한 모습이다.

```
In [ ]: batch.expect_table_row_count_to_be_between(max_value=1100, min_value=900)

In [ ]: batch.expect_table_column_count_to_equal(value=8)

In [ ]: batch.expect_table_columns_to_match_ordered_list(
            column_list=["name", "age", "street", "city", "state", "zip", "lng", "lat"]
        )
```

그림 7.10 **Table Expectation(s) 섹션**

아래로 더 내려가면 age 열에 대한 기대들이 있다. 여기서는 나이들의 분위수(quantile)에 관한 기대인 expect_quantile_values_to_be_between을 삭제하기로 한다. 그림 7.11은 해당 셀을 선택한 모습이다.

```
age

In [ ]: batch.expect_column_values_to_not_be_null("age")

In [ ]: batch.expect_column_min_to_be_between("age", max_value=19, min_value=17)

In [ ]: batch.expect_column_max_to_be_between("age", max_value=81, min_value=79)

In [ ]: batch.expect_column_mean_to_be_between("age", max_value=51.151, min_value=49.151)

In [ ]: batch.expect_column_median_to_be_between("age", max_value=52.0, min_value=50.0)

In [ ]: batch.expect_column_quantile_values_to_be_between(
            "age",
            quantile_ranges={
                "quantiles": [0.05, 0.25, 0.5, 0.75, 0.95],
                "value_ranges": [[21, 23], [34, 36], [50, 52], [64, 66], [76, 78]],
            },
        )
```

그림 7.11 **나이의 분위수 기대를 삭제하기 직전의 모습**

다른 기대들도 살펴보면서 삭제하거나 관련 수치들을 수정해 보기 바란다. 더 나아가서, 사용 가능한 기대 항목들에 관한 문서(*https://docs.greatexpectations.io/en/latest/reference/glossary_of_expectations. html*)를 참고해서 새로운 기대를 추가해도 좋을 것이다.

만족할 만큼 수정했다면, 노트북 전체를 실행해서 변경된 기대 모음을 저장하기 바란다. 그림 7.12에서 보듯이 **Cell** 메뉴에서 **Run All**을 선택하면 된다.

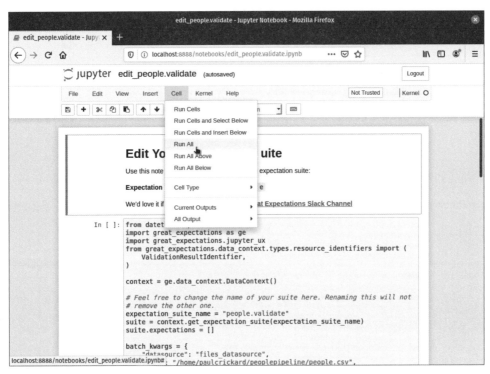

그림 7.12 **노트북 전체를 실행해서 변경된 기대 모음을 저장한다.**

이제 인적 사항 데이터에 대한 기대 모음이 완성되었다. 그럼 이것을 파이프라인에 추가해 보자. 다음 두 절에서는 이 기대 모음을 NiFi의 처리기를 이용해서 NiFi 파이프라인에 추가하는 방법과 파이썬 코드를 통해서 에어플로 파이프라인에 추가하는 방법을 설명한다.

7.1.2.2 파이프라인 외부의 Great Expectations

앞에서는 기대 모음의 기대들을 주피터 노트북 안에서 수정해서 데이터를 검증했다. Papermill 같은 라이브러리를 이용하면 주피터 노트북을 기반으로 검증을 진행할 수 있지만, 이 책에서는 다루지 않겠다. 이번 절에서는 기대 모음을 위한 탭tap을 만들고 NiFi에서 그것을 실행함으로써 데이터를 검증하는 방법을 살펴본다.

Papermill

Papermill은 넷플릭스Netflix가 만든 라이브러리로, 주피터 노트북을 매개변수화하고 명령줄에서 실행하는 기능을 제공한다. 매개변수들을 변경하고 출력 디렉터리를 지정함으로써 주피터 노트북을 좀 더 유연하게 활용할 수 있다. 이 라이브러리는 역시 넷플릭스가 만든 Scrapbook이라는 라이브러리와 잘 맞는다. *https://github.com/nteract*에 이 두 라이브러리와 Hydrogen 같은 다른 여러 흥미로운 프로젝트들이 있으니 참고하기 바란다.

Great Expectations의 탭은 기대 모음에 근거한 검증을 수행하는 파이썬 코드를 Great Expectations 외부에서 실행할 수 있는 스크립트로 만든 것이다. 다음은 이번 예제 기대 모음을 위한 탭을 생성하는 명령이다.[역주1]

```
great_expectations tap new people.validate peoplevalidatescript.py
```

이 명령은 기대 모음 이름과 생성할 파이썬 스크립트 파일 이름을 받는다. 명령을 실행하면 사용할 데이터 파일을 묻는데, 이전 절에서 기대 모음을 생성할 때 사용한 people.csv 파일을 지정하면 된다(그림 7.13). 이 파일은 데이터 파이프라인이 데이터를 스테이징할 때 새로운 데이터로 갱신된다.

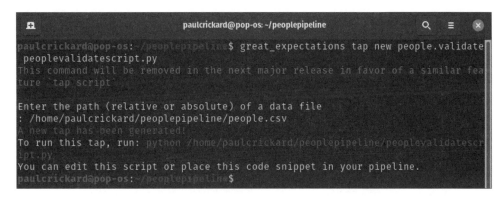

그림 7.13 기대 모음을 실행하기 위한 파이썬 스크립트 생성

그림 7.14는 이 탭(파이썬 스크립트)을 실행한 모습이다. 검증이 성공했다는 메시지가 출력되었다.

그림 7.14 Great Expectations의 탭 실행 결과

그럼 이 Great Expectations 탭을 이용해서 데이터를 검증하는 NiFi 데이터 파이프라인을 만들어 보자.

역주1　탭 생성 기능은 Great Expectations 0.11.0부터 사라졌다. 탭 대신 체크포인트를 비슷한 용도로 사용할 수 있으나, 이 책을 번역하는 현재 아직 실험 단계이다. 탭을 지원하는 마지막 버전은 0.10.12인데, pip3 install great-expectations==0.10.12로 설치할 수 있지만 파이썬 환경에 따라서는 제대로 실행되지 않을 수 있다. 사정이 여의치 않다면, 원서 깃허브 저장소에 이 명령으로 생성하고 적절히 수정한 peoplevalidatescript.py 파일이 있으니 그것을 이용해서 나머지 예제를 따라 하기 바란다.

7.1.2.3 NiFi에서 Great Expectations 사용

NiFi와 Great Expectations를 연동하려면 앞에서 만든 탭을 조금 수정해야 한다. 첫째로, 모든 스크립트 종료 코드를 0으로 변경해야 한다. 즉, 검증이 실패해도 스크립트 자체는 성공적으로 실행된 것으로 만들어야 한다. 만일 탭에 sys.exit(1)이 남아 있으면 NiFi 처리기는 스크립트 실행이 실패한 것으로 간주해서 처리를 멈춘다. 대신, 검증 성공 여부가 result라는 필드에 설정된 JSON 문자열을 출력하도록 print 문들을 수정한다. 이렇게 하면 NiFi 처리기가 스크립트 자체의 실행 성공 여부가 아니라 데이터 검증의 성공 여부에 따라 작동하게 만들 수 있다. 다음을 참고해서 탭을 수정하기 바란다. 굵은 글씨가 수정된 부분이다.

```python
import sys
from great_expectations import DataContext
context = DataContext("/home/paulcrickard/peoplepipeline/great_expectations")
suite = context.get_expectation_suite("people.validate")
batch_kwargs = {
    "path": "/home/paulcrickard/peoplepipeline/people.csv",
    "datasource": "files_datasource",
    "reader_method": "read_csv",
}
batch = context.get_batch(batch_kwargs, suite)
results = context.run_validation_operator(
                        "action_list_operator", [batch])
if not results["success"]:
    print('{"result":"fail"}')
    sys.exit(0)

print('{"result":"pass"}')
sys.exit(0)
```

필요한 탭이 완성되었으니 NiFi에서 파이프라인을 구축해 보자. 다음은 완성된 데이터 파이프라인의 모습인데, 데이터 생성 처리기 다음에 Great Expectations 탭으로 데이터를 검증하는 처리기가 있다.

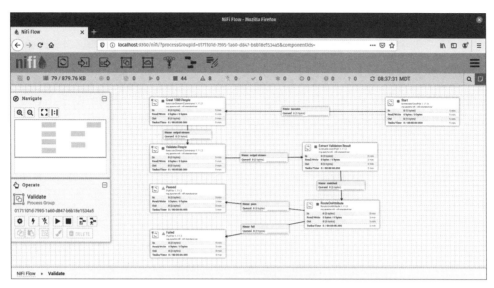

그림 7.15 **Great Expectations를 이용하는 NiFi 데이터 파이프라인**

이 데이터 파이프라인은 인적 사항 레코드 1,000개를 생성해서 CSV 파일에 저장한다. 그런 다음 그 데이터에 대해 탭을 실행하고, 검증 결과를 읽어 들인다. 검증 결과는 탭이 출력한 JSON 파일에 담겨 있는데, result 필드가 pass이면 검증이 성공한 것이다. 데이터 파이프라인은 검증 성공/실패에 따라 두 갈래로 나뉜다. 검증이 성공했으면 데이터를 계속 처리하고, 실패했으면 오류를 기록한다. 다음은 이 데이터 파이프라인을 구축하는 과정이다.

1 우선, 아무 데이터도 없는 빈 FlowFile을 생성하기 위한 GenerateFlowFile 처리기를 빈 캔버스에 추가한다. 이후에는 이 처리기를 트랜잭션 데이터베이스에서 데이터를 질의하는 처리기나 데이터 레이크의 파일을 읽는 처리로 대체할 수도 있을 것이다. 다른 설정들은 그대로 두고, 실행 간격만 적절히 조정하기 바란다. 나는 1시간으로 했다.

2 다음으로, ExecuteStreamCommand 처리기를 추가한다. 이 처리기는 빈 FlowFile을 받고 loadcsv.py 파이썬 스크립트를 실행해서 가짜 데이터를 채운다. 이 스크립트는 제3장 **파일 읽고 쓰기**에 나온 것과 사실상 같은 스크립트인데, Faker를 이용해서 1,000개의 인적 사항 레코드를 생성해서 앞에서 언급한 CSV 파일에[역주2] 기록한다. ExecuteStreamCommand는 스크립트의 출력을 읽어 들인다. 만일 스크립트에 출력문이 있다면, 출력된 각 행이 하나의 FlowFile이 된다. 지금 스크립트는 스크립트 실행 완료를 뜻하는 {"status":"Complete"}라는 줄 하나만 출력한다.

역주2   loadcsv.py에서 출력 파일 이름을 /home/paulcrickard/peoplepipeline/people.csv 대신 독자의 환경에 맞는 경로로 변경해야 한다.

3 이 처리기가 loadcsv.py를 실행하게 하려면, 먼저 속성 탭에서 **Command Path**에 파이썬 실행 프로그램의 위치를 설정해야 한다. python3이 시스템 경로에 잡혀 있다면 그냥 python3(또는 python)만 지정해도 되지만, 아니라면 절대 경로를 지정해야 한다. 그리고 **Command Arguments** 속성에는 실행할 파이썬 파일인 loadcsv.py를 설정한다(역시 필요하다면 절대 경로로). 그림 7.16은 이 처리기가 출력한 FlowFile을 보여준다.

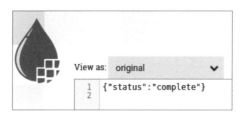

그림 7.16 **FlowFile의 JSON 문자열**

4 다음으로, ExecuteStreamCommand 처리기를 하나 더 추가한다. 이번에는 앞에서 만든 Great Expectations 탭 스크립트를 실행한다. 이전 처리기처럼 파이썬 실행기의 경로를 설정하고, **Command Argument** 속성은 peoplevalidatescript.py로 설정하면 된다. 탭의 실행이 완료되면 처리기는 검증 성공 여부에 해당하는 JSON 데이터를 담은 FlowFile을 출력한다. 그림 7.17은 검증이 성공한 경우의 출력이다.

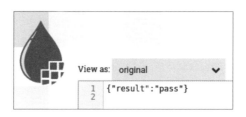

그림 7.17 **탭 실행 결과. 데이터 검증이 성공했다.**

5 다음으로, 검증 성공 여부를 평가하는 EvaluateJsonPath 처리기이다. 속성 탭에서 더하기 기호를 클릭해서 result라는 새 속성을 추가하고, 값은 $.result로 설정하기 바란다. 이 처리기는 입력 FlowFile에서 result 필드의 값을 추출하고 그것을 출력 FlowFile의 result라는 특성에 설정해서 다음 처리기에 전달한다.

6 다음으로, RouteOnAttribute 처리기를 추가한다. 이 처리기는 입력된 FlowFile의 특성에 따라 흐름을 두 가지 경로로 분리하는 데 쓰인다. 이 예제에서는 FlowFile의 result 특성이 pass이냐 fail이냐에 따라 경로를 분리한다. 이를 위해, 속성 탭에서 값이 각각 다음인 pass 속성과 fail 속성을 추가하기 바란다.

```
${result:startsWith('pass')}
${result:startsWith('fail')}
```

이 값들은 NiFi 표현식 언어로 표현된 조건식으로, 각각 FlowFile의 result 특성이 해당 문자열로 시작하는지를 평가한다.

7 마지막으로, 주어진 FlowFile을 파일에 기록하는 PutFile 처리기를 두 개 추가해서 두 가지 경로에 각각 연결한다. 이 예제에서는 이것으로 데이터 파이프라인을 마무리하지만, 실제 응용에서는 result가 pass이냐 fail이냐에 따라 추가적인 처리를 수행하는 처리기들을 더 연결해야 할 것이다(예를 들어 pass일 때는 스테이징된 파일을 읽어서 웨어하우스에 적재하는 등).

이렇게 해서 Great Expectations와 NiFi 데이터 파이프라인을 연동해 보았다. 이 예제의 경우, 탭을 생성하는 데 사용한 데이터와 데이터 파이프라인이 생성하는 데이터의 성격이 동일하기 때문에 데이터 검증은 항상 성공한다. 검증 성공 시 데이터 파이프라인은 그냥 FlowFile을 파일에 기록할 뿐이지만, 실제 응용 시에는 데이터를 데이터 웨어하우스에 적재하는 등의 처리가 뒤따라야 할 것이다. 또한 실제 응용에서는 데이터 검증이 종종 실패할 것이다. 그럼 데이터 검증 실패를 처리하는 방법을 살펴보자.

7.1.2.4 검증 실패 처리

앞의 예제에서는 검증이 항상 통과되는데, 이는 애초에 파이썬 스크립트가 기대(검증 규칙)들을 충족하는 레코드들을 생성하기 때문이다. 이번에는 종종 기대를 충족하지 않는 레코드가 생성되도록 스크립트를 수정해서 실패 상황을 만들어 본다. loadcsv.py에서 나이를 생성하는 부분을 다음과 같이 수정한 후 loadcsv-fail.py라는 이름으로 저장하기 바란다.

```
fake.random_int(min=1, max=100, step=1)
```

변한 것은 나이의 최솟값과 최댓값이다. 이렇게 하면 1,000개의 레코드 중 몇 개 정도는 나이가 18세 미만이거나 80세 초과라서 나이의 범위에 대한 기대를 위반하게 될 것이다. loadcsv-fail.py를 실행하도록 첫 ExecuteStreamCommand 처리기를 수정한 후 데이터 파이프라인을 다시 실행하면, 일부 FlowFile이 fail 경로로 갈 것이다. 탭이 실행되면 Great Expectations는 검증 결과에 대한 문서들을 생성한다. 이 문서들은 기대 모음을 처음 생성할 때 본 것과 동일한 형태이다. 이제는 성공 사례뿐만 아니라 실패 사례에 대한 문서들도 생성된다. 브라우저로 해당 HTML 문서들을 열어서 살펴보기 바란다. 문서들은 프로젝트 디렉터리의 어딘가에 있는데, 문서의 URL은 다음과 같은 형태이다.

```
file:///home/paulcrickard/peoplepipeline/great_expectations/uncommitted/data_docs/
local_site/validations/people/validate/20200505T145722.862661Z/6f1eb7a06079eb9cab8
de404c6faa b62.html
```

그림 7.18은 브라우저로 이 문서를 연 모습이다.

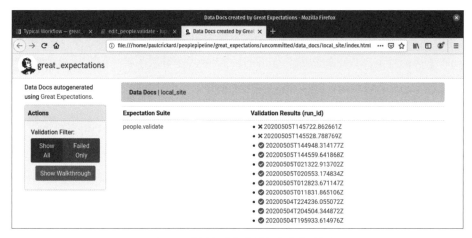

그림 7.18 다수의 검증 결과를 보여주는 문서

그림에서 보듯이, 이 문서는 모든 검증 결과를 보여준다. 빨간색 **x**는 해당 검증이 실패했음을 뜻한다. **x**를 클릭하면 어떤 기대가 충족되지 않았는지를 보여주는 문서가 표시된다. 그림에 나온 두 실패 사례는 최소 나이와 최대 나이에 관한 기대가 충족되지 않았기 때문인데, 해당 문서가 그림 7.19에 나와 있다.

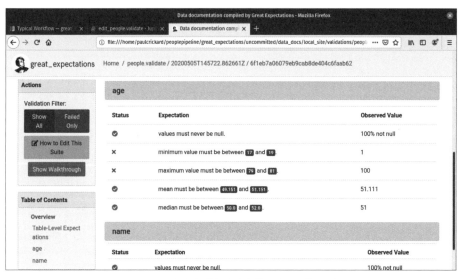

그림 7.19 나이에 대한 기대가 충족되지 않은 사례

지금까지 Great Expectations 기대 모음을 생성하고 그것으로 데이터를 검증하는 방법을 설명했다. 이전에는 이런 검증을 DataFrame과 상당한 양의 코드를 통해서 직접 수행해야 했다. Great Expectations를 이용하면 사람이 이해하기 쉬운 형식의 기대 명세들에 기반해서 손쉽게 데이터를 검증할 수 있다. 또한 탭을 생성해서 NiFi 데이터 파이프라인에서 검증을 실행하는 것도 가능하다. 이러한 데이터 검증 작업을 cron이나 다른 도구를 이용해서 주기적으로 자동 실행하는 것도 물론 가능하다.

7.1.2.5 에어플로 연동

이전 예제에서는 데이터 검증 코드를 NiFi 파이프라인의 외부에서 실행했다(외부 스크립트를 호출하는 처리기를 통해서). 이와는 달리, 파이프라인 안에서 검증 코드를 실행하는 것도 가능하다. 여기서는 아파치 에어플로의 데이터 파이프라인 안에서 검증 코드를 실행하는 방법을 간단히 언급하겠다. 기본적인 방법은 Great Expectations 탭의 코드를 적절히 수정해서 에어플로의 한 작업으로 사용한다는 것이다. 검증 실패 시에는 예외가 발생하도록 한다. 우선, 공통의 틀에 해당하는 라이브러리들과 함께 데이터 검증 작업에 필요한 라이브러리들(굵게 표시된 부분)을 도입한다.

```
import sys
from great_expectations import DataContext
from airflow.exceptions import AirflowException
from airflow import DAG
from airflow.operators.bash_operator import BashOperator
from airflow.operators.python_operator import PythonOperator
```

다음으로, 데이터 검증을 수행하는 함수를 정의한다.

```
def validateData():
    context = DataContext("/home/paulcrickard/peoplepipeline/great_expectations")
    suite = context.get_expectation_suite("people.validate")
    batch_kwargs = {
        "path": "/home/paulcrickard/peoplepipeline/people.csv",
        "datasource": "files_datasource",
        "reader_method": "read_csv",
    }
    batch = context.get_batch(batch_kwargs, suite)
    results = context.run_validation_operator("action_list_operator", [batch])
    if not results["success"]:
        raise AirflowException("Validation Failed")
```

이 코드는 검증이 실패하면 예외를 던지고, 그렇지 않으면 그냥 작업을 끝낸다. results["success"]가 True가 아니면 검증이 실패한 것이다. 이 함수를 PythonOperator를 이용해서 에어플로의 한 작업으로 등록하는 코드와 그 작업을 다른 작업들과 연결하는 부분은 생략하니 예전 예제들을 참고해서 추가하기 바란다.

이제 실무용 데이터 파이프라인의 다른 두 특징인 멱등성과 원자성으로 넘어가자.

7.2 멱등적 데이터 파이프라인 구축

실무용 데이터 파이프라인의 핵심적인 특징 하나는 멱등성이다. 수학에서 말하는 멱등성(idempotence) 또는 멱등법칙은 **어떠한 연산을 여러 번 적용해도 그 결과가 달라지지 않는 성질**을 말한다.

데이터 공학에서 멱등성은, 데이터 파이프라인이 실패했을 때(실패는 반드시 발생한다) 데이터 파이프라인을 다시 실행해도 동일한 결과가 나오는 것에 해당한다. 또는, 실수로 데이터 파이프라인을 연달아 여러 번 실행해도 중복된 레코드가 생기지 않는 것을 가리켜 멱등성이라고 말할 수도 있다.

제3장 **파일 읽고 쓰기**에서 우리는 인적 사항 레코드 1,000개를 생성해서 일래스틱서치 데이터베이스에 적재하는 데이터 파이프라인을 만들었다. 그 파이프라인을 5분마다 한 번씩 실행하게 설정했다면, 10분 후에는 일래스틱서치에 2,000개의 레코드가 생긴다. 이 데이터 파이프라인은 무작위로 레코드들을 생성하므로 그렇게 해도 문제가 되지 않는다. 그러나 다른 시스템에서 질의한 행들을 그런 식으로 적재한다면 어떨까?

그런 경우에는 파이프라인을 실행할 때마다 같은 레코드들이 거듭해서 삽입되어서 중복된 레코드들이 생길 것이다. 그런 일이 생기지 않으려면 멱등적인 데이터 파이프라인을 만들어야 하는데, 구체적인 방법은 어떤 시스템에서 데이터를 어떻게 가져오고 어디에 어떻게 저장하는지에 따라 다르다.

제6장의 SeeClickFix 데이터 파이프라인에서는 SeeClickFix API를 질의해서 데이터를 가져왔는데, 특정 시간 범위를 지정하지는 않고 그냥 가장 최신 레코드들을 조회했다. 추가로, 보관소에 있는 과거 데이터도 모두 가져와서 데이터베이스에 채웠다. 이 데이터 파이프라인을 8시간마다 실행한다면, 지난 8시간 사이의 최신 불편사항들을 가져올 뿐만 아니라 이미 있던 과거 레코드들도 다시 가져오게 된다.

다행히, SeeClickFix 데이터 파이프라인은 일래스틱서치의 upsert 메서드를 사용하기 때문에 레코드들이 중복되지는 않는다. 이 파이프라인의 EvaluteJsonPath 처리기는 레코드에서 불편사항 ID를 추출한다. 그 ID는 PutElasticsearchHttp 처리기의 Identifier Attribute 특성으로 쓰인다. 그 처리기의 **Index Operation** 속성을 upsert로 설정했음을 기억할 것이다. 같은 ID의 문서가 이미 있는 경우 이 색인 연산은 SQL의 UPDATE 질의처럼 작동한다. 즉, 새 문서를 추가하는 대신 기존 문서를 갱신하기만 한다.

데이터 파이프라인의 멱등성을 보장하는 또 다른 방법은 데이터 파이프라인을 실행할 때마다 매번 새 색인 또는 파티션partition을 생성하는 것이다. 함수형(functional) 데이터 공학을 선호하는 사람들이 이런 방법을 지지한다. 색인 이름에 날짜 및 시간을 포함시키면, 파이프라인을 실행할 때마다 매번 새 색인이 생성되어서 이전과는 구별되는 레코드들이 추가된다. 이렇게 하면 데이터 파이프라인이 멱등적이 될 뿐만 아니라, 데이터베이스 색인들로부터 하나의 불변(immutable) 객체가 생성된다. 색인은 결코 변하지 않으며, 단지 새로운 색인이 추가될 뿐이다.

7.3 원자적 데이터 파이프라인 구축

이번 장에서 이야기하는 실무용 데이터 파이프라인의 마지막 특성은 원자성(atomicity)이다. 원자성은 한 트랜잭션의 연산들 중 하나만 실패해도 모든 연산이, 즉 트랜잭션 자체가 실패하는 것을 말한다. 예를 들어 제3장에서처럼 레코드 1,000개를 하나의 트랜잭션으로서 데이터베이스에 삽입한다고 할 때, 레코드 하나의 삽입이 실패하면 1,000개 모두 실패로 돌려야 한다.

SQL 데이터베이스의 경우, 중간에서 한 레코드의 삽입이 실패하면 데이터베이스는 그때까지의 모든 변경을 철회(roll back)하고 트랜잭션을 멈춘다. 따라서 레코드 중복을 걱정하지 않고 다시 트랜잭션을 시도할 수 있다. 실패의 원인은 다양하며, 그중에는 여러분이 어떻게 할 수 없는 것들도 있다. 레코드들을 삽입하는 도중에 정전이 되거나 네트워크 장애가 발생했을 때, 그때까지의 레코드들이 데이터베이스에 남아 있게 하는 것이 바람직할 수도 있다. 그런 경우, 해당 트랜잭션에서 삽입이 성공한 레코드들과 실패한 레코드들을 파악하고 실패한 레코드들만 다시 삽입하면 된다. 이것이 트랜잭션 전체를 다시 시도하는 것보다 훨씬 간단하다.

지금까지 우리가 만든 NiFi 데이터 파이프라인들에는 원자성이 없다. SeeClickFix 예제는 각 불편사항 레코드를 일래스틱서치에 삽입(또는 갱신)힌다. 이 데이터 파이프라인의 원자성은 한 문서(불편사항 레코드)의 필드들이 모두 성공하거나 모두 실패한다는 것뿐이다. 모든 불편사항 레코드들 중 몇 개의 삽입이 실패해도 데이터 파이프라인의 실행 자체는 성공으로 간주된다.

일래스틱서치는 원자적 트랜잭션을 지원하지 않는다. 따라서 일래스틱서치가 최종 목적지인 데이터 파이프라인의 원자성을 데이터 파이프라인 자체가 보장해야 한다. 예를 들어 일래스틱서치의 색인에 추가된 모든 레코드를 추적함과 동시에 실패 관계들도 추적해서, 실행 도중 실패 관계가 하나라도 있었다면 삽입에 성공한 레코드들을 모두 삭제하면 될 것이다. 그림 7.20이 그런 데이터 파이프라인의 예이다.

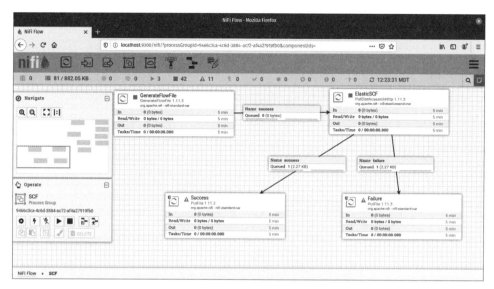

그림 7.20 **원자성이 추가된 데이터 파이프라인**

이 데이터 파이프라인은 일래스틱서치 삽입 성공/실패에 따라 두 개의 FlowFile을 생성한다. 나머지 처리기들은 두 FlowFile의 내용을 디스크에 파일로 기록한다. 파이프라인을 실행한 후에는, 만일 실패 레코드가 하나라도 생겼다면 성공 레코드들을 읽어서 일래스틱서치에서 삭제하면 된다.

이것이 그리 우아한 해결책은 아니지만, 원자성이 중요하므로 이런 해결책이라도 도입해야 한다. 데이터 파이프라인의 실행이 부분적으로만 실패했을 때 파이프라인을 디버깅하는 것은 대단히 어렵고 시간이 많이 걸린다. 시간을 좀 들여서 원자성을 도입하면, 들인 시간보다 훨씬 많은 시간을 절약할 수 있다.

SQL 데이터베이스에서는 트랜잭션에 원자성이 내장되어 있다. psycopg2 같은 라이브러리를 이용하면 한 트랜잭션에서 수행한 다수의 삽입, 갱신, 삭제 연산들을 철회할 수 있으며, 그럼으로써 트랜잭션의 모든 연산이 처음부터 성공했을 때와 트랜잭션 실패 후 시도해서 성공했을 때 항상 같은 결과가 나오게 만들 수 있다.

멱등적이고 원자적인 데이터 파이프라인을 만들려면 추가적인 노력이 필요하다. 그러나 실무용 데이터 파이프라인에는 이 두 특성이 꼭 필요하다. 멱등성이 없으면 실수로 데이터 파이프라인을 여러 번 실행했을 때 의도와는 다른 결과가 나오며, 원자성이 없으면 일부 연산이 실패해서 데이터 파이프라인을 다시 실행했을 때 역시 의도와는 다른 결과가 나온다.

7.4 요약

이번 장에서 실무용 데이터 파이프라인의 세 가지 핵심 특징인 데이터 스테이징 및 검증, 멱등성, 원자성을 살펴보았다. 데이터 파이프라인이 스테이징한 데이터에 대해 Great Expectations를 이용해서 실무 수준의 데이터 검증을 수행하는 방법을 이야기했으며, 파이프라인에 멱등성과 원자성을 도입하는 방법도 이야기했다. 이런 기술들을 갖추면 좀 더 안정적이고 실무 환경에 적합한 파이프라인을 만들 수 있다.

다음 장에서는 NiFi 레지스트리를 이용한 버전 관리 방법을 살펴본다.

NiFi 레지스트리를 이용한 버전 관리

이전 장들에서 만든 데이터 파이프라인들에는 아주 중요한 요소 하나가 빠졌다. 바로 버전 관리 (version control)이다. 번듯한 소프트웨어 개발자라면 코드를 한 줄이라도 작성하기 전에 먼저 프로젝트의 버전 관리 환경부터 설정할 것이다. 실무용 데이터 파이프라인을 만들 때도 마찬가지이다. 데이터 공학자가 사용하는 도구와 개발 과정은 소프트웨어 개발자가 사용하는 것들과 많이 겹친다. 버전 관리를 사용하면 데이터 파이프라인이 고장 날 것을 겁내지 않고 적극적으로 데이터 파이프라인을 변경할 수 있다. 뭔가 잘못되어도, 그냥 이전 버전으로 되돌리면 그만이다. 이번 장에서는 NiFi 레지스트리를 이용한 데이터 파이프라인의 버전 관리 방법을 살펴본다. NiFi 레지스트리는 또한 NiFi 인스턴스에 연결해서 기존의 모든 데이터 파이프라인에 접근하는 기능도 제공한다.

이번 장의 주요 주제는 다음과 같다.

- NiFi 레지스트리의 설치와 설정
- NiFi에서 레지스트리 사용
- 데이터 파이프라인의 버전 관리
- NiFi 레지스트리에서 git-persistence 활용

8.1 NiFi 레지스트리의 설치과 설정

버전 관리라고 하면 제일 먼저 Git짓을 떠올리는 독자가 많을 것이다. Git도 이번 장에서 사용해 볼 것이다. 그전에, 데이터 파이프라인의 버전 관리에 필요한 모든 기능을 제공하는 아파치 NiFi의 한 하위 프로젝트인 NiFi 레지스트리부터 살펴보자.

그림 8.1 **NiFi 레지스트리 공식 사이트**

가장 먼저 할 일은 우선 NiFi 레지스트리를 설치하는 것이다.

8.1.1 NiFi 레지스트리 설치

NiFi 레지스트리 사이트(*https://nifi.apache.org/registry*)로 가서 아래로 조금 스크롤하면 **Releases** 섹션이 있다(그림 8.2).

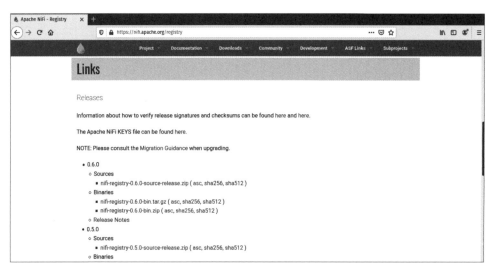

그림 8.2 **NiFi 레지스트리 다운로드 링크**

이 섹션에서 최신 버전의 소스 릴리스와 이진 파일들의 링크를 볼 수 있을 것이다. 이 책을 쓰는 현재 최신 버전은 0.6.0이다. 이 책은 리눅스를 기준으로 하므로, `nifi-registry-0.6.0-bin.tar.gz` 파일을 내려받기로 한다. Windows 사용자라면 zip 버전을 내려받으면 된다.

다운로드가 끝나면 홈 디렉터리로 옮겨서 압축을 풀고 압축 파일 자체는 삭제한다.

```
mv Downloads/nifi-r* ~/
tar -xvzf nifi-registry-0.6.0-bin.tar.gz
rm nifi-registry-0.6.0-bin.tar.gz
```

이제 홈 디렉터리에 nifi-registry-0.6.0이라는 폴더가 생겼을 것이다. 이것으로 기본적인 설치가 끝났다. 다음 명령으로 레지스트리를 실행하기 바란다.

```
sudo ./bin/nifi-registry.sh start
```

특별히 설정을 변경하지 않으면 NiFi 레지스트리는 HTTP 포트 18080을 사용한다. 브라우저로 *http://localhost:18080/nifi-registry/*를 열면 그림 8.3과 같은 화면이 나올 것이다.

그림 8.3 **NiFi 레지스트리 시작 페이지**

화면에 아무것도 없고 사용자는 anonymous인 상태인데, 아직 아무 데이터 파이프라인도 추가하지 않았고 사용자 인증도 하지 않았기 때문이다.

NiFi 레지스트리는 데이터 파이프라인을 '버킷bucket'이라고 부르는 저장 단위에 저장한다.[역주1]버킷 은 파일 시스템의 폴더와 비슷하다. 비슷한 파이프라인들을 묶어서 하나의 버킷을 만들거나 데이터 공급원마다(또는 목적지마다) 개별 버킷을 만드는 등으로 필요와 쓰임새에 따라 자유로이 구성할 수 있 다. 그럼 NiFi 레지스트리의 설정으로 넘어가자.

8.1.2 NiFi 레지스트리 설정

데이터 파이프라인들을 담을 폴더 또는 '버킷'을 만들려면, 화면 오른쪽 상단의 렌치 아이콘을 클릭 한다. 새 화면에서 **NEW BUCKET** 버튼을 클릭한 후, 대화상자의 입력 칸에 버킷 이름을 입력한다 (그림 8.4).

역주1 데이터 '파이프라인'은 정유 공장이나 화학 공장의 파이프라인 같은 액체 또는 기체를 다루는 현실의 파이프라인을 비유한 것이다. 이런 비유에 익숙해지면 버킷(양동이)뿐만 아니라 레이크(호수), tap(수도꼭지; 제7장), 배압(제10장) 같은 용어를 좀 더 직관적으로 이해할 수 있을 것이다.

그림 8.4 새 버킷 생성

CREATE 버튼을 클릭하면 버킷이 생성된다. 그림 8.5의 예처럼 새 버킷이 버킷 목록에 나타나 있을 것이다.

그림 8.5 레지스트리에 새 버킷이 추가된 모습

이렇게 해서 레지스트리를 설치, 실행하고 버킷까지 만들었다. 이제 레지스트리를 NiFi에 추가하기만 하면 데이터 파이프라인의 버전 관리를 시작할 준비가 끝난다. 그럼 NiFi에 추가하는 방법을 살펴보자.

8.2 NiFi에서 레지스트리 사용

레지스트리로 NiFi 데이터 파이프라인들을 관리하려면 NiFi가 레지스트리를 인식하게 만들어야 한다. 그러면 모든 설정 및 버전 관리를 NiFi GUI가 처리한다. 레지스트리를 NiFi에 추가하는 과정은 다음과 같다.

8.2.1 레지스트리를 NiFi에 추가

NiFi를 실행하고, 캔버스 화면의 오른쪽 상단 햄버거 메뉴에서 **Controller Settings**를 선택하자(그림 8.6).

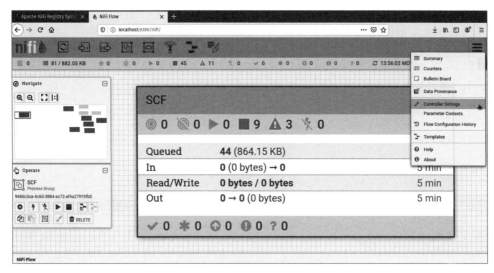

그림 8.6 **NiFi의 Controller Settings 메뉴**

그러면 여러 개의 탭이 있는 **NiFi Settings** 화면이 뜨는데, 마지막 탭인 **REGISTRY CLIENTS**를 선택하고 오른쪽 더하기 아이콘을 클릭하면 그림 8.7과 같이 레지스트리 클라이언트를 추가하기 위한 대화상자가 나타난다.

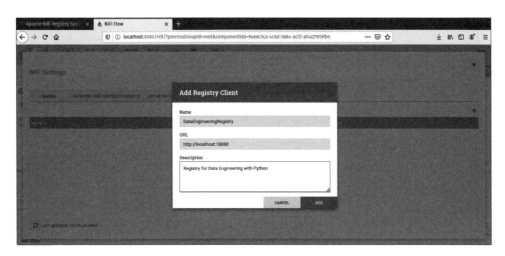

그림 8.7 **NiFi 레지스트리를 NiFi에 추가**

그림 8.7을 참고해서 입력 필드들을 채운 후 **ADD** 버튼을 클릭하면 NiFi 레지스트리가 NiFi에 연결된다. **NiFi Settings** 화면을 닫고 주 캔버스로 돌아가자. 이제 데이터 파이프라인의 버전 관리를 시작할 준비가 끝났다.

8.3 데이터 파이프라인 버전 관리

NiFi의 버전 관리는 프로세스 그룹process group 단위로 일어난다. 제6장 **예제 프로젝트: 311 데이터 파이프라인 만들기**에서 만든 SeeClickFix 데이터 파이프라인의 모든 처리기를 SCF라는 이름의 그룹으로 묶기 바란다.[역주2] SCF 프로세스 그룹 상자를 오른쪽 클릭한 후 **Version | Start version control**을 선택하면(그림 8.8) 첫 버전에 관한 정보를 입력하는 대화상자가 나타난다. **Flow Name**에 SCF를 입력하고, **Version Comment**에 적당한 커밋 메시지를 입력하기 바란다. 나는 First commit으로 했다.

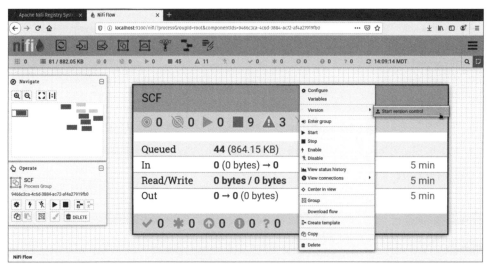

그림 8.8 **프로세스 그룹의 버전 관리 시작**

SAVE 버튼을 클릭하면, 이제부터 이 프로세스 그룹에 대한 모든 변경이 추적된다. 그림 8.9처럼 프로세스 그룹 상자의 그룹 이름 왼쪽에 초록색 체크 표시가 나타나 있으면 제대로 된 것이다.

역주2 모든 처리기를 선택한 후 오른쪽 클릭해서 **Group**을 선택하면 프로세스 그룹을 추가하는 대화상자가 나타난다.

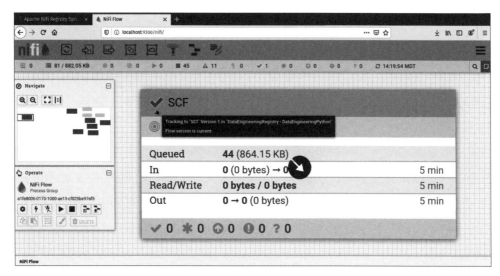

그림 8.9 버전 관리하의 프로세스 그룹

다시 NiFi 레지스트리 화면으로 가면, 이전과는 달리 **SCF - DataEngineeringPython**이라는 항목이 보일 것이다. 오른쪽 끝의 아이콘을 클릭해서 항목을 확장하면 세부사항들이 나타난다. 그림 8.10의 화면에서 보듯이, 앞에서 입력한 커밋 메시지(First commit)와 함께 몇 가지 식별자들이 나와 있을 것이다.

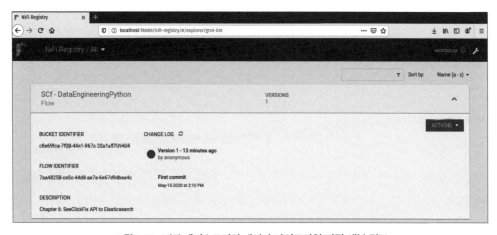

그림 8.10 **NiFi 레지스트리의 데이터 파이프라인 버전 세부 정보**

이제 데이터 파이프라인의 첫 버전이 NiFi 레지스트리에 등록되었다. 그럼 데이터 파이프라인을 수정해서 또 다른 버전을 만들어 보자.

8.3.1 파이프라인 수정 및 새 버전 커밋

앞에서 우리는 프로세스 그룹을 만들고 그것을 레지스트리에 추가해서 버전 관리를 시작했다. 그런 다음 데이터 파이프라인을 어느 정도 수정할 때마다 변경 사항을 레지스트리에 커밋commit해서 새 버전을 만드는 것이 일반적인 작업 흐름이다. 그러면 뭔가 잘못 수정했을 때 언제라도 이전 버전으로 돌아갈 수 있다.

그럼 SeeClickFix 데이터 파이프라인을 수정해 보자. 여러분의 상사가 예를 들어 새로 생긴 데이터 웨어하우스에도 SeeClickFix 데이터를 적재해야 한다고 말했다면 어떻게 해야 할까? 이를 위해 새 데이터 파이프라인을 만들 필요는 없다. 그냥 현재 파이프라인에 데이터 웨어하우스 적재를 위한 처리기를 하나 추가하기만 하면 된다. 그림 8.11은 SCF 프로세스 그룹으로 들어가서[역주3] NewDataWarehouse라는 이름의 PutElasticsearchHttp 처리기를 추가한 후의 모습이다.

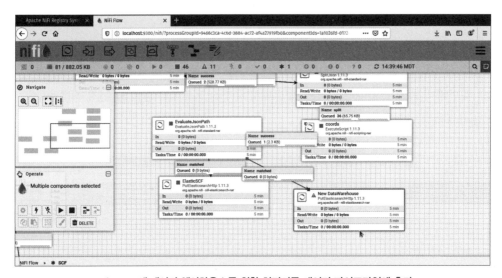

그림 8.11 새 데이터 웨어하우스를 위한 처리기를 데이터 파이프라인에 추가

필요한 설정들을 마친 후 그룹에서 나가서 주 캔버스로 돌아가자. 프로세스 그룹의 제목 줄을 보면 초록색 체크 표시가 사라지고 별표가 나타나 있을 것이다. 별표 위에 마우스 커서를 올리면 현재 버전에 변경이 있다는 뜻의 메시지가 나타난다(그림 8.12).

역주3　처리기 상자를 더블클릭하거나 오른쪽 클릭 후 Enter group을 선택하면 된다. 그룹에서 나갈 때는 캔버스의 빈 곳을 오른쪽 클릭한 후 Leave group을 선택한다.

그림 8.12 프로세스 그룹 안에 지역 변경 사항들이 있음을 보여주는 풍선 도움말

파이프라인을 변경한 후에는 변경 사항들을 레지스트리에 등록해야 한다. 이를 "커밋한다commit"라고 말한다. 먼저 무엇이 변했는지부터 확인해 보자. 처리기 상자를 오른쪽 클릭한 후, **Version | Show local changes**를 선택하면 그림 8.13과 같은 대화상자가 나타난다.

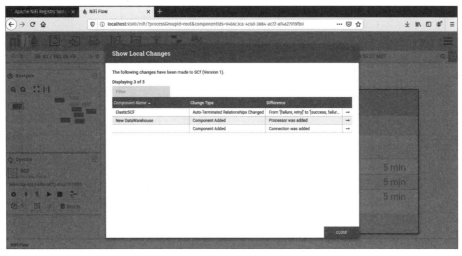

그림 8.13 지역 변경 사항 확인

그림 8.13에서 보듯이, NiFi 레지스트리는 처리기와 관계 하나가 추가되었음을 인식했다. 다시 프로세스 그룹을 오른쪽 클릭해서 **Version | Commit local changes**를 선택하면 이 변경 사항들을 실제로 반영해서 새 버전을 저장하는 대화상자가 나타난다. **Version Comments**에 적절한 버전 설명문(커밋 메시지)을 입력한 후 **SAVE** 버튼을 클릭하기 바란다. 버전을 저장하면 프로세스 그룹 제목 줄에 다시 녹색 체크 표시가 나타난다. NiFi 레지스트리 화면으로 가서 SCF - DataEngineeringPython 목록을 보면 새 버전과 커밋 메시지가 나타나 있을 것이다.

버전이 둘 이상이면 프로세스 그룹을 오른쪽 클릭했을 때 **Version** 메뉴에 **Change version**이라는 항목이 표시된다. 이것을 선택한 후 버전 1을 선택하고 **CHANGE** 버튼을 클릭하면 데이터 파이프라인이 버전 1로 돌아간다. 프로세스 그룹 제목 줄에는 주황색 바탕의 위쪽 화살표가 표시되는데, 이는 현재 버전이 최신 버전이 아니라는 뜻이다.

이상의 예제에서 보았듯이, 프로세스 그룹을 버전 관리하에 두면 언제라도 이전 버전으로 돌아갈 수 있다. 즉, 뭔가 잘못 수정해도 다시 이전에 잘 되던 지점부터 다시 시작할 수 있는 것이다. 그런데 NiFi 레지스트리의 용도가 이것만은 아니다. NiFi 레지스트리를 이용하면 다른 사용자가 자신의 개발용 지역 NiFi 설치본에서 만든 프로세스 그룹을 여러분의 NiFi에 가져올 수 있다.

8.3.2 NiFi 레지스트리에서 프로세스 그룹 가져오기

여러분과 여러분의 동료가 각자 개별적인 NiFi 설치본에서 데이터 파이프라인들을 구축한다고 하자. 소프트웨어 개발자들이 Git을 이용해서 코드를 함께 작성하는 것과 마찬가지 방식으로, 여러분과 동료는 자신의 변경 사항들을 공통의 NiFi 레지스트리에 커밋한다. 어느 날 여러분은 동료가 어려움을 겪고 있는 문제점 하나를 대신 고쳐주게 되었다. 그러려면 동료가 작업 중인 데이터 파이프라인을 여러분의 NiFi 설치본으로 가져와야 한다. 한 가지 방법은 동료가 자신의 파이프라인을 하나의 템플릿으로 저장하고, 그 템플릿 파일을 여러분의 컴퓨터로 옮겨서 NiFi에 도입하는 것이다. NiFi 레지스트리가 나오기 전에는 실제로 그런 번거로운 절차를 거쳐야 했다. 그러나 이제는 레지스트리를 이용해서 좀 더 수월하게 진행할 수 있다.

NiFi 화면 상단에서 Processor Group 아이콘을 끌어서 캔버스에 추가하기 바란다. 프로세스 그룹 이름을 설정하는 텍스트 상자 아래에 **Import**라는 링크가 있다(그림 8.14).

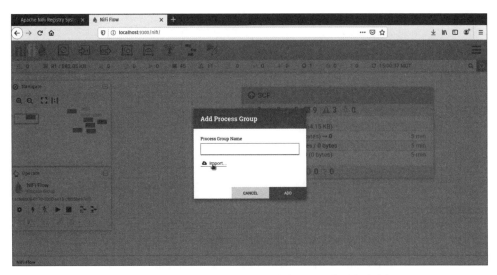

그림 8.14 프로세스 그룹 추가 대화상자에 Import 옵션이 생겼다.

NiFi 레지스트리와 NiFi를 연결했기 때문에, 이제는 NiFi가 NiFi 레지스트리에 접근해서 프로세스 그룹들을 가져올 수 있게 된 것이다. **Import**를 클릭하면 레지스트리와 버킷, 데이터 흐름(flow)을 선택해서 프로세스 그룹을 가져오는 대화상자가 나타난다. 그림 8.15는 이전에 만든 레지스트리와 버킷, 그리고 SCF 흐름을 선택한 모습이다.

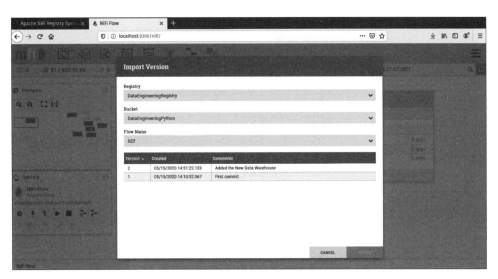

그림 8.15 가져올 데이터 흐름의 버전 선택

원하는 버전까지 선택한 후 **IMPORT** 버튼을 클릭하면 해당 버전의 프로세스 그룹이 캔버스에 추가된다. 앞에서 내 프로세스 그룹을 버전 1로 되돌렸음을 기억할 것이다. 주황색 원과 화살표 아이콘이 그 사실을 말해 준다. 여기서 버전 2를 도입하면 버전 1과 버전 2(녹색 체크 표시)를 동시에 다룰 수 있다.

새 데이터 공학자가 동료로 합류하거나 새 NiFi 인스턴스를 설정하는 경우 이런 식으로 모든 실무용 파이프라인을 새 환경에 도입할 수 있다. 이렇게 하면 모든 사람이 동일한 원본으로 작업을 시작할 수 있을 뿐만 아니라 모든 변경 사항을 추적하고 개발 환경들 사이에서 공유할 수 있다.

8.4 NiFi 레지스트리에서 git-persistence 활용

소프트웨어 개발자들처럼 데이터 공학자도 Git을 이용해서 데이터 파이프라인의 버전을 관리할 수 있다. NiFi 레지스트리는 git-persistence를 지원한다. NiFi 레지스트리에서 git-persistence를 사용하려면 몇 가지 준비 작업이 필요하다. 우선, 데이터 파이프라인 버전들을 담을 Git 저장소(repository)가 필요하다. 여기서는 깃허브GitHub를 사용하기로 한다.

깃허브에 로그인해서 새 저장소를 생성하기 바란다. 그림 8.16은 NiFiRegstry라는 이름의 저장소를 생성하는 모습이다.

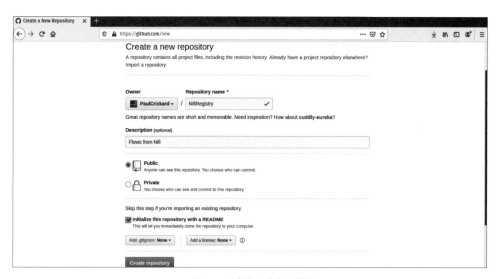

그림 8.16 깃허브 저장소 생성

다음으로, 원격에서 저장소를 읽고 쓰는 데 필요한 접근 토큰을 생성해야 한다. 깃허브 **Settings** 설정 페이지의 왼쪽 메뉴에서 **Developer settings**를 클릭해서 *GitHub Apps* 페이지(*https://github.com/settings/apps*)로 간 후 **Personal access tokens**를 클릭하기 바란다(그림 8.17).

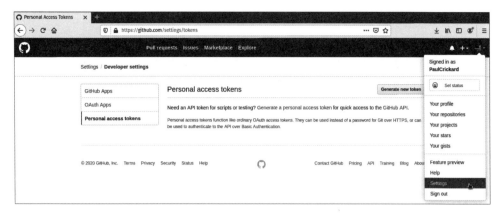

그림 8.17 개인용 접근 토큰 생성 페이지

여기서 **Generate a personal access token** 링크를 클릭하면 그림 8.18과 같은 페이지가 나온다. 그림 에서처럼 **Select scopes** 섹션에서 **repo**를 선택한 후 페이지 하단의 녹색 **Generate** 버튼을 클릭하면 토큰이 생성된다. 이 토큰을 어딘가에 복사해 두기 바란다.

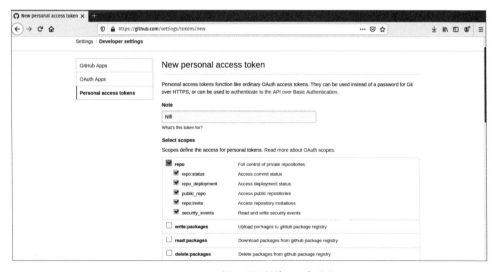

그림 8.18 **접근 토큰 범위(scope) 선택**

다음으로, 앞에서 생성한 저장소를 여러분의 지역 파일 시스템에 복제(clone)해야 한다. 복제 시 지정할 저장소 주소는 저장소 메인 페이지의 **Code** 버튼을 클릭하면 알 수 있다. 터미널에서 해당 주 소로 git clone 명령을 실행하면 저장소가 복제된다. 다음은 내 경우이다.

```
git clone https://github.com/PaulCrickard/NifiRegistry.git
```

모든 것이 제대로 진행된다면 터미널에 그림 8.19와 같은 메시지들이 출력될 것이다.

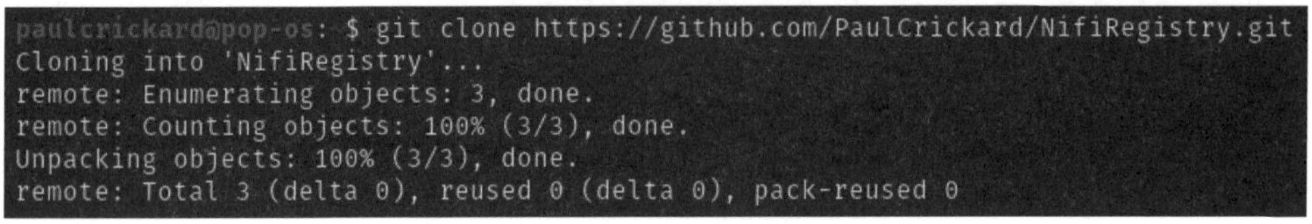

```
paulcrickard@pop-os: $ git clone https://github.com/PaulCrickard/NifiRegistry.git
Cloning into 'NifiRegistry'...
remote: Enumerating objects: 3, done.
remote: Counting objects: 100% (3/3), done.
Unpacking objects: 100% (3/3), done.
remote: Total 3 (delta 0), reused 0 (delta 0), pack-reused 0
```

그림 8.19 깃허브 저장소 복제

다음으로, 깃허브에 관한 정보를 NiFi 레지스트리에 알려 주어야 한다. NiFi 레지스트리가 설치된 디렉터리의 conf 디렉터리에 있는 providers.xml 파일을 수정해야 한다. providers.xml을 텍스트 편집기로 연 후, 그림 8.20을 참고해서 GitFlowPersistenceProvider에 대한 flowPersistenceProvider 요소를 추가하기 바란다.[역주4]

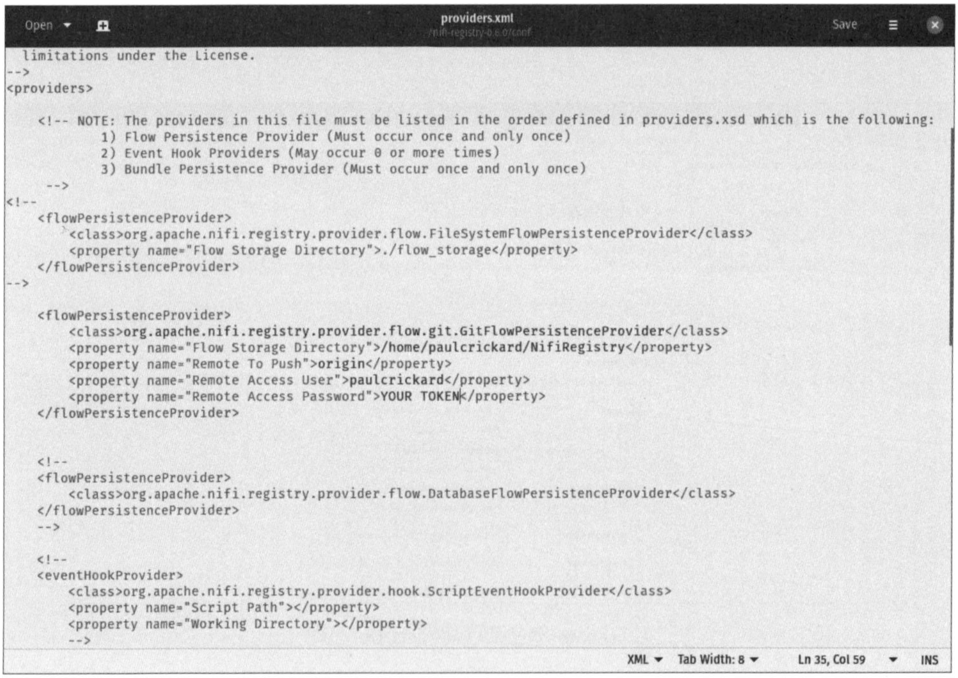

그림 8.20 깃허브 정보를 NiFi 레지스트리에 알려 주기 위한 provider.xml 수정

역주4 이미 해당 요소의 틀이 XML 주석 형태로 추가되어 있을 것이다. 주석 표시들(<!--와 -->) 을 제거한 후 origin을 제외한 나머지 모든 항목을 독자의 환경에 맞게 변경해야 한다. 참고로, NiFi 레지스트리 문서화에 따르면 지금처럼 저장소 지역 복제본을 사용하는 경우 Remote Clone Repository 항목은 필요하지 않다.

providers.xml 파일을 수정한 후에는 NiFi 레지스트리를 다시 시작해야 한다. 다음 명령을 실행하면 된다.

```
sudo ./bin/nifi-registry.sh restart
```

이제 새 버전을 만들어서 그것이 깃허브 저장소에 반영되는지 살펴보자. NiFi 레지스트리가 재시작하길 기다렸다가 NiFi 캔버스로 가서, SCF 프로세스 그룹에 또 다른 데이터 웨어하우스 적재 처리기를 추가하기 바란다. 프로세스 그룹에서 나가면 프로세스 그룹 상자에 녹색 체크 표시 대신 별표가 있을 것이다. 프로세스 그룹 상자를 오른쪽 클릭하고 **Version | Commit local version**을 선택해서 변경 사항들을 커밋한다. 이번에는 파일들을 깃허브 레지스트리에 전송해야 하므로 이전보다 시간이 더 걸릴 것이다.

NiFi 레지스트리로 가면 이제 총 세 개의 버전이 있을 것이다(그림 8.21).

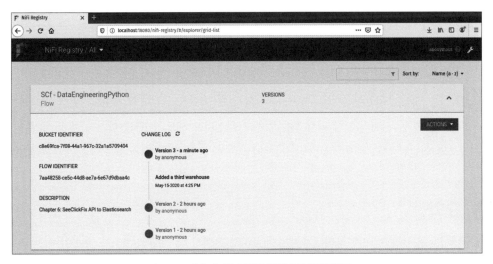

그림 8.21 **NiFi 레지스트리에 버전 3이 추가되었다.**

또한, 깃허브 저장소를 보면 버킷 이름과 같은 이름의 폴더가 생기고 그 안에 데이터 파이프라인이 추가되었을 것이다. 그림 8.22는 새 폴더의 내용이 표시된 깃허브 저장소의 모습이다.

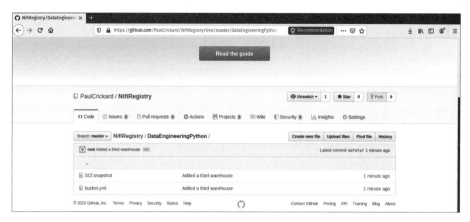

그림 8.22 레지스트리의 버킷과 흐름들이 깃허브 저장소에 저장되었다.

이제부터는 SCF 프로세스 그룹의 변경 사항을 NiFi 레지스트리에 커밋할 때마다 지역 파일 시스템에 해당 버전이 저장될 뿐만 아니라, 깃허브 저장소에도 영속적으로 저장된다.

이렇게 해서 NiFi 레지스트리를 설치, 설정하고 데이터 파이프라인을 지역 디스크와 원격 저장소에 저장해 보았다. 데이터 공학자로 일하다 보면 데이터 파이프라인을 몇 달 전과 동일한 방식으로 실행해 달라는 요청을 종종 받게 된다. 그럴 때 파일들을 뒤지면서 "그때 내가 어떻게 했더라?"하고 머리를 긁적이는 대신, NiFi 레지스트리에서 그 당시 만든 버전을 선택해서 가져오기만 하면 된다. 또한, NiFi를 실행하는 서버가 고장 나서 모든 것이 사라진다고 해도, NiFi를 다른 곳에 다시 설치하고 Git 저장소와 연결된 NiFi 레지스트리에서 기존의 모든 작업 결과물을 내려받으면 문제가 해결된다.

8.5 요약

이번 장에서는 실무용 데이터 파이프라인을 개발하고 운영할 때 대단히 중요한 요소인 버전 관리를 살펴보았다. 대부분의 소프트웨어 개발자는 버전 관리 없이는 코드를 단 한 줄도 작성하려 하지 않는다. 데이터 공학자도 마찬가지이다. 이번 장에서는 NiFi 레지스트리를 설치, 실정하고 NiFi의 프로세스 그룹에 대해 버전 관리를 적용하는 방법을 살펴보았다. 또한, 버전을 깃허브에 영속적으로 저장하는 방법도 이야기했다. 이제는 데이터 파이프라인의 모든 변경 사항이 추적되므로, 필요하다면 언제라도 과거의 특정 시점으로 되돌아갈 수 있다. 팀이 커져도, 버전 관리를 확실하게 하면 팀의 모든 데이터 공학자가 항상 데이터 파이프라인의 최신 버전을 자신의 컴퓨터에서 다룰 수 있게 된다.

다음 장에서는 데이터 파이프라인의 로깅과 모니터링을 살펴본다. 데이터 파이프라인이 제대로 작동하지 않는 일은 피할 수 없다. 그럴 때 무엇이 어떻게 잘못되었는지를 빠르게 파악할 수 있어야 한다. 데이터 파이프라인의 로깅과 모니터링이 잘 되면, 오류가 발생했을 때 재빨리 오류를 식별하고 데이터 파이프라인을 디버깅해서 데이터 흐름을 복원할 수 있다.

데이터 파이프라인 모니터링

이전 장들에서 여러분은 실무 환경에 적합한, 멱등적이고 원자적인 트랜잭션을 지원하는 데이터 파이프라인을 버전 관리하에서 구축하는 방법을 배웠다. 그러나 그러한 파이프라인을 실무 환경에 실제로 배치해서 운용하려면 필요한 것이 하나 더 있다. 바로, 데이터 파이프라인의 실행 현황을 감시하는 모니터링 수단이다. 코드나 데이터의 오류는 물론이고, 네트워크 등 여러분이 통제할 수 없는 외부 환경에서 뭔가가 잘못될 여지는 항상 존재한다. 데이터 공학자는 오류가 발생했는지 아니면 모든 것이 잘 진행되고 있는지를 항상 알 수 있어야 한다.

이번 장의 주요 주제는 다음과 같다.

- NiFi GUI를 이용한 데이터 파이프라인 모니터링
- NiFi 처리기를 이용한 데이터 파이프라인 모니터링
- 파이썬과 REST API를 이용한 데이터 파이프라인 모니터링

9.1 NiFi GUI를 이용한 데이터 파이프라인 모니터링

NiFi GUI는 NiFi 데이터 파이프라인을 모니터링하는 다양한 수단을 제공한다. GUI를 이용하는 것은 NiFi 데이터 파이프라인을 모니터링하는 가장 간단한 방법이다.

9.1.1 NiFi 상태 표시줄을 이용한 모니터링

NiFi 주 화면 상단의 구성요소 도구 모음 아래 부분이 NiFi의 상태 표시줄이다(그림 9.1). 이 상태 표시줄에서 많은 정보를 얻을 수 있다.

그림 9.1 구성요소 도구 모음과 상태 표시줄

상태 표시줄에는 왼쪽에서 오른쪽으로 다음과 같은 항목들이 있다(굵은 글씨 문구는 각 항목의 풍선 도움말이다).

- **Active Threads**: 활성 스레드 수, 즉 현재 실행 중인 스레드들의 개수이다. 현재 얼마나 많은 작업이 진행 중인지 가늠할 수 있다.
- **Total queued data**: 현재 대기열들에 있는 FlowFile들의 개수와 디스크 용량이다.
- **Transmitting Remote Process Groups**와 **Not Transmitting Remote Process Groups**: 서로 다른 컴퓨터들에서 또는 같은 컴퓨터에서 실행되는 다수의 NiFi 인스턴스들에서 처리 그룹들이 서로 통신할 수 있다. 이 두 항목은 다른 인스턴스와 통신하는 원격 프로세스 그룹들의 개수와 현재 통신하지 않고 있는 원격 프로세스 그룹들의 개수이다.
- **Running Components, Stopped Components, Invalid Components, Disabled Components**: 이들은 순서대로 실행, 중지, 무효화, 비활성 상태인 데이터 파이프라인 구성요소(처리기 등)들의 개수이다. 그런데 실행 중인 구성요소가 곧 현재 데이터를 처리하고 있는 구성요소인 것은 아니다. 지금 데이터를 처리하지 않는다고 해도, 활성화되어 있고 데이터 처리 일정이 잡혀 있는 구성요소는 실행 중(running)으로 간주된다.
- **Up to date Versioned Process Groups, Locally modified Versioned Process Groups, Stale Versioned Process Groups, Locally modified and stale Versioned Process Groups, Sync failure Versioned Process Groups**: 이 항목들은 프로세스 그룹들의 버전 관리 상태를 말해 준다. 커밋되지 않은 변경 사항들이 남아 있는지, 최신 버전을 사용 중인지 등을 파악할 수 있다.
- **Last refresh**: 상태 표시줄의 수치들이 마지막으로 갱신된 시간이다. 기본적으로 5분마다 갱신된다.

이 상태 표시줄은 모든 처리기의 감시 정보를 제공한다. 이 상태 표시줄 외에, 개별 프로세스 그룹에도 상태 표시줄도 있다. 프로세스 그룹 상자의 제목 줄 바로 아래에 프로세스 그룹의 여러 상태가 표시된다. 그림 9.2는 SCF 프로세스 그룹 상자의 모습인데, 앞에서 설명한 전체 상태 표시줄 아이콘들 중 일부가 표시되어 있다.

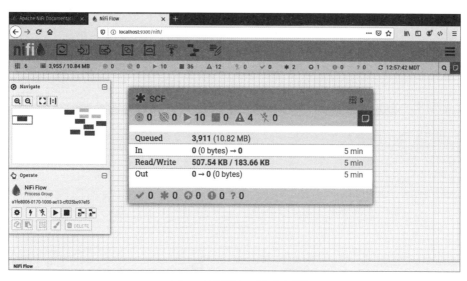

그림 9.2 **프로세스 그룹 모니터링**

프로세스 그룹 상태 표시줄 아래에는 몇 가지 수치들이 표시된다. **In**과 **Out**은 이 프로세스 그룹으로 입력된 데이터와 처리기가 출력한 데이터의 크기(바이트 수)이다. SCF 그룹은 다른 그룹과 연결되어 있지 않으므로 둘 다 0바이트이다. 프로세스 그룹들을 연결하는 방법은 다음 장에 나온다.

프로세스 그룹 상태 표시줄에는 버전 관리에 관한 아이콘들이 없다. 버전 관리 상태는 제목 왼쪽 아이콘으로 파악할 수 있다. 프로세스 그룹에 뭔가 문제가 있으면 상태 표시줄 제일 오른쪽에 빨간색 문서 모양 아이콘이 나타난다. 이것을 '게시(bulletin)'라고 부른다. 게시 아이콘에 마우스 커서를 올리면 프로세스 그룹의 오류 메시지들이 나타난다(그림 9.3).

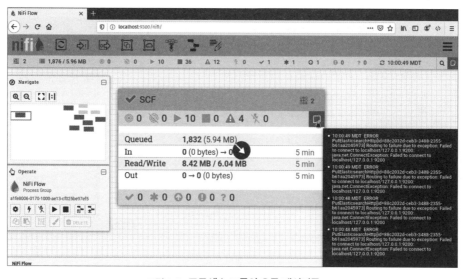

그림 9.3 **프로세스 그룹의 오류 메시지들**

그림 9.4의 오류들은 일래스틱서치가 실행 중이 아니라서 생긴 것이다. 일래스틱서치에 데이터를 전송하는 처리기가 일래스틱서치와의 연결을 기다리다 시간이 만료되었다. 그림 9.4에서 보듯이, 프로세스 그룹으로 들어가서 해당 처리기를 살펴보면 동일한 오류 메시지들이 표시된 게시 아이콘이 있다.

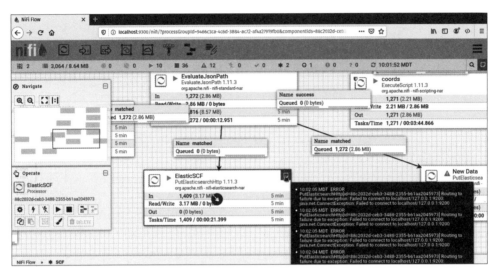

그림 9.4 **개별 처리기의 오류 메시지들**

개별 처리기가 게시하는 메시지들의 종류와 수준을 변경할 수 있다. 처리기 설정 창의 **Settings** 탭을 보면 **Bulletin Level** 항목이 있는데, 여기서 이 처리기가 게시할 메시지들의 심각도 수준을 선택하면 된다(그림 9.5).

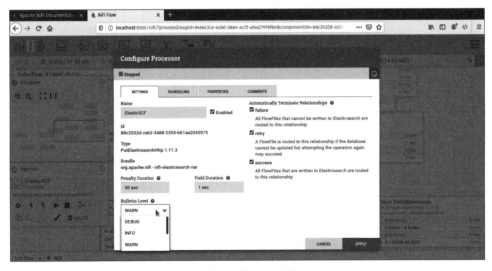

그림 9.5 **게시 수준 선택**

또한, NiFi GUI는 모든 NiFi 처리기의 게시 메시지들을 보여주는 '게시판'도 제공한다. 주 화면 오른쪽 상단 햄버거 메뉴에서 **Bulletin Board**를 선택하면 그림 9.6처럼 모든 게시 메시지를 보여주는 창이 나타난다.

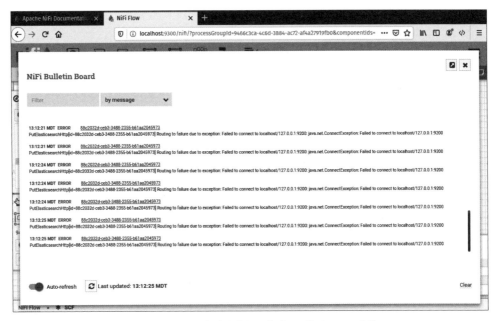

그림 9.6 모든 게시 메시지를 보여주는 Bulletin Board 창

프로세스 그룹 안의 각 처리기도 상태 정보를 보여준다. 그림 9.7이 그러한 예이다.

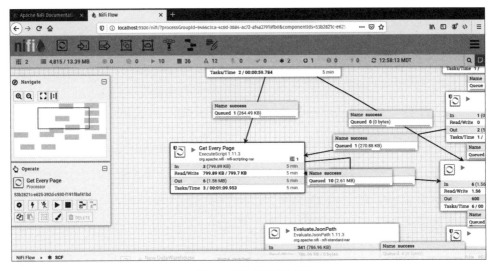

그림 9.7 개별 처리기의 상태

처리기 상태 수치 중 **In**과 **Out**은 지난 5분 동안 이 처리기를 거쳐간 데이터의 양(FlowFile의 크기)을 말해 준다.

9.1.1.1 카운터 활용

자동으로 증가 또는 감소하는 카운터를 추가하는 것도 데이터 파이프라인의 상황을 모니터링하는 데 도움이 된다. 카운터는 성공/실패 여부를 보여주지는 않지만, 주어진 시점에서 데이터 파이프라인이 FlowFile들을 얼마나 많이 처리했는지 파악하는 데 유용하다.

그림 9.8은 **SCF** 데이터 파이프라인의 EvaluateJsonPath 처리기와 ElasticSCF 처리기 사이에 UpdateCounter라는 처리기를 추가한 모습이다. 이에 의해, FlowFile이 일래스틱서치에 삽입되기 직전에 카운터가 갱신된다.

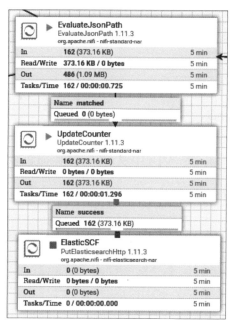

그림 9.8 **UpdateCounter 처리기가 추가된 데이터 파이프라인**

그림 9.8을 보면 162개의 FlowFile이 이 처리기를 통과했음을 알 수 있다. 따라서 카운터의 값도 162이어야 하는데, 잠시 후에 확인해 볼 것이다. 여러분도 이 처리기를 추가하고 적절히 설정하기 바란다. 그림 9.9는 속성 탭의 모습인데, **Counter Name** 속성은 카운터의 이름이고 **Delta** 속성은 카운터 증가 또는 감소량이다. 1을 지정하면 FlowFile이 입력될 때마다 이 카운터가 1씩 증가한다.

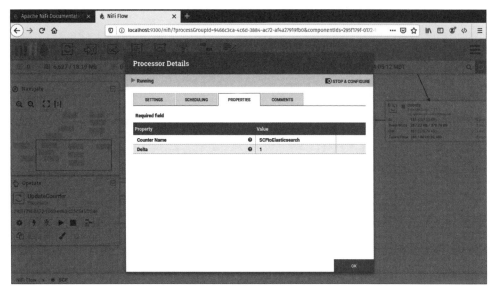

그림 9.9 UpdateCounter 처리기 설정

다른 처리기들과 적절히 연결한 후 데이터 파이프라인을 실행하면 카운터가 자동으로 증가한다. 그림 9.8에서 162개의 FlowFile이 데이터 파이프라인을 흘러갔음을 보았다. 카운터도 그 값인지 확인 해 보자. NiFi GUI 오른쪽 상단 햄버거 메뉴에서 **Counters**를 선택하면 그림 9.10과 같은 창이 나타 난다.

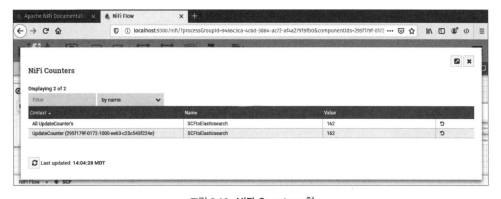

그림 9.10 NiFi Counters 창

창을 보면 앞에서 추가한 카운터의 값과 함께 모든 카운터의 총합이 표시되어 있다. 지금은 카운터가 하나뿐이지만, 또 다른 UpdateCounter 처리기를 추가하면 총합에 그 카운터의 값이 포함된다.

9.1.1.2 NiFi 보고 작업

앞에서는 데이터 파이프라인 자체와 데이터 파이프라인에 포함된 처리기를 이용해서 데이터 파이프라인의 현황을 GUI로 확인하는 방법을 살펴보았다. 그런데 NiFi는 데이터 파이프라인 외부에 있는 구성요소를 이용해서 데이터 파이프라인을 감시하는 수단도 제공한다.

앞에서 NiFi의 게시 메시지들을 언급했다. NiFi의 보고 작업(reporting task)을 이용하면, 배경에서 데이터 파이프라인을 감시하고 관련 정보를 게시할 수 있다. 보고 작업은 배경에서 실행되면서 어떤 작업을 수행한다는 점에서 데이터 파이프라인의 처리기와 비슷하다. 다만, 작업의 결과가 데이터 파이프라인의 다음 처리기가 아니라 게시판으로(또는 다른 어떤 지정된 장소로) 전송된다는 점이 다르다.

보고 작업을 만들려면, 우선 NiFi 주 화면의 햄버거 메뉴에서 **Controller Settings**를 클릭한 후 **Reporting Task** 탭을 선택한다. 지금은 그 탭에 아무것도 없을 것이다. 오른쪽에 있는 더하기 아이콘을 클릭하면 보고 작업을 추가하기 위한 대화상자가 나타난다. 그 대화상자에는 다양한 보고 작업 유형이 나열되어 있는데, 특정 항목을 클릭하면 하단에 그 작업에 대한 설명이 나타난다(그림 9.11).

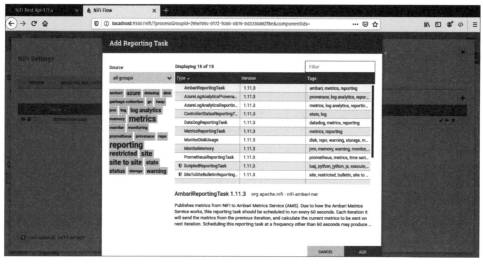

그림 9.11 **NiFi가 제공하는 다양한 보고 작업**

여기서는 디스크 사용량을 감시하는 **MonitorDiskUsage** 작업을 사용하기로 한다. 이 작업을 더블클릭하거나, 작업을 선택하고 **Add** 버튼을 클릭하면 대화상자가 닫힌다. 이제 **Reporting Task**의 목록을 보면 이 작업이 추가되어 있을 것이다. 오른쪽 끝의 연필 아이콘을 클릭하면 설정 대화상자가 뜨는데, **SETTINGS** 탭의 **Threshold**를 1%로 변경하고, **Directory Location**은 NiFi가 설치된 디렉터리로 설정하기 바란다. 그림 9.12는 **Directory Display Name**까지 적절히 설정한 모습이다.

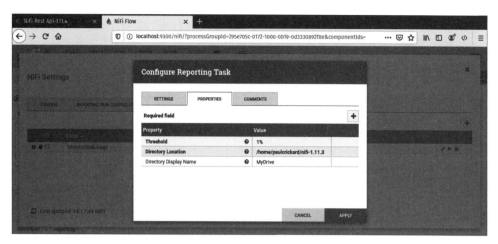

그림 9.12 **MonitorDiskUsage 작업 설정**

Threshold 속성(문턱값)을 퍼센트 값 대신 디스크 용량(20 GB 등)으로 설정할 수도 있다. 이 속성의 기본값은 80%이지만, 여기서는 실제로 보고가 되는지 바로 확인하기 위해 1%로 했다. 내 환경에서 NiFi 설치 디렉터리는 이미 1% 이상이 쓰인 디스크에 있으므로 즉시 보고가 생성되어야 한다.

Reporting Task 탭에서 오른쪽 삼각형 아이콘을 클릭해서 MonitorDiskUsage 작업을 실행한 후 NiFi 주 화면으로 돌아가서 게시 메시지를 보면, **MonitorDiskUsage**의 보고 게시 메시지가 있을 것이다(그림 9.13).

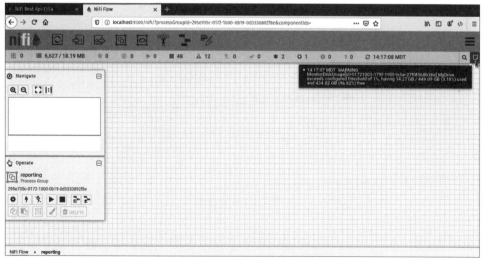

그림 9.13 **보고 작업의 게시 메시지**

NiFi는 디스크 사용량 외에도 다양한 측정치에 대한 보고 작업을 제공한다. 그런데 그런 정보를 GUI로 확인하는 것이 쉽고 유용하긴 하지만, 사람이 온종일 NiFi 화면 앞에 앉아 있을 수는 없는 노릇이다. 그런 방식은 끔찍하게도 비효율적이다. 좀 더 나은 방법은, 뭔가 문제가 생겼을 때 NiFi가 담당자에게 메시지를 보내게 하는 것이다. NiFi는 그런 용도를 위한 처리기들도 제공한다. 그럼 처리기를 이용해서 NiFi를 모니터링하는 방법으로 넘어가자.

9.2 NiFi 처리기를 이용한 데이터 파이프라인 모니터링

사람이 온종일 NiFi GUI 앞에 앉아서 데이터 파이프라인을 감시하는 대신, 적절한 처리기를 데이터 파이프라인에 추가해서 뭔가 문제가 생겼을 때 담당자에게 메시지를 보내게 만들 수 있다. 이번 절에서는 슬랙Slack으로 메시지를 보내는 PutSlack 처리기를 추가해 본다.

NiFi에서 슬랙 메시지를 보내려면 먼저 여러분의 슬랙 작업 공간에 앱을 하나 만들어야 한다. 슬랙 API 사이트의 Your Apps 페이지(*https://api.slack.com/apps*)로 가서 **Create New App**을(또는, 이번이 처음이면 Create an App을) 클릭하기 바란다(그림 9.14).

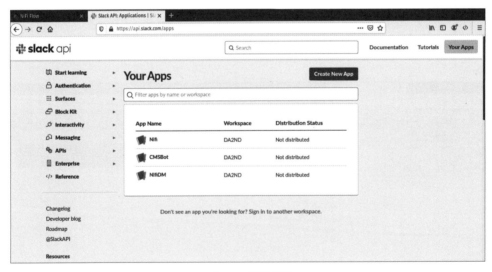

그림 9.14 새 앱 생성

그러면 그림 9.15와 같이 앱 이름과 개발용 작업 공간(workspace)을 묻는 대화상자가 나타난다. 적절히 설정한 후 **Create App** 버튼을 클릭하자.

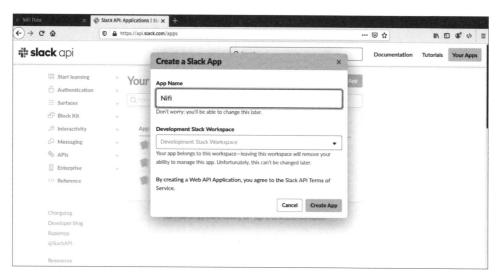

그림 9.15 새 앱의 이름과 작업 공간 설정

다시 Your Apps 페이지로 돌아가서, 왼쪽 메뉴바의 **Features** 섹션에서 **Incoming Webhooks**를 클릭한 후 **Activate Incoming Webhooks** 오른쪽의 스위치를 켜서 진입 웹훅webhook을 활성화한다. 그림 9.16은 여기까지 마친 모습이다.

그림 9.16 진입 웹훅 활성화

페이지를 아래로 스크롤하면 **Add New Webhook**이라는 버튼이 있을 것이다. 이 버튼을 클릭하면 웹훅 추가 페이지가 나타나는데, 여기서 이 앱이 메시지를 게시할 채널을 선택해야 한다. 나는 **다이렉트 메시지** 아래의 내 계정을 선택했다. 이렇게 하면 내 Slack 계정으로 메시지가 직접 전달된다. **허용** 버튼을 클릭하면 다시 **Incoming Webhooks** 페이지로 돌아간다. 페이지 하단을 보면 새 웹훅의 URL 이 있을 것이다. 이 URL을 복사해 두기 바란다.

다시 NiFi의 **SCF** 프로세스 그룹으로 돌아가자. 이 파이프라인의 끝은 불편사항들을 일래스틱서치에 적재하는 처리기인 ElasticSCF 처리기이다. PutSlack 처리기를 캔버스에 추가하고, 그림 9.17처럼 ElasticSCF 처리기의 failure 관계를 PutSlack 처리기에 연결하기 바란다.

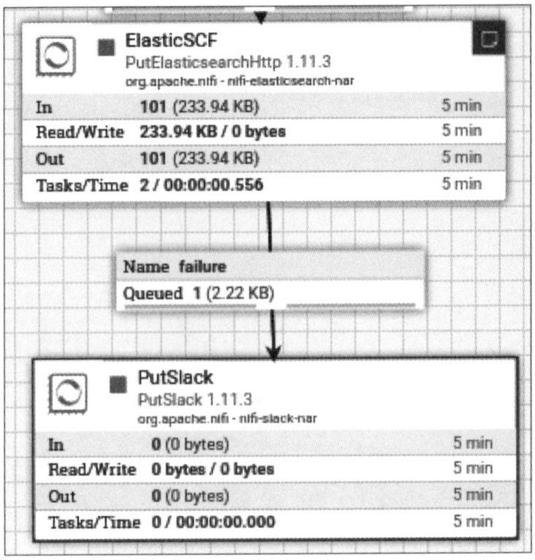

PutSlack의 속성 탭으로 가서, **Webhook URL** 속성에 앞에서 복사해 둔 URL을 설정한다. **Username** 속성에는 메시지 전송 시 슬랙에 표시될 사용자 이름을 설정하면 된다(슬랙 계정과는 무관하다). 나는 그냥 Nifi로 했다. 아이콘이나 이모지

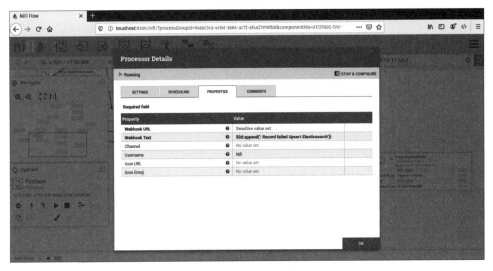

를 설정하는 속성들도 있다. 중요한 것은 **Webhook Text** 속성이다. 이 속성이 바로 실제로 전송되는 메시지이다. 그냥 고정된 메시지를 설정해도 되지만, 이 속성은 NiFi 표현식 언어를 지원하므로 그림 9.18처럼 FlowFile의 특성들을 메시지에 포함시키는 것도 가능하다.

그림 9.17 **PutSlack을 파이프라인의 끝에 추가한 모습**

그림 9.18 **PutSlack 설정**

그림 9.18에 나온 표현식은 다음과 같다. NiFi 표현식 언어의 append 메서드를 사용했다.

```
${id:append(': Record failed Upsert Elasticsearch')}
```

이것은 FlowFile의 id 특성을 뜻하는 ${id}에 대해 append() 메서드를 호출한 것이다. 실행 시점에서 이 표현식은 id 특성의 값 다음에 append()의 괄호 안에 있는 텍스트가 붙은 메시지가 된다. 이후 ElasticSCF 처리기가 실패하면 그림 9.19에 나온 형태의 메시지가 슬랙을 통해서 여러분에게 전송된다.

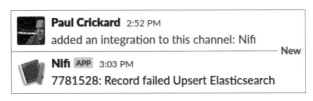

그림 9.19 NiFi가 보낸 슬랙 다이렉트 메시지

그림 9.19는 내가 받은 다이렉트 메시지인데, 내 이름 아래의 문구는 내가 Nifi라는 채널에 통합(integration)을 추가했다는 뜻이다. 그 아래는 NiFi의 PutSlack 처리기가 웹훅을 통해서 이 Nifi 채널로 전송한 메시지이다. 메시지의 처음 부분에 있는 숫자들은 앞에서 ${id}로 지칭한 FlowFile ID인데, 이는 곧 SeeClickFix 불편사항의 ID이다. 결과적으로, 이 메시지는 7781528번 불편사항 레코드를 일래스틱서치에 추가 또는 갱신하는 작업이 실패했다는 뜻이다.

NiFi는 PutSlack 외에도 이메일을 전송하거나, 파일에 메시지를 기록하거나, 다른 어떤 동작을 수행하는 다양한 모니터링 관련 처리기를 제공한다. 만일 딱 맞는 처리기가 없다면, NiFi 외부에서 작동하는 개별적인 모니터링 응용 프로그램을 작성할 수도 있다. 다음 절에서는 파이썬으로 NiFi REST API를 활용하는 방법을 살펴본다.

9.3 파이썬과 REST API를 이용한 데이터 파이프라인 모니터링

파이썬과 NiFi REST API를 이용하면 여러분만의 모니터링 도구나 대시보드를 만들 수 있다. NiFi REST API 문서화 페이지(*https://nifi.apache.org/docs/nifi-docs/rest-api/index.html*)를 보면 다양한 API 종점(endpoint) 유형이 있고, 특정 유형을 클릭하면 구체적인 종점들이 나타난다. 이번 절에서는 이 종점들 중 이번 장에서 GUI로 접근한 기능들에 해당하는 몇 가지 종점을 소개한다.

우선 살펴볼 것은 NiFi 시스템 전반의 진단 정보(diagnostics)를 제공하는 system-diagnostics 종점이다. 이 종점에 대해 GET 요청을 보내면 힙 최대 크기, 스레드 개수, 힙 사용량 같은 수치들이 반환된다. 다음은 파이썬 requests 모듈을 이용해서 이 종점에 접근하는 예이다.

```
r=requests.get('http://localhost:9300/nifi-api/system-diagnostics')
data=r.json()
data['systemDiagnostics']['aggregateSnapshot']['maxHeap']
```

```
'512 MB'
```

```
data['systemDiagnostics']['aggregateSnapshot']['totalThreads']
```

```
108
```

```
data['systemDiagnostics']['aggregateSnapshot']['heapUtilization']
```

```
'81.0%'
```

특정 프로세스 그룹에 대한 기본적인 정보를 얻을 수 있는 process-groups라는 종점도 주목할 만하다. 이 종점을 사용하려면, 원하는 프로세스 그룹의 ID를 알아야 한다. 프로세스 그룹 ID는 NiFi GUI에서 프로세스 그룹으로 들어갔을 때 브라우저의 주소 표시줄에 나온 URL에서 알아낼 수 있다. URL의 processGroupId 인자가 바로 현재 프로세스 그룹의 ID이다. 다음은 이 종점에 접근하는 예인데, 직접 실행해 보려면 process-groups/ 다음 부분을 여러분의 프로세스 그룹 ID로 변경해야 한다.

```
pg=requests.get('http://localhost:9300/nifi-api/process-groups/\
9466c3ca-4c6d-3884-ac72-af4a27919fb0')
pgdata=pg.json()
pgdata['component']['name']
```

```
'SCF'
```

```
pgdata['status']
```

status 필드에는 프로세스 그룹 상자의 상태 표시줄에 나타나는 대부분의 정보가 포함되어 있다. 내 경우 출력은 다음과 같다.

```
{'id': '9466c3ca-4c6d-3884-ac72-af4a27919fb0', 'name': 'SCF', 'statsLastRefreshed': '16:11:16
MDT', 'aggregateSnapshot': {'id': '9466c3ca-4c6d-3884-ac72-af4a27919fb0', 'name': 'SCF', 'ver
sionedFlow State': 'LOCALLY_MODIFIED', 'flowFilesIn': 0, 'bytesIn': 0, 'input': '0 (0 bytes)',
'flowFilesQueued': 6481, 'bytesQueued': 18809602, 'queued': '6,481 (17.94 MB)', 'queuedCount':
'6,481', 'queuedSize': '17.94 MB', 'bytesRead': 0, 'read': '0 bytes', 'bytesWritten': 0, 'written':
'0 bytes', 'flowFilesOut': 0, 'bytesOut': 0, 'output': '0 (0 bytes)', 'flowFilesTransferred': 0,
'bytesTransferred': 0, 'transferred': '0 (0 bytes)', 'bytesReceived': 0, 'flowFilesReceived':
0, 'received': '0 (0 bytes)', 'bytesSent': 0, 'flowFilesSent': 0, 'sent': '0 (0 bytes)', 'act
iveThreadCount': 0, 'terminatedThreadCount': 0}}
```

개별 처리기에 대한 정보를 제공하는 종점도 물론 있다. 처리기 ID를[역주1] 지정해서 processors 종점에 GET 요청을 보내면 해당 처리기에 대한 정보가 반환된다. 프로세스 그룹처럼, status 필드에는 처리기 자체의 상태 표시줄에 있는 다양한 정보가 들어 있다.

```
p=requests.get('http://localhost:9300/nifi-api/processors/8b63e4d0-eff2-3093-\
f4ad-0f1581e56674')
pdata=p.json()
pdata['component']['name']
```

```
'Query SCF - Archive'
```

```
pdata['status']
```

그밖에, 대기열을 살펴보거나 FlowFile의 내용을 내려받을 수 있는 종점들도 있다. 다음은 FlowFile의 내용을 얻는 과정이다.

1 원하는 대기열에 내용 목록 조회 요청을 보내고, 목록 ID를 알아낸다.

```
q=requests.post('http://localhost:9300/nifi-api/flowfile-queues/295fc119-\
0172-1000-3949-54311cdb478e/listing-requests')
qdata=q.json()
listid=qdata['listingRequest']['id']
```

```
'0172100b-179f-195f-b95c-63ea96d151a3'
```

2 목록 ID(listid)를 요청 URL에 덧붙여서 목록을 얻고, FlowFile의 ID를 알아낸다.

```
url="http://localhost:9300/nifi-api/flowfile-queues/295fc119-0172-1000-3949-\
54311cdb478e/listing-requests/"+listid
ff=requests.get(url)
ffdata=ff.json()
ffid=ffdata['listingRequest']['flowFileSummaries'][0]['uuid']
```

```
'3b2dd0fa-dfbe-458b-83e9-ea5f9dbb578f'
```

3 이제 FlowFile ID(ffid)를 이용해서 FlowFile의 내용을 가져온다. FlowFile은 JSON이므로, JSON 문자열이 반환된다.

```
ffurl="http://localhost:9300/nifi-api/flowfile-queues/295fc119-0172-\
1000-3949-54311cdb478e/flowfiles/"+ffid+"/content"
download=requests.get(ffurl)
```

역주1   처리기 ID는 해당 설정 대화상자의 SETTINGS 탭에 나와 있다. 또한, NiFi 캔버스에서 한 처리기를 클릭하면 주소 표시줄의 URL이 변하는데, componentIds 인자에 설정된 값이 바로 그 처리기의 ID이다. 대기열이나 보고 작업 등 다른 구성요소의 ID도 SETTINGS 탭이나 URL로 알아낼 수 있다.

```
download.json()
```

위의 마지막 문장을 실행하면 FlowFile 전체의 내용이 출력된다.

```
{'request_type': {'related_issues_url': 'https://seeclickfix.com/api/v2/issues?lat=35.
18151754051&lng=-106.689667822892&request_types=17877&sort=distance', 'title': 'Missed
Trash Pick Up', 'url': 'https://seeclickfix.com/api/v2/request_types/17877', organization':
'City of Albuquerque', 'id': 17877}, 'shortened_url': None, 'rating': 2, 'description':
'Yard waste in bags', 'created_at': '2020-05-08T17:15:57-04:00', 'opendate': '2020-05-08',
'media': {'image_square_100x100': None, 'image_full': None, 'video_url': None, 'representa
tive_image_url': 'https://seeclickfix.com/assets/categories/trash-f6b4bb46a308421d38fc042
b1a74691fe7778de981d59493fa89297f6caa86a1.png'}, 'private_visibility': False, 'transitions':
{}, 'point': {'coordinates': [-106.689667822892, 35.18151754051], 'type': 'Point'}, 'upda
ted_at': '2020-05-10T16:31:42-04:00', 'id': 7781316, 'lat': 35.18151754051, 'coords': '35.
1815175405,-106.689667823', 'summary': 'Missed Trash Pick Up', 'address': '8609 Tia Chri
stina Dr Nw Albuquerque NM 87114, United States', 'closed_at': '2020-05-08T17:24:55-04:00',
'lng': -106.689667822892, 'comment_url': 'https://seeclickfix.com/api/v2/issues/ 7781316/
comments', 'reporter': {'role': 'Registered User', 'civic_points': 0, 'avatar': {'square_
100x100': 'https://seeclickfix.com/assets/no-avatar-100-5e06fcc664c6376bbf654cbd67df857f
f81918c5f5c6a2345226093147382de9.png', 'full': 'https://seeclickfix.com/assets/no-avatar
-100-5e06fcc664c6376bbf654cbd67df857ff81918c5f5c6a2345226093147382de9.png'}, 'html_url':
'https://seeclickfix.com/users/347174', 'name': 'Gmom', 'id': 347174, 'witty_title': ''},
'flag_url': 'https://seeclickfix.com/api/v2/issues/7781316/flag', 'url': 'https://seeclick
fix.com/api/v2/issues/7781316', 'html_url': 'https://seeclickfix.com/issues/7781316', 'ac
knowledged_at': '2020-05-08T17:15:58-04:00', 'status': 'Archived', 'reopened_at': None}
```

4 대기열 종점 URL에 drop-requests를 덧붙이면 해당 대기열을 비울 수 있다.

```
e=requests.post('http://localhost:9300/nifi-api/flowfile-queues/295fc119-\
0172-1000-3949-54311cdb478e/drop-requests')
edata=e.json()
```

5 앞에서처럼 대기열에 대해 목록 조회 요청을 보내 보면 대기열이 비었음을 확인할 수 있을 것이다. 또는, NiFi GUI로 가서 직접 확인해도 된다.

6 NiFi 게시판의 내용을 돌려주는 종점도 있다.

```
b=requests.get('http://localhost:9300/nifi-api/flow/bulletin-board')
bdata=b.json()
bdata
```

다음은 내가 얻은 결과인데, 일부러 일래스틱서치 서버를 내린 후 데이터 파이프라인을 실행해서 발생한 오류 메시지가 포함되어 있다.

```
{'bulletinBoard': {'bulletins': [{'id': 2520, 'groupId': '9466c3ca-4c6d-3884-ac72-af4a
27919fb0', 'sourceId': 'e5fb7c4b-0171-1000-ac53-9fd365943393', 'timestamp': '17:15:44 MDT',
'canRead': True, 'bulletin': {'id': 2520, 'category': 'Log Message','groupId': '9466c3ca-
4c6d-3884-ac72-af4a27919fb0', 'sourceId': 'e5fb7c4b-0171-1000-ac53-9fd365943393', 'sourceName':
'ElasticSCF', 'level': 'ERROR', 'message':'PutElasticsearchHttp[id=e5fb7c4b-0171-1000-ac
53-9fd365943393] Routing to failure due to exception: Failed to connect tolocalhost/127.
0.0.1:9200: java.net.ConnectException: Failed to connect to localhost/127.0.0.1:9200',
'timestamp': '17:15:44 MDT'}}], 'generated': '17:16:20 MDT'}}
```

7 카운터에 대한 종점도 있다. 다음은 §9.1.1.1에서 만든 카운터의 값을 요청하는 예이다.

```
c=requests.get('http://localhost:9300/nifi-api/counters')
cdata=c.json()
cdata
```

다음은 내가 얻은 결과인데, 앞에서 카운터에 붙인 이름(SCFtoElasticsearch)이 보인다.

```
{'counters': {'aggregateSnapshot': {'generated': '17:17:17 MDT', 'counters': [{'id': '6b2
fdf54-a984-38aa-8c56-7aa4a544e8a3', 'context': 'UpdateCounter (01721000-179f-195f-6715-
135d1d999e33)', 'name': 'SCFSplit', 'valueCount': 1173, 'value': '1,173'}, {'id': 'b988
4362-c70e-3634-8e53-f0151396be0b', 'context': "All UpdateCounter's", 'name': 'SCFSplit',
'valueCount': 1173, 'value': '1,173'}, {'id': 'fb06d19f-682c-3f85-9ea2-f12b090c4abd', 'con
text': "All UpdateCounter's", 'name': 'SCFtoElasticsearch', 'valueCount': 162, 'value':
'162'}, {'id': '72790bbc-3115-300d-947c-22d889f15a73', 'context': 'UpdateCounter (295f17
9f-0172-1000-ee63-c25c545f224e)', 'name': 'SCFtoElasticsearch', 'valueCount': 162, 'value':
'162'}]}}}
```

8 마지막으로, 보고 작업에 관한 종점도 있다. 동일한 게시 메시지를 게시판 종점에서 얻을 수 있지만, 보고 작업 종점은 보고 작업 자체의 상태에 대한 정보도 제공한다. 다음은 §9.1.1.2에서 만든 보고 작업의 상태를 조회하는 예이다.

```
rp=requests.get('http://localhost:9300/nifi-api/reporting-tasks/01721003-\
179f-195f-9cbe-27f0f068b38e')
rpdata=rp.json()
rpdata
```

다음은 내가 얻은 결과인데, 앞의 코드를 실행하기 전에 보고 작업을 정지시켰기 때문에 state 필드가 STOPPED이다.

```
{'revision': {'clientId': '2924cbec-0172-1000-ab26-103c63d8f745', 'version': 8}, 'id':
'01721003-179f-195f-9cbe-27f0f068b38e', 'uri': 'http://localhost:9300/nifi-api/reporting-
tasks/01721003-179f-195f-9cbe-27f0f068b38e', 'permissions': {'canRead': True, 'canWrite':
True}, 'bulletins': [], 'component': {'id': '01721003-179f-195f-9cbe-27f0f068b38e', 'name':
'MonitorDiskUsage', 'type': 'org.apache.nifi.controller.MonitorDiskUsage', 'bundle': {'gr
oup': 'org.apache.nifi', 'artifact': 'nifi-standard-nar', 'version': '1.12.1'}, 'state':
'STOPPED', 'comments': '', 'persistsState': False, 'restricted': False, 'deprecated':
```

```
False, 'multipleVersionsAvailable': False, 'schedulingPeriod': '5 mins', 'schedulingStr
ategy': 'TIMER_DRIVEN', 'defaultSchedulingPeriod': {'TIMER_DRIVEN': '0 sec', 'CRON_DRI
VEN': '* * * * * ?'}, 'properties': {'Threshold': '1%', 'Directory Location': '/home/
paulcrickard/nifi-1.12.1', 'Directory Display Name': 'MyDrive'}, 'descriptors': {'Thres
hold': {'name': 'Threshold', 'displayName': 'Threshold', 'description': 'The threshold at
which a bulletin will be generated to indicate that the disk usage of the partition on
which the directory found is of concern', 'defaultValue': '80%', 'required': True, 'sensi
tive': False, 'dynamic': False, 'supportsEl': False, 'expressionLanguageScope': 'Not Supp
orted'}, 'Directory Location': {'name': 'Directory Location', 'displayName': 'Directory
Location', 'description': 'The directory path of the partition to be monitored.', 'requi
red': True, 'sensitive': False, 'dynamic': False, 'supportsEl': False, 'expressionLanguage
Scope': 'Not Supported'}, 'Directory Display Name': {'name': 'Directory Display Name', 'dis
playName': 'Directory Display Name', 'description': 'The name to display for the directory
in alerts.', 'defaultValue': 'Un-Named', 'required': False, 'sensitive': False, 'dynamic':
False, 'supportsEl': False, 'expressionLanguageScope': 'Not Supported'}}, 'validationStatus':
'VALID', 'activeThreadCount': 0, 'extensionMissing': False}, 'operatePermissions': {'canRead':
True, 'canWrite': True}, 'status': {'runStatus': 'STOPPED', 'validationStatus': 'VALID', 'ac
tiveThreadCount': 0}}
```

이상의 예에서 보듯이, NiFi 종점들을 이용하면 시스템과 프로세스 그룹, 처리기, 대기열 등에 대한 정보를 수집할 수 있다. 그러면 여러분만의 모니터링 시스템을 구축하거나 대시보드를 구성할 수 있을 것이다. NiFi REST API는 다양한 기능을 제공하며, 그 활용 방법은 무궁무진하다. 심지어 NiFi 자체를 이용해서 API를 호출하는 것도 가능하다.

9.4 요약

이번 장에서는 NiFi GUI에서 상태 표시줄과 게시 메시지, 카운터를 이용해서 데이터 파이프라인을 모니터링하는 방법을 살펴보았다. 또한, 데이터 파이프라인 안에서 여러분에게 메시지를 전송하는 처리기도 소개했다. 본문의 예제에서는 데이터 파이프라인의 한 처리기가 작업에 실패했을 때 슬랙으로 메시지를 보내는 PutSlack 처리기를 사용했는데, FlowFile의 속성을 NiFi 표현식 언어를 이용해서 메시지에 포함시켰다. 마지막으로, 독자적인 모니터링 도구를 만드는 데 사용할 수 있는 NiFi REST API를 소개했다. NiFi REST API를 이용하면 NiFi GUI에 나타나는 것과 같은 종류의 정보를 얻을 수 있으며, 심지어는 개별 FlowFile의 내용을 읽을 수도 있다.

다음 장에서는 실무용 데이터 파이프라인을 실무 환경에 배치하는 방법을 살펴본다. 프로세스 그룹, 템플릿, 버전, 변수 등을 이용해서 최소한의 설정으로 데이터 파이프라인을 실무 환경의 NiFi 설치본에 배치하는 방법을 배우게 될 것이다.

10

데이터 파이프라인 배치

소프트웨어 공학에서는 소프트웨어가 세 가지 환경을 거친다. 바로 **개발**(development) 환경, **검사**(testing) 환경, **실무**(production) 환경이다. 검사 환경을 테스팅 환경이나 **품질 관리**(quality control) 환경, **스테이징**staging 환경 등 다른 이름으로 부르는 경우도 있지만, 개념은 동일하다. 개발 환경에서 소프트웨어를 개발하고, 소프트웨어의 복제본을 검사 환경에서 검사하고, 문제가 없다면 그 복제본을 실무 환경에 넣어서 실제로 운영한다. 데이터 공학에서도 이와 동일한 방법론을 사용한다. 지금까지 우리는 한 대의 컴퓨터에서 데이터 파이프라인을 개발하고 실행했다. 이번 장에서는 실무 환경에 배치할(deploy)[역주1] 수 있는 데이터 파이프라인을 개발하는 방법을 살펴본다.

이번 장의 주요 주제는 다음과 같다.

- 실무 환경 배치를 위한 데이터 파이프라인 마무리 작업
- NiFi 변수 레지스트리 활용
- 데이터 파이프라인 배치

10.1 실무 배치를 위한 데이터 파이프라인 마무리 작업

이전의 여러 장들에서 우리는 실무용 데이터 파이프라인의 특징과 구축 방법을 살펴보았다. 데이터 파이프라인을 실무 환경에 배치하려면 배압이라는 개념을 알아 둘 필요가 있으며, 입력 포트와 출력

역주1 deploy/deployment는 소프트웨어의 배포(distribution)와 설치, 설정을 아우르는 개념이다. 소프트웨어의 성격에 따라서는 배포가 곧 deployment인 경우도 있지만, 항상 그런 것은 아니다. 여기서는 "인재를 적재적소에 배치한다" 같은 일상적인 어법과 호환될 뿐만 아니라 deployment의 주요 단계인 배포와 설치를 동시에 떠올리는 데 도움이 되는 용어인 '배치配置'를 사용한다.

포트를 가진 프로세스 그룹들을 만들고 연결하는 방법도 알아야 한다. 그럼 이들을 차례로 살펴보자.

10.1.1 배압

데이터 파이프라인의 처리기들이 작업을 마치는 데 필요한 시간은 처리기마다 다르다. 예를 들어 데이터베이스 질의 결과를 개별 FlowFile들로 분할하는 데는 몇 초밖에 걸리지 않지만 그 FlowFile들의 특성들을 평가하고 수정하는 데는 더 많은 시간이 걸릴 수 있다. 상류의 처리기가 빠르게 데이터를 대기열에 밀어 넣어도, 하류의 처리기가 그것을 제때 처리하지 못한다면 의미가 없다. 아파치 NiFi에서는 처리기가 대기열에 전송하는 FlowFile 개수 또는 데이터 크기를 **배압**(backpressure; 또는 역압)이라는 개념을 이용해서 제어한다.

그럼 데이터를 생성해서 파일에 기록하는 간단한 예제 데이터 파이프라인을 이용해서 배압의 개념을 살펴보자. 그림 10.1은 완성된 데이터 파이프라인의 모습이다.

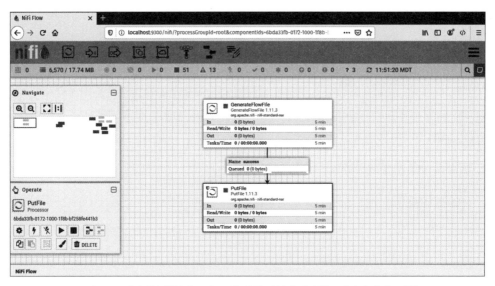

그림 10.1 데이터를 생성하고 FlowFile들을 파일에 기록하는 데이터 파이프라인

그림에서 보듯이, 이 데이터 파이프라인은 상류의 GenerateFlowFile 처리기가 하류의 PutFile과 성공 관계로 연결된 간단한 형태이다. PutFile의 출력 디렉터리를 여러분의 환경에 맞게 적절히 설정하기 바란다. 나는 /home/paulcrickard/output으로 설정했다. GenerateFlowFile 처리기는 그냥 기본 설정 그대로 두면 된다.

GenerateFlowFile 처리기만 시작해서 데이터 파이프라인을 실행한 후 잠시 기다리면 대기열에

10,000개의 FlowFile이 채워질 것이다(그림 10.2). 대기열의 진행 표시줄이 빨간색인데, 이는 대기열이 꽉 찼다는 뜻이다.

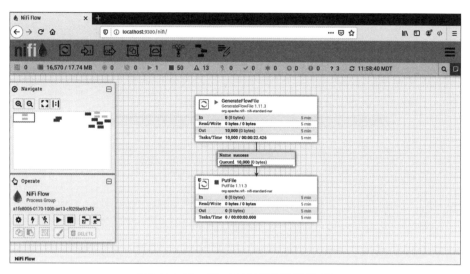

그림 10.2 FlowFile 10,000개로 꽉 찬 대기열

NiFi를 갱신해도 대기열의 FlowFile 개수는 늘어나지 않는다. 아마도 하나의 대기열에 10,000개를 넘는 FlowFile은 담지 못하는 것으로 보인다. 그런데 10,000이 실제로 최대 개수일까?

대기열도 처리기와 비슷한 방식으로 속성들을 설정할 수 있다. 대기열을 더블클릭하거나, 오른쪽 클릭 후 **Configure**를 선택하면 설정 대화상자가 나타나는데, **SETTINGS** 탭을 보면 대기열 크기에 관한 설정들이 있다(그림 10.3).

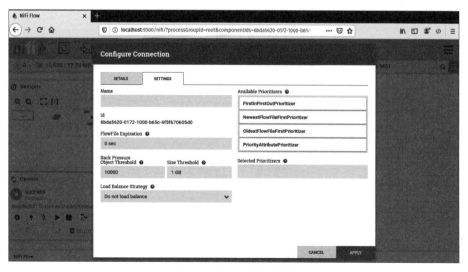

그림 10.3 대기열 설정 대화상자

Back Pressure 섹션의 **Object Threshold** 항목이 10000으로 되어 있는데, 이것이 이 대기열에 담을 수 있는 최대 FlowFile 개수이다. **Size Threshold**는 개수 대신 전체 크기에 대한 제한으로, 기본은 1 GB이다. 기본 설정에서 GenerateFlowFile 처리기는 0바이트짜리 FlowFile들을 생성하므로, 크기 제한보다 개수 제한이 먼저 적용되었다. GenerateFlowFile 처리기의 **File Size** 속성을 변경하면 크기 제한을 시험해 볼 수 있다. 그림 10.4는 FlowFile 크기를 50 MB로 변경한 후 데이터 파이프라인을 실행한 모습이다. FlowFile 21개가 생성되자 대기열의 전체 크기가 1 GB를 넘겼다.

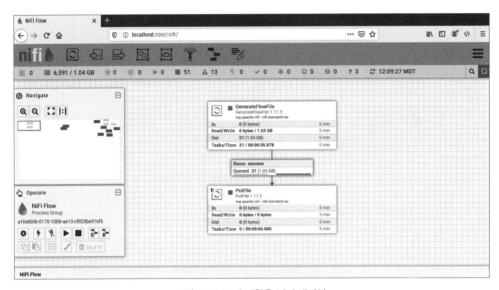

그림 10.4 **크기 제한을 넘긴 대기열**

대기열의 **Object Threshold**나 **Size Threshold**를 적절히 조정함으로써, 처리기에서 처리기로 전달되는 데이터의 양을 제어할 수 있다. 비유적으로 이는 유체 파이프라인의 한 지점에서 일부러 '배압'을 생성함으로써 상류에서 하류로의 흐름 속도를 늦추는 것에 해당한다. 대기열이 꽉 찬다고 해도 데이터 파이프라인이 고장나지는 않지만, 데이터가 좀 더 균일하게 흐른다면 데이터 파이프라인이 좀 더 매끄럽게 실행된다.

다음 절에서는 데이터 파이프라인을 자세히 들여다 보고, 프로세스 그룹을 좀 더 잘 활용하는 기법 몇 가지를 소개한다.

10.1.2 프로세스 그룹 개선

이전 장들에서 우리는 데이터 파이프라인 전체를 하나의 프로세스 그룹으로 묶어서 관리했다. 실무 환경에서는 그런 프로세스 그룹(데이터 파이프라인) 여러 개를 동시에 돌리게 된다. 그런데 데이터 파이프라인들을 자세히 살펴보면, 같은 일을 하는 처리기들이 여러 번 등장한다는 점을 알게 될 것이다. 예를 들어 SplitJson 처리기 다음에 EvaluateJsonPath 처리기(FlowFile에서 특정 특성을 추출하는)가 있는 데이터 파이프라인들이 많을 것이다. 또한, FlowFile들을 일래스틱서치에 적재하는 처리기도 데이터 파이프라인들에 흔하게 등장한다.

소프트웨어 공학에서 서로 다른 값에 대해 동일한 일을 수행하는 코드를 값마다 매번 따로 작성하지는 않는다. 대신, 매개변수를 받는 함수를 하나 작성하고 서로 다른 값들로 그 함수를 호출한다. 데이터 파이프라인을 만들 때도 정확히 같은 접근 방식을 적용할 수 있다. 매개변수를 받는 함수 대신 입출력 포트가 있는 프로세스 그룹을 사용한다는 점이 다를 뿐이다.

입출력 포트가 있는 프로세스 그룹을 활용하려면 데이터 파이프라인을 논리적인 조각들로 분할할 수 있어야 한다. 그럼 간단한 예제를 통해서 그 과정을 살펴보자.

1 NiFi 캔버스에 Generate Data라는 이름의 새 프로세스 그룹을 만든다.[역주2]

2 프로세스 그룹 안으로 들어가서, GenerateFlowFile 처리기를 캔버스에 추가한다. **Custom Text** 속성을 {"ID":123}로 설정한다.

3 출력 포트(도구 모음의 **Output Port**)를 캔버스에 추가한다. 그러면 출력 포트 이름(**Output Port Name**)과 FlowFile 전송 대상(**Send To**)을 묻는 대화상자가 나타나는데, 전자는 FromGeneratedData로, 후자는 **Local connections**로 설정한다.

4 마지막으로, GenerateFlowfile 처리기를 **Output Port**에 연결한다. 출력 포트에 경고 아이콘이 나타나 있는 것은 이 출력 포트의 출력이 아무 데도 연결되어 있지 않기 때문인데, 이 문제는 잠시 후에 해결한다.

5 프로세스 그룹에서 나간다.

6 Write Data라는 이름으로 프로세스 그룹을 하나 더 만든다.

7 프로세스 그룹으로 들어가서 EvaluateJsonPath 처리기를 캔버스에 추가한다. 속성 탭에서 ID라는 이름의 새 속성을 생성하고, 값은 $.{ID}로 설정한다. 그리고 **Destination** 속성을 **flowfile-attribute**로 변경한다.

8 다음으로, UpdateAttribute 처리기를 캔버스에 추가하고, filename이라는 속성을 생성한다. 값은 ${ID}로 설정한다.

9 이제 PutFile 처리기를 캔버스에 추가한다. 앞에서처럼 **Directory** 속성에 적절한 디렉터리를 설정하기 바란다. 나는 /home/paulcrickard/output으로 했다.

역주2 상단 도구 모음에서 Process Group 아이콘을 끌어서 캔버스에 놓은 후 이름을 입력하면 된다.

10 마지막으로, 입력 포트(도구 모음의 **Input Port**)를 캔버스에 추가하고 적절한 이름을 설정한다(나는 IncomingData로 했다). 그림 10.5처럼 입력 포트가 데이터 파이프라인의 첫 구성요소가 되도록 구성요소들을 적절히 연결하기 바란다.

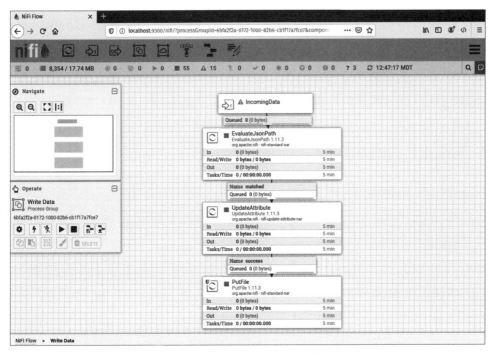

그림 10.5 **입력 포트로 시작하는 데이터 파이프라인**

11 프로세스 그룹에서 나가면 캔버스에 Generate Data 그룹과 Write Data 그룹이 있을 것이다. 프로세스 그룹들도 처리기들을 연결할 때와 같은 방식으로 연결할 수 있다. 지금 예에서는 Generate Data의 화살표를 끌어서 Write Data에 놓기 바란다. 그러면 그림 10.6처럼 연결할 포트를 묻는 대화상자가 나타난다.

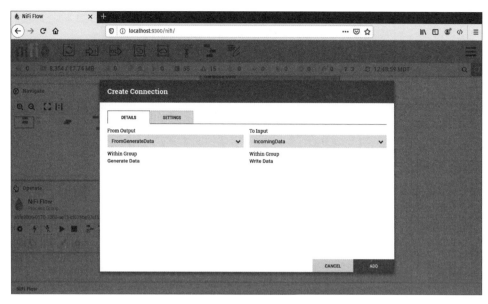

그림 10.6 **두 프로세스 그룹의 연결**

12 지금은 출력 포트와 입력 포트가 각각 하나씩이므로, 기본으로 선택된 것들을 그대로 사용하면 된다. 포트가 더 많다면 드롭다운 목록을 열어서 적절한 포트를 선택해야 한다. 포트가 많을 때는 포트 이름을 잘 짓는 것이 중요하다. 포트 선택 시 혼동의 여지가 없도록 포트의 용도와 특징을 잘 알 수 있는 적절한 이름을 붙이는 습관을 들이기 바란다.

13 두 프로세스 그룹을 연결한 후 Generate Data 그룹만 실행을 시작하기 바란다. 대기열에 FlowFile들이 채워질 것이다. 입출력 포트들이 잘 작동하는지 확인하기 위해 Write Data 그룹으로 들어가자.

14 입력 포트만 시작하면 하류 대기열에 FlowFile들이 채워질 것이다.

15 그 대기열을 오른쪽 클릭한 후 **List queue**를 선택하면 Generate Data 프로세스 그룹이 전송한 FlowFile들이 나타난다. 이제 Write Data 그룹의 나머지 처리기들도 모두 실행을 시작하기 바란다.

16 데이터 파이프라인 전체가 실행되면 출력 디렉터리에 123이라는 이름의 파일이 만들어진다.

이상으로 출력 포트가 있는 프로세스 그룹을 입력 포트가 있는 프로세스 그룹에 연결해 보았다. 이처럼 FlowFile을 디스크에 파일로 저장하는 작업을 개별적인 프로세스 그룹으로 분리해 두면, 데이터를 만들어 내는 또 다른 프로세스 그룹과 연결해서 재활용할 수 있다. 그림 10.7이 그러한 예이다.

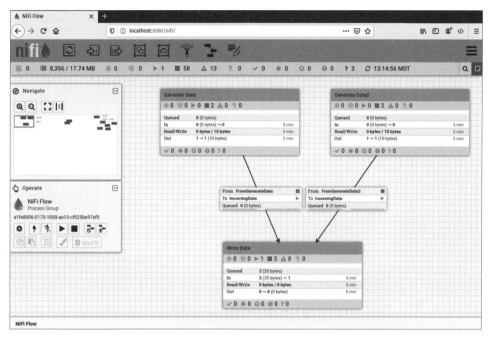

그림 10.7 두 개의 프로세스 그룹을 Write Data 프로세스 그룹에 연결한 예

그림 10.7에서 오른쪽 위에 있는 Generate Data2 프로세스 그룹은 Generate Data 그룹의 복사본
인데, **Custom Text** 속성을 {"ID":456}로 변경한 것이다. 또한, 파일이 너무 자주 기록되지 않도록
Generate Data와 Generate Data2 모두 실행 간격을 1시간으로 설정했다. 세 프로세스 그룹을 모두
실행한 후 대기열을 살펴보면 각 데이터 생성 그룹에서 온 FlowFile들을 확인할 수 있을 것이다. 그리
고 출력 디렉터리를 보면 123이라는 파일과 함께 456이라는 파일도 있을 것이다.

10.2 NiFi 변수 레지스트리 활용

지금까지의 예제 데이터 파이프라인들에서, NiFi 표현식 언어를 이용해서 FlowFile의 데이터를 추출
하는 경우도 있었지만, 일래스틱서치 서버의 포트 번호라던가 앞의 예제의 123과 456처럼 특정한 값
을 하드코딩한 경우가 많았다. 데이터 파이프라인에 하드코딩된 값이 있으면, 데이터 파이프라인을
다른 환경으로 옮길 때마다 값을 변경해야 한다. 예를 들어 실무 환경에서는 검사 환경과는 다른 데
이터베이스를 사용할 것이므로, 검사를 마친 데이터 파이프라인을 실무 환경에 배치하려면 데이터
파이프라인의 여러 처리기들에서 데이터베이스와 관련된 설정들을 모두 변경해야 한다. 하드코딩된
값들이 많으면, 일일이 수정하는 데 시간이 많이 걸리고 실수할 여지도 커진다. 이런 문제를 해결하
는 한 가지 방법은 NiFi의 변수 레지스트리(variable registry)를 이용하는 것이다.

그럼 제4장 **데이터베이스 다루기**에서 만든 예제 데이터 파이프라인을 이용해서 NiFi 변수 레지스트리(variable registry)를 사용하는 방법을 설명하겠다. 이하는 그 데이터 파이프라인을 postgresToelasticsearch라는 이름의 프로세스 그룹으로 묶어 두었다고 가정한다. 다음은 postgresToelasticsearch 프로세스 그룹의 모습이다.

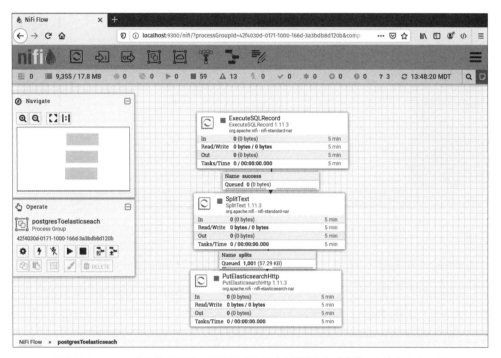

그림 10.8 PostgreSQL을 질의하고 질의 결과를 일래스틱서치에 저장하는 데이터 파이프라인

프로세스 그룹 바깥에서 프로세스 그룹 상자를 오른쪽 클릭한 후 **Variables**를 선택하면 변수를 추가하거나 변경하는 대화상자가 나타난다. 더하기 기호를 클릭해서 변수 이름과 초기치를 입력하면 변수가 만들어진다. 이렇게 만든 변수들은 현재 프로세스 그룹에 속하게 된다.

프로그래밍 언어에서처럼, NiFi의 변수들에도 범위(scope)가 있다. 프로세스 그룹의 변수는 그 그룹의 지역(local) 변수에 해당한다. 반면, 캔버스의 빈 곳을 오른쪽 클릭해서 만든 변수의 범위는 전역(global)이다. 이번 예제를 위해, 그림 10.9를 참고해서 postgresToelasticsearch 그룹의 지역 변수 두 개(elastic과 index)와 전역 변수 하나(elastic)를 만들기 바란다.

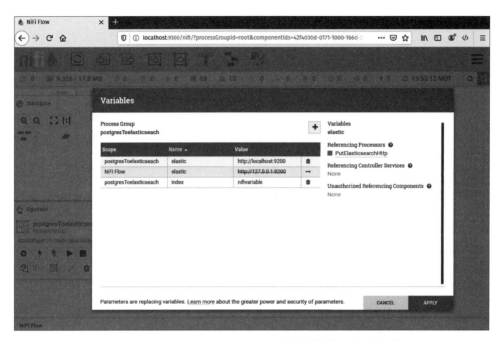

그림 10.9 postgresToelasticsearch **그룹이 접근할 수 있는 변수들**

postgresToelasticsearch 그룹의 변수 목록에 지역 변수들뿐만 아니라 전역 변수도 나타나 있음을 주목하자. **Scope** 열에 해당 변수의 범위가 나와 있다. 범위가 **postgresToelasticsearch**인 것은 이 그룹의 지역 변수이고, **NiFi Flow**(NiFi 자체)인 것은 전역 변수이다. 전역과 지역에 elastic라는 이름의 변수가 있는데, 이처럼 같은 이름의 변수들이 있으면 지역 변수가 우선시된다.

이제 이 변수들을 NiFi 표현식 언어를 이용해서 참조할 수 있다. PutElasticsearchHttp 처리기에서 **Elasticsearch URL** 속성을 ${elastic}로 변경하고 **Index** 속성을 ${index}로 변경하기 바란다. 그러면 데이터 파이프라인 실행 시 두 속성이 각각 *http://localhost:9200*과 nifivariable로 설정된다.

데이터 파이프라인을 실행한 후 질의 결과가 일래스틱서치에 잘 추가되었는지 확인하기 바란다. nifivariable이라는 이름의 새 색인에 레코드 1,001개가 있으면 정상이다. 그림 10.10은 일래스틱서치 서버에 직접 접속해서 이를 확인한 모습이다.

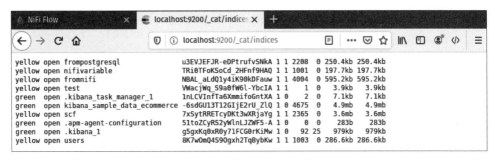

그림 10.10 **둘째 행에 nifivariable이라는 새 색인이 있다**

이 마무리 작업까지 마치면 데이터 파이프라인을 실무 환경에 배치할 준비가 모두 끝난 것이다. 다음 절에서는 데이터 파이프라인을 배치하는 여러 가지 방법을 살펴본다.

10.3 데이터 파이프라인 배치

개발 환경, **검사** 환경, **실무** 환경 등 다양한 환경을 다루는 전략은 여러 가지이다. 어떤 전략이 최선 인지는 주어진 업무에 따라 다르다. 그렇지만, 어떤 전략을 사용하든 버전 관리 도구를 활용할 필요 가 있다는 점은 동일하다. 그럼 NiFi 데이터 파이프라인을 NiFi 레지스트리로 관리한다는 가정하에 서 여러 전략을 살펴보자.

10.3.1 가장 간단한 전략

가장 간단한 전략은 NiFi 인스턴스 하나의 캔버스에 데이터 파이프라인(프로세스 그룹)의 환경별 버전 들을 두는 것이다. 그림 10.11이 그러한 예이다. 개발 환경(그림의 DEV)의 버전을 마무리한 다음에는 검사 환경(TEST)으로 넘어간다. 검사에서 뭔가 문제가 발견되면 다시 개발 환경 버전으로 가서 변경 사항들을 커밋한다. 검사 버전에 문제가 없으면 그것을 실무 환경(PROD)으로 승격해서 실무에 배치 한다.

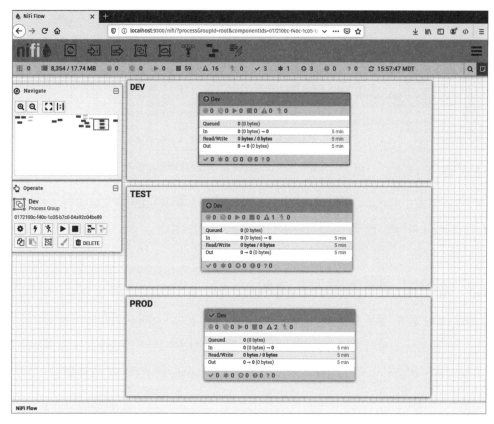

그림 10.11 하나의 NiFi 인스턴스에 세 가지 환경(DEV, TEST, PROD)을 모두 담은 예[역주3]

그림 10.11을 보면 PROD의 프로세스 그룹에만 녹색 체크 표시가 있다. DEV에 있는 것은 최신 버전이 아니라 개발 당시의 버전이다. 이 버전의 변경 사항들을 커밋한 것이 TEST 버전이고, 이 버전의 변경 사항들을 커밋한 최신 버전이 PROD이다. 이후 데이터 파이프라인을 개선할 때가 되면 현재 최신 버전을 DEV에 체크아웃한 후 같은 과정을 반복해서 최신의 버전이 PROD가 되게 한다.

소규모 조직이라면 이런 전략이 유효하다. 그러나 NiFi 인스턴스를 더 늘릴 자원상의 여유가 있다면 더 늘리는 것이 마땅하다. 그리고 NiFi 인스턴스가 여러 개이면 이와는 다른 전략이 필요하다.

10.3.2 중간 전략

중간 전략은 앞에서처럼 NiFi 레지스트리를 활용하되, 실무용 NiFi 인스턴스를 따로 둔다는 점이 다르다. 나는 이 책의 예제들을 작성하고 실행하는 데 사용한 컴퓨터(이하 개발용 컴퓨터)와는 다른 컴퓨

역주3 그림 10.11의 화면에서 노란색 바탕의 DEV, TEST, PROD 영역들은 NiFi의 '이름표' 요소이다. 도구 모음에서 풍선 도움말이 Label인 요소를 캔버스에 끌어다 놓고 이름을 지정하면 된다.

터에 새로 NiFi를 설치했다. 이것이 실무 환경에 해당한다. 나는 NiFi 레지스트리도 개발용 컴퓨터에서 실행하지만, 여건에 따라서는 다른 컴퓨터에서 실행해도 좋다.

실무 환경에서 새 NiFi 인스턴스를 실행한 후, §8.2.1에서 했던 것처럼 NiFi 레지스트리를 새 인스턴스에 추가하기 바란다. 그림 10.12는 추가를 마친 모습이다.

그림 10.12 새 NiFi 인스턴스와 NiFi 레지스트리 연결

이전과는 NiFi 레지스트리 URL이 다르다는 점을 주의하기 바란다. 기존 NiFi 인스턴스에서는 localhost를 사용했었다. 그러나 지금은 NiFi 인스턴스와 NiFi 레지스트리가 서로 다른 호스트에 있으므로 이처럼 IP 주소를 명시해야 한다. 연결이 성사되면 새 NiFi 인스턴스는 레지스트리에 있는 데이터 파이프라인의 모든 버전에 접근할 수 있다.

그럼 실무 환경 NiFi에 기존 데이터 파이프라인을 가져와 보자. 프로세스 그룹을 캔버스에 끌어다 놓고 Import를 선택하고, 개발용 컴퓨터에서 실무용으로 승격한 프로세스 그룹 버전을 선택한다.

그림 10.13 프로세스 그룹 가져오기

IMPORT 버튼을 클릭하면 해당 프로세스 그룹이 캔버스에 추가된다. 현재 이 프로세스 그룹은 개발 환경에서 설정한 변수들이 그대로 적용된 상태이다. 그 변수들의 값을 실무 환경에 맞게 변경할 수 있다. 변수들을 매번 변경할 필요는 없다. 개발 환경에서 변수들을 변경한 후 실무 환경을 갱신해도 실무 환경에서 설정한 값들은 변하지 않는다. 그림 10.14는 실무 환경에 맞게 변수들의 값을 변경한 후의 모습이다.

그림 10.14 **실무 환경의 지역 변수들을 갱신한 후의 모습**

이전 전략에서처럼 작업의 흐름은 개발 환경에서 시작한다. 개발 환경에서 프로세스 그룹을 변경한 후 변경 사항들을 커밋하면, 실무 환경의 프로세스 그룹은 더 이상 최신 버전이 아니므로 그림 10.15처럼 빨간색 바탕 화살표 아이콘이 나타난다.

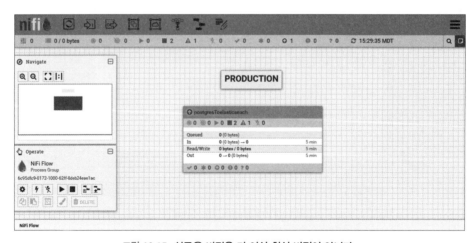

그림 10.15 **실무용 버전은 더 이상 최신 버전이 아니다.**

실무 환경의 프로세스 그룹을 오른쪽 클릭한 후 **Change version**을 선택하면 그림 10.16과 같은 대화 상자가 나타난다. 여기서 최신 버전을 선택하고 **CHANGE** 버튼을 클릭한다.

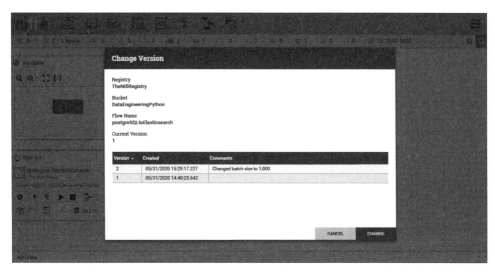

그림 10.16 **최신 버전 선택**

이제 실무 환경이 최신 버전으로 갱신되었으므로, 그림 10.17에서처럼 프로세스 그룹에 녹색 체크 표시가 나타날 것이다. 프로세스 그룹을 오른쪽 클릭하고 **Variables**를 선택하면, 지역 변수들은 여전히 앞에서 실무 환경에 맞게 설정한 값들임을 확인할 수 있다.

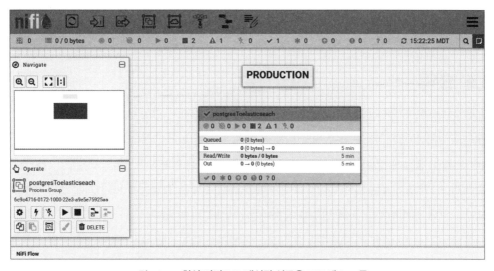

그림 10.17 **최신 버전으로 갱신된 실무용 프로세스 그룹**

대부분의 데이터 공학자에게는 이상의 전략이 유용할 것이다. 이번 예에서는 개발 환경과 실무 환경만 분리했지만, 추가로 검사 환경을 분리할 수도 있다. 검사 환경에 맞게 지역 변수들(데이터베이스 연결 설정 등)을 적절히 갱신한 후 지금까지 말한 것과 동일한 전략을 적용하면 된다.

NiFi 인스턴스를 여러 개 두는 것에서 더 나아가서, NiFi 레지스트리 인스턴스를 여러 개 둘 수도 있다. 그럼 여러 개의 레지스트리를 사용하는 전략을 살펴보자.

10.3.3 다중 레지스트리 전략

개발·검사·실무 환경을 관리하는 좀 더 진보된 전략은 NiFi 레지스트리를 여러 개 사용하는 것이다. 여기서는 NiFi 레지스트리를 두 개 사용하는 경우를 간단하게만 설명한다. 하나는 개발용이고 다른 하나는 검사와 실무용이다. 개발 환경은 개발용 레지스트리와 연결하고, 검사 환경과 실무 환경은 나머지 한 레지스트리에 연결한다.

개발 환경의 데이터 파이프라인을 검사 환경으로 승격할 때는 데이터 파이프라인을 파일에 저장하고, 그것을 검사·실무용 레지스트리에 추가한다. 이 작업은 관리자가 NiFi CLI(명령줄 인터페이스) 도구를 이용해서 간단하게 수행할 수 있다. 이제 검사 환경의 NiFi 인스턴스에서 검사·실무용 레지스트리로부터 개발 버전을 가져온다. 이후 과정은 중간 전략에서와 동일하다. 즉, 검사를 수행하고 문제점을 수정한 버전을 검사·실무용 레지스트리에 커밋하고, 실무 환경을 최신 버전을 갱신하면 된다. 이 전략의 장점은 개발 환경의 버전을 검사 단계를 건너뛰고 실무 환경에 바로 배치하는 사고가 발생하기 어렵다는 것이다(개발 환경과 검사·실무 환경이 분리되어 있고 검사 환경으로 넘어갈 때 관리자의 승인이 필요하므로). 자원이 더 많이 들긴 하지만, 미연의 사고를 방지할 수 있다는 점에서 좋은 전략이다.

10.4 요약

이번 장에서는 실무 배치를 위해 데이터 파이프라인을 마무리하는 방법을 살펴보았다. 프로그래밍에서 함수를 정의하고 호출하는 것과 비슷하게, 특정 작업에 대한 프로세스 그룹을 분리함으로써 처리기들의 중복을 줄일 수 있다. 그리고 입력 포트와 출력 포트를 이용하면 여러 프로세스 그룹을 연결할 수 있다. 이번 장에서는 또한 데이터 파이프라인을 서로 다른 환경들에 배치할 때 설정 변경 작업을 줄이기 위해 전역 변수와 지역 변수를 활용하는 방법도 이야기했다.

다음 장에서는 이 책에서 지금까지 배운 모든 개념과 기법을 이용해서 좀 더 본격적인 실무용 데이터 파이프라인을 구축하고 배치해 본다.

11

실습 프로젝트: 실무용 데이터 파이프라인 구축

이번 장에서는 제2부에서 배운 실무용 데이터 파이프라인의 특징 및 관련 기법들을 활용해서 실무용 데이터 파이프라인 하나를 실제로 구축하고 배치한다. 이번 데이터 파이프라인은 각각 한 가지 작업을 수행하는 개별 프로세스 그룹들로 구성된다. 이 그룹들의 버전을 NiFi 레지스트리로 관리하고, 여러 환경을 옮겨 다닐 때 설정 변경을 최소화하기 위해 NiFi 변수 레지스트리도 적극적으로 활용한다.

이번 장의 주요 주제는 다음과 같다.

- 검사 환경과 실무 환경 구축
- 실무용 데이터 파이프라인 구축
- 데이터 파이프라인을 실무 환경에 배치

11.1 검사 환경과 실무 환경 구축

이전 여러 장들과는 달리 이번 장에서는 PostgreSQL을 데이터 추출과 적재 모두에 사용한다. 가장 먼저 할 일은 검사 환경과 실무 환경 각각에 개별적인 스테이징용 테이블과 웨어하우스 테이블을 만드는 것이다. 제2장에서처럼 **PgAdmin4**를 이용해서 데이터베이스와 테이블을 생성하기로 하자.

11.1.1 데이터베이스 생성

다음은 이번 예제에 필요한 데이터베이스들과 테이블들을 생성하는 과정이다.

1 브라우저로 *http://localhost/pgadmin4/*을 열고, 사용자 이름과 패스워드를 입력한 후 **Login** 버튼을 클릭해서 로그인한다. 그런 다음 왼쪽 트리에서 **Servers** 노드를 연다.

2 PostgreSQL 서버의 **Databases** 노드를 오른쪽 클릭한 후 **Create | Database**를 선택하면 데이터베이스 생성 대화상자가 나타난다. **Database** 입력 칸에 데이터베이스 이름으로 test를 입력한 후 **Save** 버튼을 클릭한다.

3 이제 test 데이터베이스에 테이블들을 추가하자. 먼저 스테이징용 테이블부터 추가한다. 왼쪽 트리에서 test 데이터베이스, Schemas 노드, public 노드를 확장하고 **Tables** 노드를 오른쪽 클릭한 후 **Create | Table**을 선택한다. **General** 탭에서 테이블 이름을 staging으로 설정한다. **Columns** 탭으로 가서 더하기 기호를 클릭하고, 그림 11.1을 참고해서 테이블 열들을 추가한다.

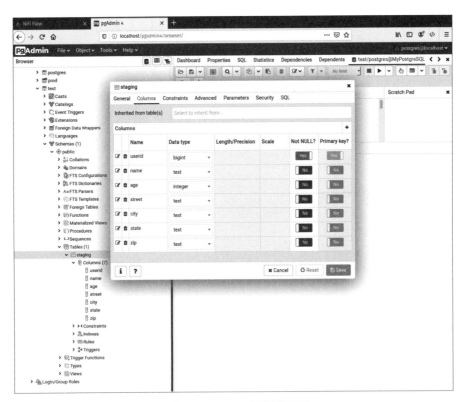

그림 11.1 staging 테이블의 열들

4 열들을 다 추가했으면 **Save** 버튼을 클릭해서 테이블 정의를 저장한다. 그런데 이 테이블과 동일한 구성의 테이블을 검사 환경에 하나 더 만들고, 실무 환경 데이터베이스에는 두 개를 만들어야 한다. 테이블 생성용 SQL 스크립트를 이용하면 같은 종류의 테이블을 손쉽게 생성할 수 있다. 그림 11.2처럼 staging 테이블을 오른쪽 클릭한 후 **Scripts | CREATE Script**를 선택하기 바란다.

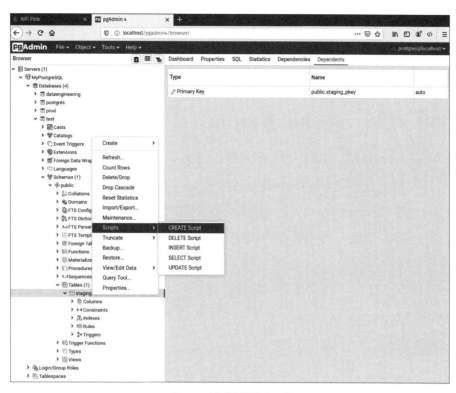

그림 11.2 **테이블 생성 스크립트**

5 그러면 이 테이블을 생성하는 SQL 스크립트가 있는 편집창이 나타날 것이다. 이 스크립트에서 테
이블 이름 staging을 warehouse로 변경한 후 실행하면 staging 테이블과 동일한 열들을 가진
warehouse라는 이름의 테이블이 생성된다. 이름을 warehouse로 변경한 후 도구 모음의 실행 버
튼(오른쪽 삼각형)을 클릭해서 실제로 실행하기 바란다.

6 마지막으로, **Databases**를 오른쪽 클릭해서 prod라는 이름의 새 데이터베이스를 만들고, 앞에서
만든 SQL 스크립트를 이용해서 staging 테이블과 warehouse 테이블을 생성한다.

이제 검사 환경과 실무 환경을 위한 테이블들이 만들어졌다. 다음으로 할 일은 데이터 레이크를
준비하는 것이다.

11.1.2 데이터 레이크 채우기

일반적으로 **데이터 레이크**data lake(데이터 호수)는 파일들을 저장하는 디스크의 한 장소이다. 흔히 하
둡Hadoop의 **HDFS**(Hadoop Distributed File System)와 하둡 생태계에 기반한 도구들이 데이터 레이크
운영에 쓰인다. 그러나 데이터 레이크 자체가 이번 장의 초점은 아니므로, 이번 예제에서는 보통의 폴

더 하나를 데이터 레이크로 사용하기로 한다.

먼저, 파이썬과 Faker 라이브러리를 이용해서 예제용 데이터 레이크를 채우기로 하자. 적당한 곳에 datalake라는 이름의 폴더를 만들기 바란다. 나는 내 홈 디렉터리에 만들었다.

이 책의 제1부에서 했던 것처럼, 인적 사항을 담은 레코드들을 무작위로 생성해서 각각을 JSON 파일로 저장하기로 한다. 구체적인 과정은 다음과 같다.

1 필요한 라이브러리들을 도입하고, 데이터 레이크 디렉터리로 이동하고, Faker 객체를 생성한다. 그런 다음 사용자 ID를 뜻하는 userid라는 변수를 1로 설정하는데, 사용자 ID는 인적 사항 레코드들의 기본 키(primary key)로 쓰인다. 인적 사항 레코드를 생성할 때마다 이 변수를 1씩 증가해서 레코드마다 고유한 기본 키를 가지게 할 것이다.

```
from faker import Faker
import json
import os
os.chdir("/home/paulcrickard/datalake")
fake=Faker()
userid=1
```

2 다음으로, for 루프와 Faker 라이브러리를 이용해서 사용자 ID와 이름, 나이, 도로명, 도시, 주, 우편번호(zip)를 담은 가짜 인적 사항 레코드들을 생성한다. fname 변수는 생성된 가짜 성명에서 이름(first name)과 성(last name), 중간 이름을 구분하는 빈칸들을 모두 하이픈(-)으로 대체한 것으로, 나중에 해당 레코드를 저장할 파일 이름으로 쓰인다. 리눅스에서 파일 이름에 빈칸이 있으면 파일 이름을 지칭할 때 전체를 따옴표로 감싸야 하는 번거로움이 있어서 이처럼 빈칸 대신 하이픈을 사용했다.

```
for i in range(1000):
    name=fake.name()
    fname=name.replace(" ","-")+'.json'
    data={
        "userid":userid,
        "name":name,
        "age":fake.random_int(min=18, max=101, step=1),
        "street":fake.street_address(),
        "city":fake.city(),
        "state":fake.state(),
        "zip":fake.zipcode()
    }
```

3 레코드를 생성할 때마다 해당 JSON 객체를 앞에서 언급한 파일 이름을 이용해서 파일에 저장한다. 파일 객체를 닫고 루프의 다음 반복으로 넘어간다.

```
datajson=json.dumps(data)
output=open(fname,'w')
userid+=1
output.write(datajson)
output.close()
```

이 코드를 실행하면 데이터 레이크 폴더에 1,000개의 JSON 파일이 만들어진다. 이제 이 데이터 레이크를 데이터 공급원으로 사용하는 데이터 파이프라인을 구축해 보자.

11.2 실무용 데이터 파이프라인 구축

이제부터 구축할 데이터 파이프라인이 하는 일은 다음과 같다.

- 데이터 레이크에서 파일들을 읽어 들인다.
- 파일들을 스테이징 테이블에 삽입한다.
- 스테이징 데이터를 검증한다.
- 스테이징 데이터를 데이터 웨어하우스로 옮긴다.

그림 11.3은 완성된 데이터 파이프라인의 모습이다.

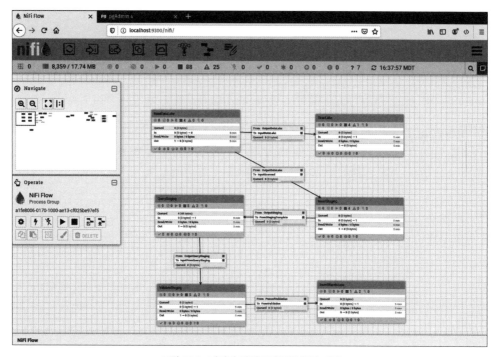

그림 11.3 **데이터 파이프라인의 최종 버전**

이 NiFi 데이터 파이프라인은 다수의 프로세스 그룹으로 구성된다. 그럼 데이터 레이크를 읽어 들이는 첫 프로세스 그룹부터 살펴보자.[역주1]

11.2.1 데이터 레이크 읽기(ReadDataLake 그룹)

데이터 레이크 읽기 프로세스 그룹(ReadDataLake)은 제1부에서 설명한 기술을 이용해서 파일들을 읽어 들인다. 이 프로세스 그룹은 처리기 GetFile, EvaluateJsonPath, UpdateCounter와 출력 포트 하나로 구성된다. 그럼 이 세 처리기와 출력 포트를 설정하는 방법을 살펴보자.

11.2.1.1 GetFile 처리기

GetFile은 폴더(지금 예제에서는 데이터 레이크)에서 파일들을 읽어 들이는 데 쓰이는 처리기이다. 하둡 기반 데이터 레이크를 사용한다면 이 처리기 대신 GetHDFS 처리기를 사용하면 된다. GetFile의 속성 탭에서 입력 디렉터리(**Input Directory** 속성)를 데이터 레이크 폴더로 설정하기 바란다. 내 경우는 /home/paulcrickard/datalake이다. 그리고 **Keep Source File**을 **true**로 변경해야 한다. 이 속성이 false이면, 처리기가 읽어 들인 파일이 자동으로 삭제된다. 마지막으로, **File Filter** 속성을 JSON 파일 확장자와 부합하는 정규표현식 패턴인 ^.*\.([jJ][sS][oO][nN]??)$로 설정한다. 이 속성의 기본값을 그대로 두어도 예제가 작동하긴 하지만, 만일 데이터 레이크에 JSON 파일 이외의 파일들이 있다면 처리기는 그 파일들도 모두 읽어 들이기 때문에 이후 단계의 처리기가 실패한다.

11.2.1.2 EvaluateJsonPath 처리기

EvaluateJsonPath 처리기는 JSON 데이터에서 특정 필드들을 추출해서 FlowFile을 변경하는 용도로 쓰인다. 이 예제에서는 FlowFile의 내용이 아니라 특성들을 변경할 것이므로, 속성 탭에서 **Destination** 속성을 **flowfile-attribute**로 변경하기 바란다. 나머지 속성들은 기본값대로 두면 된다. 마지막으로, 더하기 아이콘을 클릭해서 JSON의 각 필드에 대응되는 속성들을 추가한다. 그림 11.4는 속성들이 모두 추가된 모습이다.

[역주1] 이하의 내용에서 프로세스 그룹을 생성하고 이름을 지정하거나, 처리기들을 적절히 연결하거나, 불필요한 관계들을 종료시키는 등의 단계는 생략되어 있으니 지금까지 배운 것들과 그림 11.3을 참고해서 적절히 처리하기 바란다.

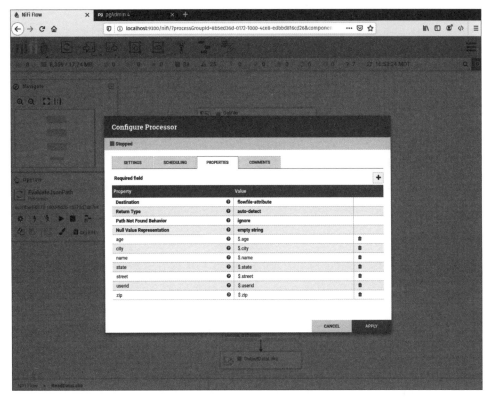

그림 11.4 EvaluateJsonPath 처리기 설정

이제 데이터 레이크에서 데이터를 읽는 작업은 완성되었다. 다음으로, 모니터링을 위한 처리기를 추가한다.

11.2.1.3 UpdateCounter 처리기

이 처리기는 카운터를 증가하거나 감소한다. 이 예제에서는 FlowFile이 거쳐갈 때마다 카운터를 1씩 승가하는 용도로 사용한다. 이 처리기가 데이터 자체를 수정하지는 않지만, 이 처리기가 갱신하는 카운터는 프로세스 그룹의 진척 정도를 가늠하는 데 도움이 된다. GUI를 이용해서 FlowFile 개수를 눈으로 확인하는 것보다는 이처럼 카운터를 사용하는 것이 더 정확하다. 속성 탭을 보면 **Delta** 속성에는 이미 1이 설정되어 있을 것이다. 그 속성은 그대로 두고, **Counter Name** 속성을 datalakerecordsprocessed로 설정한다.

이제 출력 포트를 추가하면 이 프로세스 그룹이 완성된다. 캔버스에 출력 포트를 추가하고, 이름은 OutputDataLake로 설정하기 바란다. 마지막으로, 프로세스 그룹을 오른쪽 클릭해서 **Version | Start version control**을 선택한다. **Flow Name**을 ReadDataLake로 설정하고, 그 아래 두 입력란에 이 작업 흐름(프로세스 그룹)의 설명과 이 버전의 설명(커밋 메시지)도 적절히 입력하기 바란다.

이렇게 해서 첫 프로세스 그룹이 완성되었다. 데이터 레이크에서 인적 사항 레코드들을 읽어 들일 필요가 있으면 어디서든 이 프로세스 그룹을 도입해서 사용하면 된다. 이 프로세스 그룹은 모든 JSON 파일을 읽고 인적 사항 필드들을 추출한다. 나중에 데이터 레이크가 변하면, 이 프로세스 그룹 하나면 수정하면 된다. 그러면 이 프로세스 그룹을 사용하는 모든 데이터 파이프라인이 새 데이터 레이크에 맞게 갱신된다.

다음에 살펴볼 프로세스 그룹은 데이터 파이프라인의 주된 작업 흐름에서 벗어난 것이다. 프로세스 그룹과 프로세스 그룹을 연결해서 활용하는 또 다른 방법을 배우는 기회가 될 것이다.

11.2.2 데이터 레이크 스캐닝(ScanLake 그룹)

이 데이터 파이프라인의 주목적은 데이터 레이크에서 데이터를 읽어서 데이터 웨어하우스에 넣는 것이다. 그와는 무관하게, 회사의 다른 부서에서 어떤 사람(아마도 VIP 고객)을 위해 데이터 레이크를 모니터링할 필요가 생겼다고 가정하자. 이를 위해 새 데이터 파이프라인을 구축하기보다는, 그냥 모니터링을 위한 프로세스 그룹을 만들어서 ReadDataLake 프로세스 그룹에 붙이는 것이 더 간단하다.

ScanLake 프로세스 그룹은 ReadDataLake 프로세스 그룹의 출력과 연결된 입력 포트로 시작한다. 그 입력 포트로 들어온 데이터는 ScanContent 처리기와 EvaluateJsonPath 처리기를 거쳐 PutSlack 처리기로 흘러간다. PutSlack은 슬랙 메시지를 보냄과 함께 데이터를 출력 포트로 전달한다. 그림 11.5는 완성된 프로세스 그룹의 모습이다.

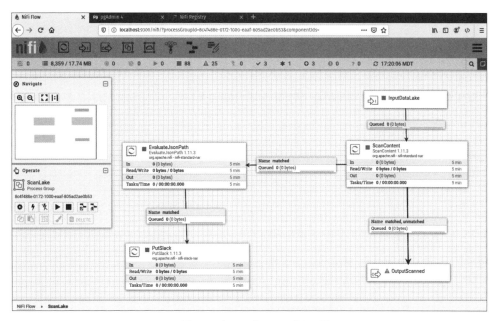

그림 11.5 ScanLake 프로세스 그룹

EvaluateJsonPath 처리기는 여러 번 나왔고 PutSlack 처리기도 §9.2에서 설명했으므로 따로 더 설명할 필요는 없을 것이다. 그러나 ScanContent 처리기는 이 책에 처음 등장했다. ScanContent 처리기는 FlowFile의 필드들을 사전 파일(dictionary file)의 내용과 비교한다. FlowFile의 필드 중에서 찾고자 하는 값들을 사전 파일의 각 행에 담아 두면 된다. 나는 /home/paulcrickard/data.txt에 사람 이름 하나를 넣었다. 사전 파일의 경로를 **Dictionary File** 속성에 지정하면 이 처리기의 설정이 끝난다. 이후, 사전 파일에 있는 이름과 동일한 이름을 담은 FlowFile이 들어오면 matched 관계로 연결된 EvaluateJsonPath 처리기가 작동해서 결국에는 슬랙 메시지가 전송된다.

11.2.3 데이터를 스테이징 테이블에 삽입(InsertStaging 그룹)

이 데이터 파이프라인은 데이터 레이크에서 데이터를 읽어 들이며, 데이터 레이크의 파일들은 자동으로 삭제되지 않는다. 따라서, 트랜잭션 데이터베이스에서 데이터를 읽어 들일 때처럼 데이터를 파일에 기록하는 등의 중간 단계는 필요하지 않다. 대신, 데이터 웨어하우스에 데이터를 넣기 전에 모든 것이 제대로 잘 되었는지 확인할 여유를 두기 위해 데이터를 스테이징용 테이블에 담아 두기로 한다. 데이터를 테이블에 저장하는 데는 PutSQL 처리기 하나만 있으면 된다. 새 프로세스 그룹을 만들고 입력 포트와 PutSQL 처리기, 출력 포트를 추가하기 바란다.

11.2.3.1 PutSQL 처리기

PutSQL 처리기를 이용하면 데이터베이스 테이블에 대해 INSERT나 UPDATE 같은 SQL 질의문을 실행할 수 있다. FlowFile의 내용 자체에 SQL 질의문을 담아서 실행하는 것도 가능하지만, 여기서는 처리기의 **SQL Statement** 속성에 질의문을 설정하는 방식을 사용한다. 다음 SQL 질의문을 이 속성에 설정하기 바란다.

```
INSERT INTO ${table} VALUES ('${userid}','${name}',${age},'${street}','${city}',
'${state}','${zip}');
```

이 질의문은 NiFi 표현식 언어를 사용한다. ${table}을 제외한 표현식들은 모두 EvaluateJsonPath 처리기에서 설정한 FlowFile 특성들에 대응된다. ${table}은 FlowFile의 한 특성이 아니라, NiFi 변수 레지스트리를 이용해서 이 프로세스 그룹의 지역 변수로 등록한 변수이다. 검사 환경에서는 이 변수의 값이 staging이지만, 데이터 파이프라인을 실무 환경에 배치할 때는 다른 값으로 설정한다.

다음으로, 제4장에서 했던 것처럼 **JDBC**(Java Database Connectivity) 연결 풀 서비스를 생성하고, 한 묶음으로 처리할 레코드 개수(**Batch Size**)와 실패 시 철회(rollback) 여부 등 처리기의 나머지 속성들도 적절히 설정하기 바란다. 특히, **Rollback on Failure**를 **True**로 설정해야 트랜잭션이 원자적으로 진행된다. 즉, 한 묶음의 FlowFile들 중 하나라도 실패하면 처리기는 모든 처리를 중단하며, 그러면 데이터 파이프라인의 나머지 부분도 실행이 멎는다.

모니터링을 위해 PutSQL 처리기에 새 UpdateCounter 처리기를 연결하고, 카운터 이름은 InsertedStaging으로 설정하기 바란다. 모든 것이 제대로 진행된다면 이 카운터의 값이 datalakerecordsprocessor 카운터의 값과 일치하게 된다. UpdateCounter 처리기를 출력 포트에 연결하면 이 프로세스 그룹이 완성된다. 출력 포트의 이름은 OutputStaging으로 하기 바란다.

11.2.4 스테이징 데이터베이스 질의(QueryStaging 그룹)

다음 프로세스 그룹은 스테이징 데이터베이스를 질의한다. 앞에서 데이터를 테이블에 적재했으므로, 여기서 모든 레코드를 조회해서 적재가 잘 되었는지 확인한다. 필요하다면 레코드들이 데이터에 대한 예측과 부합하는지를 이 그룹에서 확인할 수도 있다. 데이터 분석가와 함께 추가적인 분석 작업을 구현하면 좋을 것이다. 이 예제에서는 스테이징 데이터베이스를 질의하고 특정 조건의 충족 여부에 따라 질의 결과를 다음 단계로 전달하는 정도로만 구현한다.

11.2.4.1 ExecuteSQLRecord 처리기

앞의 프로세스 그룹에서는 PutSQL 처리기를 이용해서 데이터를 데이터베이스에 삽입했다. 이번 프로세스 그룹에서는 SQL SELECT 질의를 수행해서 레코드들을 조회한다. 먼저 **SQL select query** 속성을 다음과 같은 select 질의문으로 설정하기 바란다.

```
select count(*) from ${table}
```

이 질의문의 ${table}은 NiFi 변수 레지스트리에 등록된 table 변수의 값으로 치환된다. 검사 환경에서 그 변수의 값은 staging이다. **JDBC Connection Pool** 속성은 앞에서 만든 JDBC 연결 풀을 선택하고, **Record Writer** 속성은 **JsonRecordSetWriter**로 설정하기 바란다. 이렇게 하면 이 처리기는 count라는 필드 하나가 있는 JSON 객체를 출력한다. 이 처리기에 EvaluateJsonPath 처리기를 연결하고, count 필드를 추출해서 recordcount라는 특성에 설정하도록 EvaluateJsonPath를 설정하기 바란다.

11.2.4.2 RouteOnAttribute 처리기

EvaluateJsonPath 다음에는 RouteOnAttribute 처리기가 온다. 이 처리기는 특정 조건에 따라 FlowFile의 전달 경로를 변경하는 데 쓰인다. 속성 탭에서 **Routing strategy** 속성을 **Route to Property name**으로 변경하고, 더하기 기호를 클릭해서 allrecords라는 이름의 속성을 추가하기 바란다. 속성의 값은 다음과 같은 NiFi 표현식으로 설정한다.

```
${recordcount:ge( 1000 )}
```

이 표현식은 recordcount 특성의 값이 1,000보다 큰지 평가한다. 만일 그 조건이 참이면 처리의 흐름은 속성의 이름과 동일한 이름의 allrecords 관계로 이어진다. 그 관계를 OutputQueryStaging이라는 이름의 출력 포트에 연결하면 이 프로세스 그룹이 완성된다.

11.2.5 스테이징 데이터 검증(ValidateStaging 그룹)

앞의 QueryStaging 프로세스 그룹은 레코드 개수만 검증했다. 좀 더 본격적인 검증을 위해, 이 프로세스 그룹에서는 Great Expectations를 이용해서 데이터를 검증한다. Great Expectations는 제7장 **실무용 데이터 파이프라인의 특징**에서 소개했으므로, 간략하게만 이야기하겠다.

　　Great Expectations를 사용하려면 먼저 프로젝트 폴더를 만들어야 한다. 다음은 프로젝트 폴더를 만들고 Great Expectations를 초기화하는 명령들이다.

```
mkdir staging
cd staging
great_expectations init
```

둘째 명령을 실행하면 Great Expectations는 검증 모음(validation suite)의 생성을 위해 여러 가지 질문을 던지는데, Great Expectations를 어디에 연결할 것인지 묻는 질문(What data would you like...)에 **Relational database (SQL)**와 **Postgres**를 선택하고, 그림 11.6을 참고해서 나머지 질문들(특히 PostgreSQL 연결 관련)에 적절히 답하기 바란다.

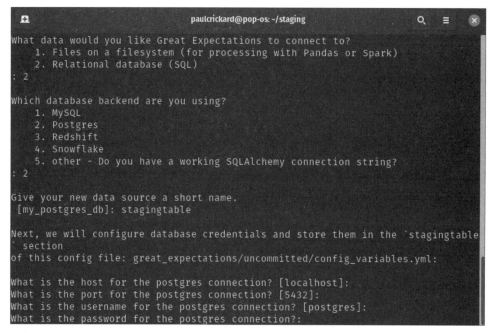

그림 11.6 **PostgreSQL 연동을 위한 Great Expectations 설정**

모든 질문에 답하면 Great Expectations는 데이터베이스에 연결을 시도한다. 연결이 성공하면 Great Expectations는 검증 모음을 생성하고, 검증 결과를 담은 문서들이 있는 URL을 출력한다. 지금은 스테이징 테이블에 아무 것도 없으므로 그리 상세한 검증 모음이 만들어지지는 않는다. 다음 명령을 실행하면 검증 모음을 여러분이 직접 수정할 수 있는 주피터 노트북이 열린다.

```
great_expectations suite edit staging.validation
```

잠시 기다리면 브라우저에 이 검증 모음에 대한 주피터 노트북이 나타날 것이다. 여기서 검증 규칙들을 수정하거나 추가할 수 있다. 그림 11.7은 레코드 수가 최소 0, 최대 0이어야 한다는 불합리한 기대를 삭제하기 직전의 모습이다.

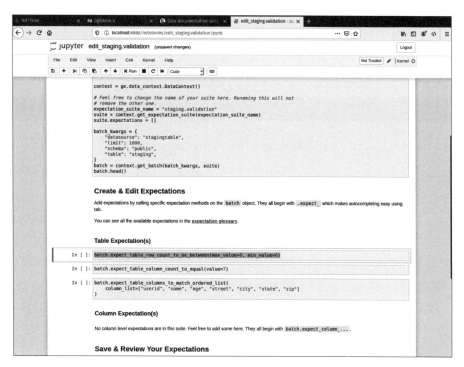

그림 11.7 **수정된 Great Expectations 검증 모음**

강조된 행을 삭제한 후 노트북의 모든 셀을 실행하기 바란다. 잠시 기다리면 그림 11.8처럼 레코드 수에 대한 기대가 제거된 검증 결과를 담은 검증 모음 문서가 표시될 것이다.

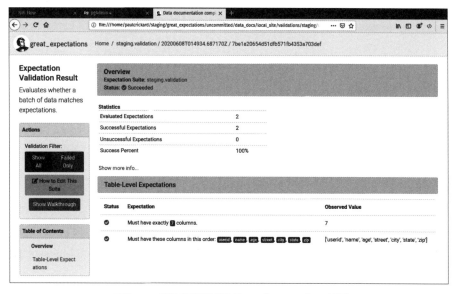

그림 11.8 **검증 모음에 대한 Great Expectations 문서**

검증 모음을 완성했으니, 다음으로 할 일은 Great Expectations 밖에서 데이터를 검증하는 데 사용할 파이썬 스크립트를 생성하는 것이다. 다음 명령을 실행하면 staging.validation 검증 모음에 대한 탭이 sv.py라는 파일로 저장된다.

```
great_expectations tap new staging.validation sv.py
```

언제라도 이 파이썬 스크립트를 실행해서 test 데이터베이스의 staging 테이블을 검증할 수 있다.

스테이징 검증을 위한 프로세스 그룹의 첫 요소는 QueryStaging 프로세스 그룹의 출력 포트와 연결된 입력 포트이다. 그 입력 포트에 ExecuteStreamCommand 처리기가 연결된다.

11.2.5.1 ExecuteStreamCommand 처리기

이 그룹의 ExecuteStreamCommand 처리기는 외부 명령의 실행 결과를 다음 처리기로 스트리밍한다. sv.py는 텍스트 한 줄만 출력한 후 종료하므로 사실 스트리밍이라고 할 것은 없지만, 여러 줄의 텍스트를 출력하는 명령을 실행하는 경우 이 처리기는 그 명령의 모든 출력을 차례로 스트리밍한다.

이 처리기를 캔버스에 추가한 후 속성 탭의 **Command Arguments** 속성을 sv.py로, **Command Path**는 여러분의 환경에 맞게 파이썬 실행 프로그램의 경로로 설정하기 바란다. 그리고 Working Directory 속성은 sv.py 파일이 있는 디렉터리로 설정해야 한다.

다음으로, 이 처리기에 EvaluateJsonPath 처리기를 연결하고, 값이 $.result인 result라는 속성을 추가한다. 그리고 그 처리기에 RouteOnAttribute 처리기를 연결하고, 다음 표현식을 값으로 하는 pass라는 속성을 추가한다.

```
${result:startsWith('pass')}
```

이 표현식은 FlowFile의 result 특성(앞의 EvaluateJsonPath가 넘겨준)이 pass로 시작하면 참이 된다. 마지막으로, 출력 포트를 추가하고 이 처리기와 pass 관계로 연결하면 이 프로세스 그룹이 완성된다.

11.2.6 웨어하우스에 삽입(InsertWarehouse 그룹)

이제 전체 데이터 파이프라인의 마지막 프로세스 그룹인 InsertWarehouse 그룹을 보자. 흐름이 여기에 도달했다는 것은 데이터의 스테이징과 검증이 모두 성공적으로 완료되었다는 뜻이다. 따라서, 이제 남은 일은 데이터를 웨어하우스로 옮기는 것뿐이다. 이 프로세스 그룹은 ExecuteSQLRecord 처리기와 PutSQL 처리기를 이용해서 데이터 적재 작업을 수행한다.

11.2.6.1 ExecuteSQLRecord 처리기

이 프로세스 그룹의 ExecuteSQLProcessor 처리기는 스테이징 테이블에서 레코드들을 조회한다. 테이블 이름은 NiFi 변수 레지스트리에 등록된 table 변수에 담겨 있는데, 검사 환경의 경우 이 변수의 값은 staging이다. 레코드 조회를 위한 질의문은 다음과 같다.

```
select * from ${table}
```

이 질의문을 **SQL select query** 속성에 설정하면 된다. 또한, **Database Connection Pooling Service** 속성을 앞에서처럼 적절히 설정하고, **Record Writer** 속성도 앞에서처럼 JsonRecordSetWriter로 설정하기 바란다. 추가로, JsonRecordSetWriter의 설정 대화상자(오른쪽 화살표와 톱니바퀴 아이콘)에서 **Output Grouping** 속성을 **One Line per Object**로 변경해야 한다.

다음으로, ExecuteSQLProcessor 처리기에 SplitText 처리기를 연결하고, 거기에 EvalueJsonPath 처리기를 연결한다. 이 처리기는 ReadDataLake 프로세스 그룹의 것과 동일하게 설정한다(따라서 오른쪽 클릭으로 복사해서 붙이면 된다). 여기에 PutSQL 처리기를 연결하면 프로세스 그룹이 완성된다.

11.2.6.2 PutSQL 처리기

PutSQL 처리기는 staging 테이블의 모든 데이터를 최종적인 데이터 저장소인 warehouse 테이블에 삽입한다. InsertStaging 그룹(§11.2.3)에서 했던 것처럼 **Batch Size** 속성과 **Rollback on Failure** 속성을 설정하기 바란다. **SQL Statement** 속성도 이전과 거의 같되, 테이블 이름 부분이 바뀌었다. 이번에는 NiFi 변수 레지스트리의 warehouse 변수를 사용한다.

```
INSERT INTO ${warehouse} VALUES ('${userid}', '${name}',${age},'${street}',
'${city}','${state}','${zip}');
```

이 처리기가 전체 데이터 파이프라인의 끝이므로, **SETTIGS** 탭의 **Automatically Terminate Relationships**에 있는 모든 체크 상자를 체크해서 모든 관계를 종료해야 한다. 이제 모든 프로세스 그룹의 실행을 시작하면 staging 테이블과 테이블에 데이터가 채워진다. 카운터들을 확인해 보면 처리된 레코드 수와 삽입된 레코드 수가 동일할 것이다. 모든 것이 제대로 실행된다면, 데이터 파이프라인의 변경 사항들을 NiFi 레지스트리에 커밋해서 최신 버전으로 만들기 바란다. 이제 남은 일은 이 데이터 파이프라인을 실무 환경에 배치하는 것이다.

11.3 데이터 파이프라인을 실무 환경에 배치

데이터 파이프라인을 실무 환경에 배치하는 방법은 제10장에서 자세히 다루었으니, 여기서는 간략하게만 이야기하겠다. 다음은 새 데이터 파이프라인을 실무 환경에 배치하는 과정이다.

1 브라우저로 실무 환경의 NiFi 인스턴스를 연다. 여기서는 실무용 NiFi 인스턴스가 localhost:8080에서 실행된다고 가정한다.

2 도구 모음에서 프로세스 그룹을 캔버스에 끌어다 놓고 **Import**를 클릭한다. 방금 전에 커밋한 최신 버전을 도입한다.

3 SQL 관련 처리기들이 사용하는 JDBC 연결 풀의 데이터베이스 연결 설정을 실무용 데이터베이스에 맞게 변경한다. 테이블 이름들은 NiFi 레지스트리 변수들을 이용하므로 변경할 필요가 없다.[역주2]

이제 데이터 파이프라인을 실행하면 실무용 데이터 파이프라인의 staging 테이블과 warehouse 테이블에 데이터가 채워질 것이다.

지금까지 만든 데이터 파이프라인은 네트워크에서 파일들을 읽어서 스테이징 데이터베이스의 한 테이블에 넣고, 그 테이블에서 레코드들을 조회해서 데이터를 검증한 후 웨어하우스 데이터베이스의 테이블에 적재한다. 데이터의 추출과 적재에 꼭 필요한 처리기들만으로 데이터 파이프라인을 구축할 수도 있었지만, 실무용 데이터 파이프라인을 구축할 때는 반드시 오류 점검과 모니터링을 염두에 두어야 한다. 데이터 파이프라인을 구축할 때 처음부터 그런 요소들에 신경을 써 두면, 나중에 데이터 파이프라인을 개선하거나 디버깅할 할 때 시간이 절약된다. 오류 점검과 모니터링 수단들을 잘 갖추어 두면, 데이터 파이프라인의 문제점을 찾아내거나 기능을 추가, 개선하기가 훨씬 쉽다.

11.4 요약

이번 장에서는 실무용 데이터 파이프라인을 구축하고 배치하는 방법을 이야기했다. 검사 환경과 실무 환경을 구축하고, 파일 시스템에 있는 데이터 레이크에서 데이터를 읽어 들이는 데이터 파이프라인을 검사 환경에 구축했다. 예제 데이터 파이프라인을 구축하는 과정에서 데이터 읽기 작업을 모니터링하는 방법을 설명했으며, 읽어 들인 데이터를 직접 데이터 웨어하우스에 넣는 대신, 먼저 스테이징 테이블에 넣은 후 데이터를 검증하는 기법도 소개했다. 스테이징 데이터베이스의 레코드들을 검

역주2　예제들에서 JDBC 연결 풀에 사용하는 DBCPConnectionPool 서비스의 속성들도 변수 표현식을 지원하므로, 데이터베이스 연결 설정도 역시 변수들을 이용해서 환경에 따른 설정 변경을 최소화할 수 있을 것이다.

증하는 파이썬 스크립트를 Great Expectations를 이용해서 생성하고, 그것을 데이터 파이프라인의 한 처리기에서 실행함으로써 데이터가 데이터 웨어하우스에 적재하기에 적합한지를 검증했다. 마지막으로, 완성된 데이터 파이프라인을 실무 환경에 배치하는 방법도 이야기했다. 이제 여러분은 실무용 데이터 파이프라인을 구축하고, 검사하고, 배치하는 데 필요한 기술을 갖추게 되었다.

그런데 지금까지 만든 데이터 파이프라인들은 일정한 단위의 데이터를 일괄적으로(batch) 처리한다. 다음 장부터 시작하는 제3부에서는 실시간 데이터를 스트리밍 방식으로 처리하는 방법을 이야기할 것이다. 일반적으로 실시간 데이터를 처리하는 데에는 스트리밍 방식이 적합하다. 다음 장에서는 아파치 카프카Kafka 클러스터들을 한 대의 컴퓨터에(여건이 된다면 여러 대도 가능하다) 설치, 설정하고 실행하는 방법을 설명한다.

III

일괄 처리를 넘어서: 실시간 데이터 파이프라인 구축

PART III은 지금까지 우리가 사용해 온 일괄 처리(batch processing)와는 구별되는 스트림 처리 방식으로 데이터를 처리한다. 제3부의 장들에서 여러분은 데이터를 실시간으로 스트리밍하고 처리하는 데 필요한 새로운 도구들을 만날 것이다. 제3부의 처음 두 장에서는 실시간 데이터의 스트리밍을 위한 아파치 카프카 클러스터를 구축한다. 그다음 장에서는 스트림 데이터를 처리하기 위한 아파치 스파크 클러스터를 구축한다. 마지막 장에서는 NiFi의 고급 주제 두 가지를 다루는데, 하나는 MiNiFi를 이용해 IoT(사물 인터넷) 장치에서 NiFi로 데이터를 스트리밍하는 방법이고, 다른 하나는 NiFi 인스턴스들을 클러스터화해서 처리량을 높이는 방법이다.

PART III의 장들은 다음과 같다.

12

아파치 카프카 클러스터 구축

이번 장에서는 지금까지의 일괄 처리 방식, 즉 완전히 갖추어진 데이터 집합을 질의하고 변환하는 방식에서 벗어나서, 스트림 처리 방식으로 데이터를 다루는 데 필요한 도구들을 살펴본다. 스트림 처리에서는 데이터가 무한히 이어질 수 있으며, 질의 시점에서 데이터가 불완전할 수 있다. 스트림 데이터 처리 분야에서 주도적인 도구 중 하나는 아파치 카프카^{Kafka}이다. 카프카를 이용하면 데이터를 실시간으로 토픽들에 보낼 수 있다. 카프카의 토픽^{topic}은 메시지 대기열(message queue)을 추상화한 것으로, 생산자(producer)가 메시지들을 특정 토픽에 보내면 소비자(consumer)가 토픽에서 메시지들을 읽어서 자신의 목적에 맞게 처리한다. 이번 장에서는 3노드 아파치 카프카 클러스터를 구축하는 방법을 설명한다. 또한 메시지를 토픽에 보내는('생산') 방법과 토픽에서 메시지를 읽는('소비') 방법도 설명한다.

이번 장의 주요 주제는 다음과 같다.

- 주키퍼 및 카프카 클러스터 생성
- 카프카 클러스터 시험 운영

12.1 주키퍼 및 카프카 클러스터 생성

여러 컴퓨터에 분산 배치할 수 있는 응용 프로그램에 대한 튜토리얼 중에는 응용 프로그램을 그냥 노드 하나에 설치하는 방법만 보여주는 것이 많다. 그러면 독자는 실무 환경에서 다수의 노드에 응용 프로그램을 설치하는 방법을 스스로 파악할 수밖에 없다. 그런 우를 범하지 않기 위해, 이번 장에서는 노드가 세 개인 주키퍼 및 카프카 클러스터를 구축한다. 세 노드를 한 대의 컴퓨터에서 실행하지만, 각 인스턴스를 개별적인 폴더에 두고 각 폴더가 하나의 서버처럼 작동하도록 구성하기 때문에 나중에 실제로 서로 다른 서버들에서 노드들을 실행하게 된다고 해도 localhost를 실제 서버 IP들로 바꾸어 주기만 하면 된다.

아파치 카프카에 관해서는 다음 장(제13장)에서 좀 더 자세히 설명할 것이다. 일단 지금은, 카프카가 실시간 데이터 스트림을 구축하는 도구라는 점 정도만 알고 넘어가도 된다. 카프카는 원래 LinkedIn이 개발했지만 지금은 아파치 프로젝트의 하나이다. 공식 웹사이트는 *http://kafka.apache.org*이다. 그림 12.1에 현재 카프카 웹사이트의 시작 페이지가 나와 있다.

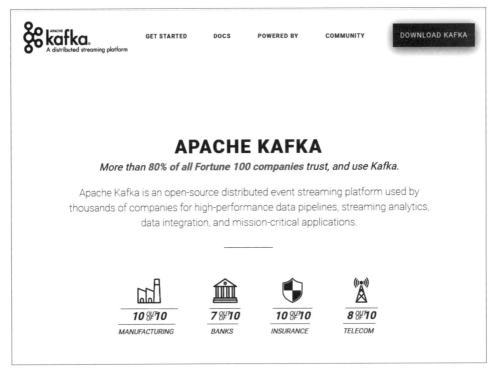

그림 12.1 **아파치 카프카 웹사이트**

카프카를 실행하려면 또 다른 아파치 프로젝트인 주키퍼ZooKeeper가 꼭 필요하다. 주키퍼는 클러스터에 관한 정보를 관리하고, 발견 기능(discovery)을 처리하고, 선도자(leader)를 선출하는 등의 작업을 담당한다. 주키퍼를 설치해서 여러분이 주키퍼 클러스터를 직접 구축할 수도 있지만, 여기서는 카프카가 제공하는 주키퍼 스크립트들을 사용하기로 한다. 주키퍼에 관한 좀 더 자세한 사항은 *http://zookeeper.apache.org*에서 배울 수 있다. 그림 12.2는 주키퍼 웹사이트의 모습이다.

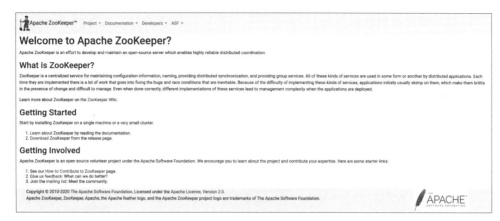

그림 12.2 아파치 주키퍼 웹사이트

그럼 주키퍼 및 카프카 클러스터를 구축하는 과정을 살펴보자.

12.1.1 카프카 설치 및 환경 설정

아파치 카프카는 브라우저로 공식 웹사이트의 **DOWNLOAD** 페이지로 가서 내려받아도 되지만, 정확한 URL을 안다면 다음처럼 wget으로 내려받아도 된다. 다음은 이 책을 쓰는 현재 카프카의 최신 버전(2.5.0)을 내려받고 압축을 해제하는 명령들이다. 현재 디렉터리가 여러분의 홈 디렉터리라고 가정한다.

```
wget https://downloads.apache.org/kafka/2.5.0/kafka_2.12-2.5.0.tgz
tar -xvzf kafka_2.12-2.5.0.tgz
```

압축을 풀면 현재 디렉터리에 kafka_2.12-2.5.0이라는 하위 디렉터리가 생긴다. 노드를 세 개 실행할 것이므로, 다음과 같이 이 디렉터리의 복사본을 세 개 만든다.

```
cp -r kafka_2.12-2.5.0 kafka_1
cp -r kafka_2.12-2.5.0 kafka_2
cp -r kafka_2.12-2.5.0 kafka_3
```

이제 카프카 폴더가 세 개 생겼다. 다음으로, 이 카프카 인스턴스들 각각에 대해, 로그들을 저장할 디렉터리를 만들어야 한다. 현재 디렉터리에서 다음과 같이 mkdir 명령을 이용해서 디렉터리 세 개를 생성하기 바란다.

```
mkdir logs_1
mkdir logs_2
mkdir logs_3
```

다음으로, 주키퍼를 위한 data 폴더가 필요하다. 현재 디렉터리에 data 디렉터리를 생성한 후 cd를 이용해서 그 디렉터리로 들어간다.

```
mkdir data
cd data
```

주키퍼 인스턴스도 세 개 실행해야 한다. 이를 위해, 다음과 같이 mkdir를 이용해서 각 인스턴스를 위한 디렉터리를 생성한다.

```
mkdir zookeeper_1
mkdir zookeeper_2
mkdir zookeeper_3
```

각 주키퍼 인스턴스에는 고유한 ID가 필요하다. 주키퍼는 myid라는 파일에 담긴 정수 값을 ID로 사용한다. 다음은 주키퍼 폴더들에 값이 각각 1, 2, 3인 myid 파일을 생성하는 명령들이다.

```
echo 1 > zookeeper_1/myid
echo 2 > zookeeper_2/myid
echo 3 > zookeeper_3/myid
```

이렇게 해서 주키퍼와 카프카를 설정하는 데 필요한 준비 작업이 끝난다. 다음 절에서는 주키퍼 인스턴스들과 카프카 인스턴스들의 설정 파일을 수정한다.

12.1.2 주키퍼와 카프카 설정

주키퍼와 카프카의 설정 파일들은 모두 카프카 디렉터리의 config 폴더에 있다. Kafka_1을 기준으로 설명하되, 나머지 두 인스턴스의 설정 파일들을 수정하는 방법도 언급하겠다.

~/kafka_1/config로 가서, 먼저 zookeeper.properties 파일을 수정한다. 이 파일에서 데이터 디렉터리와 서버에 대한 속성들을 수정해야 하며, 기존에 없는 속성들을 몇 개 더 추가해야 한다. 아래 코드에서 굵게 표시된 부분을 적절히 수정 또는 추가하기 바란다.

```
# the directory where the snapshot is stored.
dataDir=/home/paulcrickard/data/zookeeper_1
# the port at which the clients will connect
clientPort=2181
# disable the per-ip limit on the number of connections since this is ...
maxClientCnxns=0
# Disable the adminserver by default to avoid port conflicts.
# Set the port to something non-conflicting if choosing to enable this
admin.enableServer=false
# admin.serverPort=8080
```

```
tickTime=2000
initLimit=5
syncLimit=2
server.1=localhost:2666:3666
server.2=localhost:2667:3667
server.3=localhost:2668:3668
```

수정을 마친 파일을 kafka_2와 kafka_3의 config 디렉터리에 복사하기 바란다. 각 파일의 dataDir 속성을 각각 zookeeper_2와 zookeeper_3으로 끝나도록 수정해야 하며, clientPort 속성의 포트 번호도 각각 2182와 2183으로 변경해야 한다. 나머지 속성들은 그대로 둔다. 앞에서 언급했듯이 각 카프카 디렉터리는 개별 서버들을 흉내내기 위한 것이다. 만일 실제로 여러 대의 서버를 사용한다면, localhost를 해당 IP 주소들로 바꾸기만 하면 된다.

이제 주키퍼 인스턴스들의 설정이 끝났다. 다음으로, 카프카 인스턴스들을 설정하자. 같은 config 디렉터리에 있는 server.properties 파일을 텍스트 편집기로 열어서, 아래 코드에서 굵게 표시된 부분을 수정하기 바란다.

```
########################### Server Basics ###########################
# The id of the broker. This must be set to a unique integer for each broker.
broker.id=1
########################### Socket Server Settings ###########################
# The address the socket server listens on. It will get the value returned from
# java.net.InetAddress.getCanonicalHostName() if not configured.
#   FORMAT:
#     listeners = listener_name://host_name:port
#   EXAMPLE:
#     listeners = PLAINTEXT://your.host.name:9092
listeners=PLAINTEXT://localhost:9092
########################### Log Basics ###########################
# A comma separated list of directories under which to store log files
log.dirs=/home/paulcrickard/logs_1
########################### Zookeeper ###########################
# Zookeeper connection string (see zookeeper docs for details).
# This is a comma separated host:port pairs, each corresponding to a zk
# server. e.g. "127.0.0.1:3000,127.0.0.1:3001,127.0.0.1:3002".
# You can also append an optional chroot string to the urls to specify the
# root directory for all kafka znodes.
zookeeper.connect=localhost:2181,localhost:2182,localhost:2183
```

수정을 마쳤으면, server.properties 파일을 나머지 두 인스턴스의 config 디렉터리에 복사하고 broker.id를 각각 2와 3으로 변경하기 바란다. ID는 어떤 정수라도 상관없지만, 폴더 이름과 일치하는 값을 사용하는 것이 기억하기 좋다. 그리고 listeners 속성의 호스트 포트 번호를 각각 localhost:9093과 localhost:9094로 변경하고, log.dirs 속성을 각각 logs_2와 logs_3으로 끝나도록 변경하자. zookeeper.connect 속성은 세 인스턴스가 동일하다.

이제 세 대의 서버를 흉내 내는 데 필요한 디렉터리들이 갖추어졌고, 세 개의 주키퍼 및 카프카 인스턴스들도 모두 설정했다. 그럼 클러스터들을 실행해 보자.

12.1.3 주키퍼 및 카프카 클러스터 실행

총 6대(주키퍼 셋, 카프카 셋)의 서버를 전경(foreground)에서 실행한다. 따라서 터미널 창이 총 6개 필요하다. 출력되는 메시지들이 많기 때문에 한 터미널에서 배경으로 실행하는 것은 좀 곤란하다.

> **도커**
>
> 도커 컴포즈Docker Compose를 이용하면 하나의 파일로 다수의 컨테이너를 실행해서 필요한 모든 서버를 띄울 수 있다. 컨테이너는 훌륭한 도구이지만, 이 책의 범위에서 벗어나는 주제이므로 더 언급하지는 않겠다.

처음 세 터미널에서는 주키퍼 클러스터를 띄운다. 각 터미널에서 각각 kafka_1, kafka_2, kafka_3 디렉터리로 가서 다음 명령을 실행하기 바란다.

```
bin/zookeeper-server-start.sh config/zookeeper.properties
```

서버들이 서로를 인식하고 선도자를 뽑는 과정에서 상당히 많은 메시지가 터미널에 출력될 것이다. 그 과정이 끝나서 더 이상 메시지가 출력되지 않으면 클러스터들이 준비된 것이다.

다음으로, 나머지 세 터미널에서는 카프카 인스턴스를 실행한다. 각 터미널의 해당 카프카 디렉터리에서 다음 명령을 실행하자.

```
bin/kafka-server-start.sh config/server.properties
```

이번에도 세 터미널에 많은 메시지가 출력되는데, 다음과 같은 메시지가 나온다면 잘 실행된 것이다.

```
INFO [ZookeeperClient Kafka server] Connected. (kafka.zookeeper.zookeeperClient)
```

이렇게 해서 주키퍼와 카프카를 모두 실행하는 노드 세 개짜리 클러스터가 만들어졌다. 모든 것이 제대로 작동하는지 시험하기 위해, 다음 절에서는 토픽과 생산자, 소비자를 생성하고 메시지를 전송해 본다.

12.2 카프카 클러스터 시험 운영

카프카 설치본에는 몇 가지 기본 기능을 명령줄에서 실행할 수 있는 스크립트들이 포함되어 있다. 클러스터를 시험하기 위해, 토픽과 생산자를 만들어서 메시지를 보내고, 소비자를 만들어서 메시지를 읽어 보기로 하자. 소비자가 메시지를 읽을 수 있다면, 클러스터가 잘 실행되고 있는 것이다.

터미널을 하나 더 열고, kafka_1 디렉터리로 가서 다음 명령을 실행하자.

```
bin/kafka-topics.sh --create --zookeeper localhost:2181,localhost:2182,\
localhost:2183 --replication-factor 2 --partitions 1 --topic dataengineering
```

이 명령은 kafka-topics 스크립트로 토픽을 생성한다. create 옵션과 함께 주키퍼 클러스터 IP 주소들과 토픽 이름(dataengineering)을 지정했다. 터미널에 다음이 출력되었다면 토픽이 잘 생성된 것이다.

```
created topic dataengineering
```

정말로 잘 생성되었는지 확인하고 싶다면, 다음과 같이 list 옵션을 지정해서 앞의 스크립트를 실행하면 된다.

```
bin/kafka-topics.sh --list --zookeeper localhost:2181,localhost:2182,\
localhost:2183
```

그러면 dataengineering이라는 줄 하나가 출력될 것이다. 이제 토픽이 생성되었으니, 이 토픽에 메시지를 보내고 받아 보자.

12.2.1 클러스터에 메시지 보내고 받기

다음 장에서는 아파치 NiFi와 파이썬을 이용해서 메시지를 주고받는다. 지금은 클러스터가 잘 작동하는지 확인하는 것이 목적이므로, 그냥 미리 만들어진 스크립트를 이용해서 간단하게만 시험해 본다. 메시지를 보내려면 생산자가 필요하다. 다음은 생산자를 생성하는 명령이다.

```
bin/kafka-console-producer.sh --broker-list localhost:9092,localhost:9093,\
localhost:9094 --topic dataengineering
```

이 명령은 kafka-console-producer 스크립트를 이용해서 생산자를 생성한다. broker-list 옵션으로 카프카 클러스터 서버들의 주소를, topic 옵션으로 토픽 이름을 지정했다. 생산자를 생성한 후 이 명령은 > 프롬프트를 제시한다. 여기에 메시지를 입력하면 된다.[역주1]

메시지를 읽을 때는 kafka-console-consumer 스크립트를 사용한다. 다음은 소비자를 생성해서 메시지들을 읽는 명령이다.

역주1 메시지를 입력한 후 Enter 키를 누르면 입력이 끝나는 것이 아니라, 다음 메시지를 위한 > 프롬프트가 나타난다. 입력을 마치려면 EOF 문자(리눅스에서 Ctrl+D)를 입력하면 된다.

```
bin/kafka-console-consumer.sh --bootstrap-server localhost:9092,\
localhost:\9093,\localhost:9094 --topic dataengineering --from-beginning
```

bootstrap-server 옵션으로 카프카 클러스터 서버들의 주소를, topic 옵션으로 토픽 이름을 지정
했다. 마지막의 from-beginning 플래그는 토픽에 있는 메시지들을 처음부터 모두 읽어 오라는 뜻이
다. 이 플래그 대신 offset 옵션을 이용해서 특정 메시지부터(이를테면 이전에 읽은 마지막 메시지부터)
읽을 수도 있다.

다음은 생산자 터미널과 소비자 터미널을 나란히 둔 모습이다.

그림 12.3 생산자와 소비자

소비자를 보면 *first message*와 *second message*가 두 번 나와 있는데, 처음 둘은 이전 세션에서 추가한
것들이다. 소비자를 실행하면 먼저 토픽의 모든 메시지를 읽어서 표시한 후 새 메시지가 생산되길 기
다린다. 생산자에서 메시지를 입력하면 잠시 후에 소비자에도 표시된다.

이제 잘 작동하는 카프카 클러스터가 마련되었다. 다음 장에서는 NiFi와 파이썬을 이용해서 스트
림 데이터를 처리 방법을 살펴본다.

12.3 요약

이번 장에서는 카프카 클러스터와 주키퍼 클러스터(카프카 클러스터에 필요한)를 만드는 방법을 설명했
다. 이번 장에서는 모든 카프카 및 주키퍼 인스턴스를 한 대의 컴퓨터에서 실행했지만, 설정 파일을
조금만 고치면 각 인스턴스를 개별적인 서버들에서 실행할 수 있다. 카프카를 이용하면 데이터 스트
림을 실시간으로 생성할 수 있다. 실시간 스트림 데이터를 처리하려면, 이전 장들에서 했던 일괄 처
리 방식과는 다른 접근 방식이 필요하다.

다음 장에서는 스트림 처리에 관련된 주요 개념들을 소개하고, NiFi와 파이썬에서 스트림을 처리
하는 방법도 이야기한다.

카프카를 이용한 데이터 스트리밍

아파치 카프카는 실시간 데이터 스트리밍의 세계로 가는 문을 열어준다. 스트림 처리와 일괄 처리는 몇 가지 면에서 근본적으로 다르지만, 데이터 파이프라인 구축 방법 자체는 매우 비슷하다. 그렇긴 하지만, 스트림 처리에 적합한 데이터 파이프라인을 구축하려면 스트림 처리와 일괄 처리의 차이점들을 이해할 필요가 있다.

이번 장의 주요 주제는 다음과 같다.

- 로깅의 기초
- 카프카의 로그 활용 방식
- 카프카와 NiFi를 이용한 데이터 파이프라인 구축
- 스트림 처리와 일괄 처리의 차이
- 파이썬을 이용한 메시지 생산 및 소비

13.1 로깅의 기초

코드를 작성해 본 경험이 있는 독자라면 소프트웨어의 로깅logging이 무엇인지 알 것이다. 소프트웨어 개발자들은 로깅 수단을 이용해서 응용 프로그램의 출력을 텍스트 파일에 기록한다. 특히, 로깅은 소프트웨어 안에서 일어난 여러 사건을 기록하는 용도로 즐겨 쓰인다. 응용 프로그램에 뭔가 문제가 생기면 개발자는 기록된 로그 메시지들을 살펴보고 원인을 파악한다. 파이썬의 표준 라이브러리에는 logging이라는 모듈이 있다. 다음은 이 모듈을 이용해서 텍스트 파일에 로그 메시지들을 기록하는 예이다.

```
import logging
logging.basicConfig(level=0,filename='python-log.log', filemode='w',
    format='%(levelname)s - %(message)s')
logging.debug('Attempted to divide by zero')
logging.warning('User left field blank in the form')
logging.error("Couldn't find specified file")
```

이 예제 코드는 세 가지 수준(debug, warning, error)의 로그 메시지들을 python-log.log라는 파일에 기록한다. 이 파일에는 다음과 같은 메시지들이 기록된다.

```
DEBUG - Attempted to divide by zero
WARNING - User left field blank in the form
ERROR - Couldn't find specified file
```

파일의 메시지들은 코드에서 로깅 메서드들을 호출한 순서와 동일하다. 그런데 이 메시지들에는 해당 사건이 정확히 언제 발생했는지가 나와 있지 않다. 다음은 메시지에 타임스탬프를 포함하도록 개선한 버전이다.

```
logging.basicConfig(level=0,filename='python-log.log', filemode='w',
    format='%(asctime)s - %(levelname)s - %(message)s')
logging.info('Something happened')
logging.info('Something else happened, and it was bad')
```

이 코드를 실행하면 파일에는 다음과 같이 로깅이 일어난 시간이 포함된 메시지들이 기록된다. 메시지들의 순서가 로그 기록 순서와 동일하다는 점은 이전과 동일하다.

```
2020-06-21 10:55:40,278 - INFO - Something happened
2020-06-21 10:55:40,278 - INFO - Something else happened, and it was bad
```

이상의 예제들은 아주 구체적인 서식(basicConfig의 format 매개변수에 지정한)을 따르는 메시지들을 기록한다. 이런 규칙적인 로그 메시지들을 흔히 볼 수 있는 곳이 바로 웹 서버의 로그이다.

다른 여러 소프트웨어 로그처럼 웹 서버 로그는 웹 서버 안에서 일어난 사건들(주로는 클라이언트의 요청)을 시간순으로 기록한다. 일반적으로 각 로그 메시지는 해당 사건이 일어난 시간과 사건의 내용으로 구성된다. 이런 로그들은 아주 구체적인 서식(패턴)을 따르기 때문에, 로그 메시지들을 읽어서 분석하는 도구들을 만들기가 쉽다. 실제로 그런 도구들이 많이 있다. 데이터베이스도 비슷한 형태의 로그 메시지들을 생성한다. 데이터베이스의 로그 메시지들은 레코드들을 복제하거나 한 트랜잭션 안에서 레코드가 어떻게 변했는지를 추적하는 데 도움이 된다.

웹 서버나 데이터베이스 등 다양한 응용 프로그램이 이러저러한 방식으로 로그를 활용한다는 점은 틀림이 없다. 그런데 로그라는 것이 구체적으로 무엇일까?

로그[log]는 사건 기록(레코드)들의 시간순 모음(collection)이다. 로그는 사건 기록의 삭제와 수정을 지원하지 않으며, 오직 추가(append)만 허용한다.

이것이 전부이다. 정의는 이처럼 단순하지만, 로그는 소프트웨어 개발과 데이터 공학에서 엄청나게 강력한 도구이다. 다음은 로그 컬렉션의 구조를 도식화한 것이다.

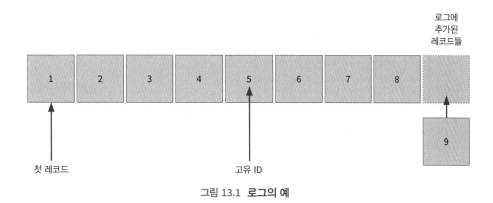

그림 13.1 **로그의 예**

이 도식에서 각 사각형은 하나의 레코드(로그 메시지)이다. 제일 왼쪽이 첫 레코드이고, 오른쪽으로 갈수록 시간이 증가한다. 예를 들어 레코드 **3**은 레코드 **2**보다 나중에 추가된 레코드이고, 가장 오른쪽의 레코드 **9**는 이 로그의 최신 레코드이다. 레코드 **10**이 추가되기 전까지는 말이다.

13.2 카프카의 로그 활용 방식

카프카를 이용한 메시지 통신은 결국 생산자가 기록한 로그 메시지들을 소비자가 읽어 들이는 것이라고 요약할 수 있다. 그럼 이와 관련된 주제인 토픽, 소비자, 생산자를 좀 더 자세히 살펴보자.

13.2.1 토픽

아파치 카프카는 로그를 이용해서 데이터(레코드들)를 저장한다. 카프카에서는 로그를 **토픽**[topic]이라고 부른다. 토픽은 데이터베이스의 테이블과 비슷하다. 제12장에서 우리는 dataengineering이라는 이름의 토픽을 만들어서 카프카 클러스터가 잘 작동하는지 시험해 보았다. 카프카의 토픽은 디스크에 하나의 로그 파일로 저장된다. 토픽 하나를 로그 하나에 저장할 수도 있지만, 규모 확장(scaling)을 위해 보통은 토픽 하나가 여러 파티션[partition]들로 수평 분할되게 한다. 하나의 파티션은 개별 서버에 저장할 수 있는 하나의 로그 파일이다. 토픽이 여러 파티션으로 분할된 경우, 토픽 차원에서는 메시지들의 순서가 보장되지 않는다. 메시지 순서는 오직 개별 파티션 안에서만 보장된다. 다음은 하나의 토픽이 세 개의 파티션으로 분할된 예이다.

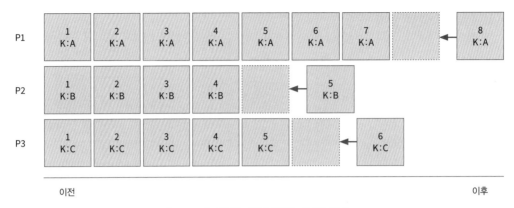

토픽: Tranactions

그림 13.2 **파티션 세 개로 분할된 카프카 토픽**

이 **Transactions**라는 토픽은 **P1, P2, P3**이라는 세 개의 파티션으로 분할되었다. 각 파티션의 레코드들은 시간순이다. 왼쪽의 레코드가 오른쪽의 레코드보다 더 오래된 것이다. 상자에 붙은 번호가 더 클수록 더 새로운 레코드이다. 그림을 보면 **P1**의 레코드들에는 **K:A**가 있고 **P2**와 **P3**에는 각각 **K:B**와 **K:C**가 있다. **K**는 키^{key}를 뜻한다. 즉, 이들은 해당 레코드에 배정된 키이다. 이처럼 레코드에 키를 배정하면, 키가 같은 레코드들은 반드시 같은 파티션에 들어가게 된다. 토픽 전체에서는 레코드들의 순서가 시간순이 아닐 수 있지만, 하나의 파티션 안에서는 반드시 시간순이다. 따라서 키를 활용하면 특정 종류의 메시지들에 시간순으로 접근할 수 있다.

13.2.2 카프카의 생산자와 소비자

카프카 생산자(producer)는 토픽(의 파티션)에 데이터(사건 기록 또는 메시지)를 보낸다. 기본적으로 메시지들은 라운드-로빈^{round-robin} 방식으로 파티션들에 들어가지만, 키를 이용해서 특정 종류의 메시지들이 한 파티션에 들어가게 할 수도 있다. 생산자가 일련의 메시지들을 토픽에 보내는 방식은 크게 세 종류로 나뉜다.

- **보내고 잊어버리기**(fire and forget): 메시지를 전송한 후 그냥 다음 메시지로 넘어간다. 즉, 카프카의 확인(acknowledgment)을 기다리지 않는다. 이 방식에서는 메시지들이 소실될 수 있다.
- **동기**(synchronous): 메시지를 보내고, 메시지가 잘 전송되었는지에 대한 응답을 받은 후에만 다음 메시지로 넘어간다.
- **비동기**(asynchrous): 메시지와 콜백^{callback} 정보를 보낸다. 일단 다음 메시지로 넘어가고, 이전에 보낸 메시지에 뭔가 문제가 있다면 콜백을 통해서 처리한다.

생산자의 개념은 상당히 간단하다. 그냥 토픽과 파티션에 메시지를 보내고, 방식에 따라서는 확인 응답을 기다렸다가 문제가 있으면 다시 시도하거나 포기하는 것일 뿐이다. 그러나 소비자는 약간 더 복잡하다.

소비자(consumer)는 토픽에서 메시지들을 읽는다. 이를 위해 소비자는 하나의 폴링polling(주기적 점검) 루프를 돌려서, 읽을 메시지가 생기길 무한정 기다린다. 필요하다면 소비자는 토픽의 메시지들을 처음부터 읽을 수 있다. 즉, 가장 오래된 메시지부터 가장 최신의 메시지까지 모든 메시지를 읽을 수 있다. 가장 최신의 메시지를 읽은 다음에는 새 메시지가 오길 무한정 기다린다.

메시지들을 읽으면 오프셋offset이 갱신된다. 오프셋은 토픽 안에서 소비자의 위치에 해당한다. 메시지를 다섯 개 읽었다면 오프셋은 5이다. 오프셋 자체는 주키퍼에 저장된다. 이 오프셋을 명시적으로 지정함으로써, 소비자는 토픽의 특정 메시지부터 메시지들을 읽어 올 수 있다.

dataengineering 토픽이 파티션 세 개로 분할되어 있고 소비자는 하나뿐이라고 하자. 그림 13.3이 이를 나타낸 것이다. 이런 경우 메시지들이 파티션들에 추가되는 속도를 소비자 하나가 따라가지 못해서 문제가 발생할 수 있다.

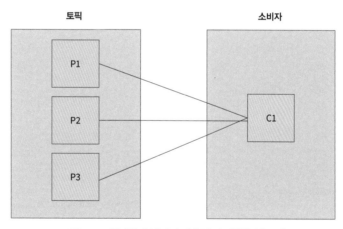

그림 13.3 하나의 소비자가 다수의 파티션을 읽는 예

소비자 그룹을 이용하면 토픽의 소비 속도를 높일 수 있다. 그림 13.3에서는 소비자가 하나뿐이었지만, 소비자를 추가해서 그룹을 형성하면 토픽의 메시지들이 분산되어 소비된다. 그림 13.4가 이를 나타낸 것이다.

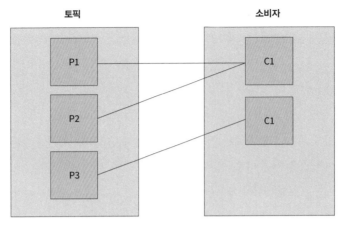

그림 13.4 소비자 그룹의 두 소비자가 파티션 세 개를 소비하는 예

그림 13.4 역시 파티션이 소비자보다 많다. 소비자 그룹의 한 소비자는 두 개의 파티션을 처리해야 한다. 그림 13.5는 소비자 그룹에 소비자를 더 추가한 경우이다.

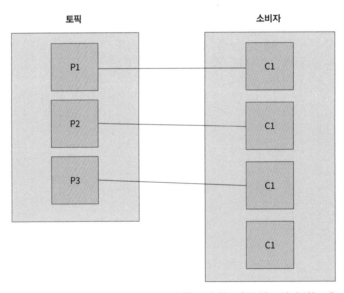

그림 13.5 파티션보다 소비자가 많아서 한 소비자는 아무 일도 하지 않는 예

이 그림에서는 소비자 그룹의 소비자가 파티션보다 많다. 소비자가 파티션보다 많으면, 여분의 소비자들은 아무 일도 하지 않는 휴지(idle) 상태가 된다. 따라서, 파티션보다 소비자를 더 많이 만들 필요는 없다.

그렇지만 소비자 그룹을 여러 개 두면 파티션보다 많은 소비자가 모두 토픽을 소비하게 할 수 있다. 그림 13.6이 그러한 예이다.

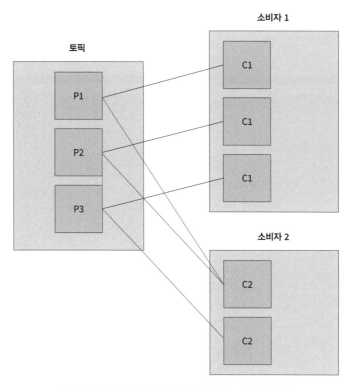

그림 13.6 하나의 토픽을 다수의 소비자 그룹이 읽는 예

이 그림에서 보듯이 다수의 소비자 그룹이 같은 파티션을 읽을 수 있다. 일반적으로, 한 토픽에 접근 해야 할 응용 프로그램마다 개별적으로 소비자 그룹을 생성하는 방식이 권장된다.

　지금까지 카프카의 토픽, 생산자, 소비자의 기본적인 작동 방식을 살펴보았다. 그럼 NiFi에서 카 프카를 활용하는 데이터 파이프라인을 구축하는 방법으로 넘어가자

13.3 카프카와 NiFi를 이용한 데이터 파이프라인 구축

이번 장의 예제 데이터 파이프라인은 카프카의 토픽에서 데이터를 읽어 온다. 지금 우리에게는 실제 데이터를 생산하는 실무용 카프카 클러스터가 없으므로, 먼저 생산자 역할을 하는 NiFi 프로세스 그 룹을 하나 만들기로 하자.

13.3.1 카프카 생산자 프로세스 그룹

이 카프카 생산자 프로세스 그룹은 제11장 **실습 프로젝트: 실무용 데이터 파이프라인 구축**에서 구축한 실무용 데이터 파이프라인의 ReadDataLake 프로세스 그룹을 활용한다. 이 생산자 프로세스 그룹은

그 프로세스 그룹에서 가져온 인적사항 레코드들을 카프카 토픽에 전송한다. 다음은 완성된 카프카 생산자 프로세스 그룹의 모습이다.

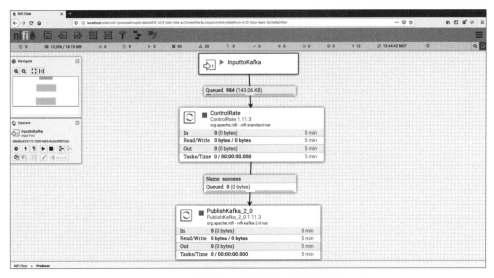

그림 13.7 **카프카 생산자 역할을 하는 NiFi 프로세스 그룹**

다음은 이 프로세스 그룹을 구축하는 과정이다.

1   먼저, 데이터를 보낼 토픽을 만들어야 한다. 제12장에서처럼 3노드 카프카 클러스터가 실행 중인 상태에서, kafka_1 디렉터리로 가서 다음 명령을 실행한다.

```
bin/kafka-topics.sh --create --bootstrap-server localhost:9092 \
--replication-factor 1 --partitions 3 --topic users
```

이 명령은 제12장에서 클러스터를 시험할 때 사용했던 것과는 조금 다르다. 토픽 이름 외에 중요한 차이는 partitions 옵션을 3으로 지정했다는 것이다. 이렇게 하면 파티션이 세 개 만들어진다. 파티션을 여러 개로 한 것은 다음 절에서 소비자 그룹을 시험해 보기 위한 것이다.

2   캔버스에 프로세스 그룹을 만들고, 프로세스 그룹(의 캔버스)에 입력 포트를 추가한다. 그런 다음 그림 13.8과 같이 ReadDataLake 프로세스 그룹의 출력 포트를 이 프로세스 그룹의 입력 포트와 연결한다.

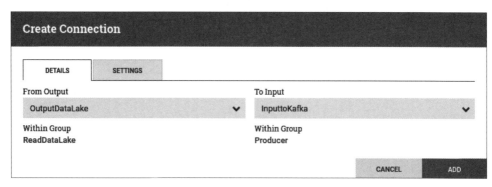

그림 13.8 **입력 포트를 출력 포트에 연결**

3 다음으로, ControlRate 처리기를 프로세스 그룹에 추가한다. ControlRate 처리기를 이용하면 데이터의 흐름을 대기열의 배압을 이용하는 것보다 좀 더 정교하게 제어할 수 있다. 지금 예제에서는 인적사항 레코드들이 한꺼번에 카프카 토픽에 추가되는 것이 아니라 마치 실제 업무에서 메시지들이 시간이 흐르면서 조금씩 추가되는 상황을 흉내 내는 데 이 처리기를 사용한다. 모든 레코드가 한꺼번에 생산되게 하면, 소비자 데이터 파이프라인은 그것을 모두 읽은 후 다음 레코드가 추가될 때까지 아무 일도 하지 않게 된다.

4 ControlRate 처리기의 속성 탭에서 **Rate Control Criteria** 속성(속도 제어 기준)을 flowfile count로 변경한다. **Maximum Rate** 속성(최대 속도)을 1로 설정한다. FlowFile 개수가 속도 제어의 기준이므로, 최대 속도는 최대 FlowFile 개수를 뜻한다. 만일 **Rate Control Criteria**를 기본값인 data rate로 설정한다면 **Maximum Rate**는 FlowFile들이 디스크에서 차지할 수 있는 최대 크기를 뜻하며, 이를테면 1 MB 같은 값을 설정하면 된다. 마지막으로, 최대 속도를 얼마나 자주 허용하는지를 뜻하는 **Time Duration** 속성을 적절히 설정하기 바란다. 나는 기본값인 1 min을 그대로 두었다. 이렇게 하면 분당 최대 하나의 FlowFile이 카프카 토픽 users에 전송된다.

5 데이터를 카프카에 보내기 위해 PublishKafka_2_0 처리기를 프로세스 그룹에 추가한다. 참고로, 카프카 버전에 따라 여러 가지 카프카 처리기가 있다. 여기서는 카프카 2.0을 기준으로 한다. PublishKafka_2_0 처리기의 속성 탭에서 **Kafka Brokers** 속성을 localhost:9092,localhost:9093,localhost:9094로 설정한다. 카프카 브로커는 제12장에서 말한 카프카 서버를 뜻한다. 지금 우리는 노드가 셋인 클러스터를 돌리고 있으므로, 세 인스턴스의 IP들을 쉼표로 연결해서 지정했다. **Topic Name**에는 앞에서 생성한 토픽 이름 users를 입력하고, **Delivery Guarantee** 속성을 **Guarantee Replication Delivery**로 변경한다.

이렇게 해서 ReadDataLake가 출력한 레코드들을 1분에 하나씩 카프카에 보내는 카프카 생산자 프로세스 그룹이 완성되었다. 이제 카프카에서 레코드들을 읽어 오는 NiFi 프로세스 그룹으로 넘어가자.

13.3.2 카프카 소비자 프로세스 그룹

사실 카프카 클러스터가 모든 데이터 공학자에게 필요한 것은 아니다. 그러나 제1장에서 이야기했듯이, 데이터 공학자의 역할은 조직이나 프로젝트마다 크게 다를 수 있으며, 데이터 공학자로 일하다 보면 카프카를 다루게 될 가능성이 있다. 특히, 데이터 공학자가 직접 클러스터를 설정하고 생산자를 만들지는 않는다고 해도, 소비자로서 카프카 메시지들을 읽어야 할 일이 생길 가능성은 크다. 그럼 토픽에 추가된 메시지들을 읽어 오는 NiFi 프로세스 그룹을 만들어 보자. 그림 13.9는 완성된 프로세스 그룹의 모습이다.

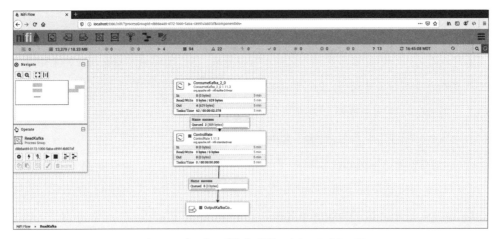

그림 13.9 **카프카 토픽을 소비하는 NiFi 프로세스 그룹**

다음은 이 프로세스 그룹을 구축하는 과정이다.

1 새 프로세스 그룹을 만들고, ConsumeKafka_2_0 처리기를 프로세스 그룹(의 캔버스)에 추가한다. 속성 탭으로 가서, 앞에서처럼 **Kafka Brokers** 속성을 localhost:9092,localhost:9093,localhost:9094로 설정하고, **Topic Name**을 users로 설정한다. **Offset Reset** 속성을 Earliest로 변경하고, **Group ID**는 NiFi Consumer로 설정한다. **Group ID** 속성은 이 처리기의 소비자가 속하는 소비자 그룹을 지정하는 역할을 한다.

2 다음으로, ControlRate 처리기를 프로세스 그룹에 추가한다. 이 ControlRate 처리기는 토픽에 이미 추가된 레코드들을 읽는 속도를 제어하는 데 쓰인다. 만일 토픽에 이미 메시지들이 많이 있다면, 그냥 대기열의 배압을 이용해서 흐름 속도를 제어하고, 과거 레코드들을 모두 소비한 후에 새 레코드들이 실시간으로 입력되게 해도 될 것이다.

3 ControlRate의 속성 탭에서 **Rate Control Criteria**를 `flowfile count`로 변경하고, **Maximum Rate**를 1로, **Time Duration**을 1 min으로 설정한다.

4 프로세스 그룹에 출력 포트를 추가하고 적절한 이름을 부여한다. 나는 `OutputKafkaConsumer`로 했다. 이 출력 포트는 카프카 토픽에서 읽은 메시지들을 데이터 파이프라인의 다른 프로세스 그룹으로 전송하는 역할을 한다.

5 프로세스 그룹을 실행하면 1분에 하나씩 레코드들이 처리될 것이다. 현재 이 프로세스 그룹은 소비자 하나로 된 소비자 그룹으로 `users` 토픽을 소비하는 것에 해당한다. 앞에서 `users` 토픽을 생성할 때 파티션 수를 3으로 설정했음을 기억할 것이다. 파티션이 소비자보다 많으므로, 소비자 그룹에 소비자를 더 추가해도 된다. 소비자를 추가하는 방법은 간단하다. `ConsumeKafka_2_0` 처리기를 더 추가하고 적절히 정하면 된다.

6 프로세스 그룹에 `ConsumeKafka_2_0`을 추가하고, 앞에서처럼 **Kafka Brokers** 속성을 `localhost:9092,localhost:9093,localhost:9094`로 설정하고, **Topic Name**을 `users`로 설정한다. 또한, **Group ID**도 앞에서와 동일하게 `NiFi Consumer`로 설정하기 바란다. 그리고 `ControlRate` 처리기를 추가하고 앞에서처럼 설정한다.

7 두 처리기의 **Group ID**가 같기 때문에, 해당 소비자들은 같은 그룹에 속하게 된다. 파티션이 셋이고 소비자가 둘이므로, 두 소비자 중 하나는 두 개의 파티션을 읽고 다른 하나는 파티션 하나를 읽는다. 토픽에 레코드들이 많이 추가된다면 `ConsumeKafka_2_0`을 하나 더 추가해도 될 것이다. 그러나 소비자가 셋을 넘기면, 여분의 소비자는 그냥 아무 일도 하지 않는다.

그림 13.10은 소비자를 하나 더 추가한 프로세스 그룹의 모습이다.

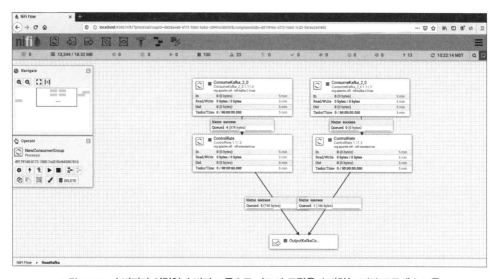

그림 13.10 소비자가 여럿인 소비자 그룹으로 카프카 토픽을 소비하는 NiFi 프로세스 그룹

프로세스 그룹을 실행하면 두 ConsumerKafka_2_0 처리기가 레코드들을 읽기 시작할 것이다. 어떤 파티션의 레코드들이 어떤 소비자에게 어떤 속도로 전달되는지는 생산자의 설정에 따라 다르다. 이 예제의 생산자 설정과 파티션 개수에서는 한 소비자가 FlowFile 두 개를 처리할 때 다른 한 소비자는 FlowFile을 하나만 처리할 것이다.

한 소비자 그룹에 다수의 소비자를 추가할 수 있는 것과 비슷하게, 하나의 토픽을 다수의 소비자 그룹이 읽게 할 수 있다. 소비자 그룹의 수는 파티션 수와는 무관하다.

그럼 이 프로세스 그룹에 또 다른 소비자 그룹을 추가해 보자. ConsumeKafka_2_0 처리 기를 캔버스에 추가하고, **Kafka Brokers** 속성과 **Topic** 속성은 앞에서처럼 localhost:9092, localhost:9093,localhost:9094와 users로 설정한다. 단, **Group ID**는 이전과 다르게 설정해야 한 다. 앞에서처럼 NiFi Consumer로 설정하면 이 소비자는 그 소비자 그룹에 속하게 되므로, 이와는 다 른 ID를 설정해야 한다. 나는 그냥 NiFi Consumer2로 했다(별로 창의적인 이름은 아니지만, 예제의 목적 에서는 이것으로 충분하다). 그림 13.11은 소비자 그룹이 하나 더 추가된 카프카 소비자 프로세스 그룹 의 모습이다.

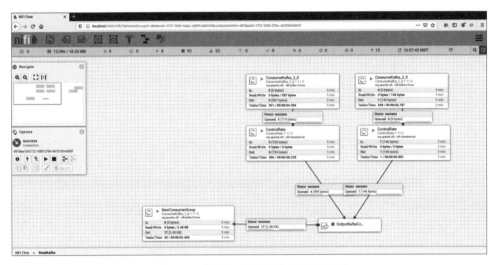

그림 13.11 **소비자 그룹이 둘인 프로세스 그룹**

그림 13.11의 화면에서, 두 번째 소비자 그룹에 해당하는 ConsumerKafka_2_0 처리기에는 ControlRate 처리기가 붙어 있지 않음을 주목하자. 따라서 이 처리기는 실행 즉시 토픽의 모든 레코 드를 읽어서 출력 포트로 전송한다. 화면의 상황에서 토픽에는 레코드가 17개 있었다. 다른 두 처리 기는 분당 1개씩만 처리하도록 속도를 제어하고 있기 때문에 대기열이 훨씬 작다.

이제 아파치 카프카에서 레코드들을 읽어서 처리하는 데이터 파이프라인을 만들고 싶으면, 이 카프카 소비자 프로세스 그룹에 다른 프로세스 그룹을 연결하면 된다. 그림 13.12는 제11장 **실습 프로젝트: 실무용 데이터 파이프라인 구축**에서 만든 실무용 데이터 파이프라인을 이 프로세스 그룹 (ReadKafka)에 연결한 모습이다.

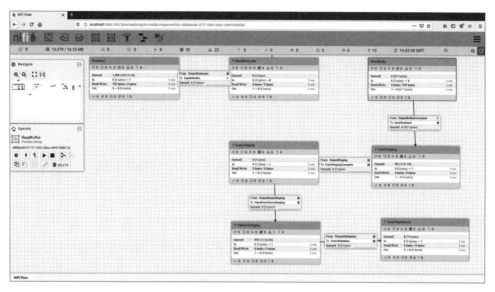

그림 13.12 **완성된 데이터 파이프라인**

그림 13.12의 데이터 파이프라인은 데이터 레이크가 아니라 카프카의 users 토픽에서 데이터를 읽어 들인다. 읽어 들린 레코드들은 스테이징 프로세스 그룹을 거쳐서 데이터 파이프라인의 나머지 단계들로 흘러간다. 결국에는 실무 환경의 PostgreSQL 데이터베이스 테이블에 카프카 토픽의 레코드들이 삽입된다. 간단히 말하면, 이제는 카프카 생산자가 데이터 레이크 역할을 한다.

이상의 예제에서 보았듯이, PublishKafka 처리기와 ConsumeKafka 처리기만 있으면 NiFi에서 생산자와 소비자를 만들 수 있다. 사용할 카프카 클러스터에 맞게 몇 가지 속성들만 잘 설정해 주면 된다. NiFi의 관점에서 카프카는 그냥 또 다른 데이터 공급원일 뿐이다. 일단 데이터를 읽어 오기만 하면, 나머지 과정은 데이터베이스 질의로 가져온 데이터를 다룰 때와 다를 바가 없다. 그렇긴 하지만 데이터의 성격 자체에는 몇 가지 차이점이 있다. 그럼 데이터 파이프라인을 구축할 때 유념해야 할, 스트림 처리와 일괄 처리의 차이점들을 살펴보자.

13.4 스트림 처리와 일괄 처리의 차이

데이터를 스트리밍 방식으로 처리하든 일괄적으로 처리하든, 처리 도구 자체는 다르지 않다. 그렇지만 스트림 데이터를 다룰 때 반드시 염두에 두어야 하는 사항이 두 가지가 있는데, 하나는 **무계**와 **유계**의 구분이고 다른 하나는 **시간**(time)이다.

데이터는 유계(bounded)일 수도 있고 무계(unbounded)일 수도 있다. 이름에서 짐작하겠지만, 유계有界 데이터에는 한계가 있다. 즉, 데이터의 끝이 있으면 유계 데이터이다. 예를 들어 작년 위젯 판매량은 유계 데이터이다. 무계無界 데이터에는 한계가 없다. 예를 들어 간선도로에서 차량 대수를 세는 통행량 감지기와 주행 속도를 측정하는 속도 측정기는 끝없이 데이터를 산출한다.

데이터 파이프라인을 구축할 때 데이터의 유계와 무계를 구분하는 것이 왜 중요할까? 유계 데이터는 데이터의 크기와 구성을 미리 알 수 있다. 여러분은 유계 데이터의 전체를 볼 수 있으며, 질의하고, 스테이징 환경에 넣고, Great Expectations를 이용해서 값들의 범위를 검증하거나 여러 측정치가 유효한지 확인한 후에 나머지 처리를 진행할 수 있다.

반대로 무계 데이터는 시간에 따라 스트리밍되며, 다음에 어떤 데이터 조각이 들어올지 미리 알 수 없다. 그렇다고 무계 데이터를 전혀 검증하지 못한다는 뜻은 아니다. 예를 들어 일반적인 자동차의 속도는 일정한 범위 안에 속한다. 시속(km/h)이 0보다 작거나 300보다 크면 뭔가 잘못된 것이다.

유계 데이터에서는 한 필드(열)의 평균이나 최댓값을 구할 수 있다. 무계 데이터에서는 데이터 스트림이 데이터 파이프라인을 통과함에 따라 그런 통계치들을 계속 재계산해야 한다. 다음 장에서는 아파치 스파크를 소개하고, 무계 스트림 데이터 처리에 아파치 스파크를 활용하는 방법을 설명한다.

작년 위젯 판매량은 유계 데이터이지만 올해 판매량은 유계 데이터가 아니다. 올해는 아직 끝나지 않았고, 판매 수치들은 계속 입력된다. 이 점을 생각하면, 스트림 데이터를 다룰 때 반드시 염두에 두어야 하는 또 다른 사항이 시간인 것이 이해가 될 것이다. 유계 데이터는 주어진 시간 구간(window) 안에서 완결적이다. 이를 뒤집어 생각하면, 무계 데이터에 특정한 시간 구간을 적용하면 유계 데이터처럼 취급할 수 있다.

유계 데이터에 적용하는 시간 구간은 **고정 구간**(fixed window), **이동 구간**(sliding window), **세션 구간**(session window) 세 가지가 있다.

- **고정 구간**: 텀블링 구간(tumbling window)이라고도 부르는 고정 구간은 말 그대로 구간의 시작과 끝이 고정되어 있는 구간이다. 그리고 인접한 두 구간의 레코드들이 겹치지 않는다. 그림 13.13은 레코드들을 1분 길이의 고정 구간들로 분할한 모습이다.

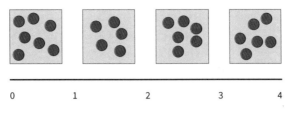

그림 13.13 고정 구간들에 담긴 데이터

- **이동 구간**: 고정 구간처럼 구간의 길이는 일정하지만, 한 구간이 끝나기 전에 새 구간이 시작한다는 점이 다르다. 예를 들어 1분 길이의 구간들이 30초마다 시작하는 등이다. 그러면 인접한 두 구간이 겹치게 된다. 이런 종류의 구간은 이동 평균(moving mean 또는 rolling average)을 구하는 데 적합하다. 그림 13.14가 이동 구간의 예이다.

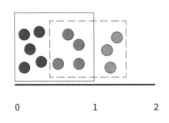

그림 13.14 이동 구간들에 담긴 데이터

그림을 보면 첫 이동 구간은 0에서 시작해서 1분간 지속되고, 둘째 이동 구간은 0:30에서 시작해서 1분간 지속되어서 1:30에 끝난다.

- **세션 구간**: 세션 구간은 길이가 가변적이다. 세션의 길이는 사용자나 소프트웨어의 활동 또는 사건에 따라 결정된다. 예를 들어 고객이 온라인 쇼핑몰에 로그인하면 세션이 시작되고, 그때부터 이 세션에 대한 데이터가 스트리밍되기 시작한다. 개별 세션은 레코드에 포함된 작은 데이터 조각으로 식별되는데, 그런 데이터 조각을 흔히 세션 토큰session token이라고 부른다.

카프카에서 시간 구간과 시간을 논의할 때는 시간을 세 종류로 구분한다. 바로 **사건 시간**(event time), **흡입 시간**(ingest time), **처리 시간**(processing time)이다. 이들은 각각 다른 값을 가질 수 있으며, 데이터 처리 시 어떤 것을 사용할 것인지는 데이터의 쓰임새에 따라 다르다.

- **사건 시간**은 특정 활동이나 사건이 발생한 시간이다. 이 시간은 레코드가 카프카에 전송되기 전에 이미 레코드에 포함되어 있을 수 있다. 예를 들어 새벽 1시 5분에 어떤 차가 시속 100km/h로 주행했음을 기록한 레코드에서 새벽 1시 5분이 사건 시간이다.
- **흡입 시간**은 데이터가 카프카 토픽에 기록된 시간이다. 사건 시간과 기록 시간의 차이는 네트워

크 잠복지연(latency)에 따라 증가하거나 감소할 수 있다.

- **처리 시간**은 카프카에서 데이터를 읽어서 처리하는 데 걸린 시간이다. 이를테면 데이터 파이프라인이 카프카에서 데이터를 읽는 시점부터 그 데이터가 웨어하우스에 들어가기까지의 시간이 처리 시간이다.

여러분이 다루는 데이터가 유계가 아니라 무계 데이터임을 인식하지 못한다면, 데이터 파이프라인에서 모든 데이터를 한꺼번에 분석하려는 우를 범할 위험이 있다. 데이터가 무계인 경에는 적절한 시간 구간을 적용해야 하며, 또한 용도에 맞는 적절한 종류의 시간을 사용해야 한다.

13.5 파이썬을 이용한 메시지 생산 및 소비

파이썬에서 카프카 생산자와 소비자를 생성해서 사용하는 것도 가능하다. 카프카 연동을 위한 파이썬 라이브러리는 Kafka-Python이나 PyKafka, Confluent Python Kafka 등으로 다양하다. 이번 절에서는 아파치 프로젝트의 하나인 Confluent Python Kafka를 사용하지만, 공동체 기반 오픈소스 라이브러리를 선호하는 독자라면 Kafka-Python도 좋은 선택이다. 어떤 라이브러리를 사용하든, 원리와 파이썬 프로그램의 구조는 동일하다.

다음은 pip을 이용해서 Confluent Python Kafka 라이브러리를 설치하는 명령이다.

```
pip3 install confluent-kafka
```

라이브러리 설치를 마쳤다면, 파이썬 프로그램에서 이 라이브러리를 이용해서 카프카에 접근할 수 있다. 그럼 이 라이브러리를 이용해서 카프카 생산자와 소비자를 구현하는 방법을 살펴보자.

13.5.1 파이썬으로 카프카 생산자 구현

파이썬으로 구현한 생산자의 큰 흐름은 Confluent Python Kafka의 Producer 객체를 생성하고, 그 객체를 이용해서 데이터를 보내고, 확인 응답을 기다리는 것이다. 이번 예제에서도 이전 여러 예제들처럼 Faker로 가짜 인적 사항 레코드들을 생성해서 데이터로 사용한다. 다음은 생산자 구현 과정이다.

1 필요한 라이브러리들을 도입하고 Faker 객체를 생성한다.

```
from confluent_kafka import Producer
from faker import Faker
import json
```

```
import time

fake=Faker()
```

2 카프카 클러스터의 IP 주소들을 지정해서 생산자 객체(confluent_kafka의 Producer)를 생성한다.

```
p=Producer({'bootstrap.servers':'localhost:9092,localhost:9093,localhost:9094'})
```

3 참고로, 사용 가능한 토픽들을 조회하려면 다음과 같은 문구를 사용하면 된다.

```
p.list_topics().topics
```

4 카프카의 확인 응답을 받는 방법은 여러 가지이지만, 일단 지금은 콜백을 지정해서 오류(err) 또는 실제 메시지(msg)를 받는 방식을 사용하기로 한다. 다음은 콜백 함수의 정의이다. 이 콜백 함수가 호출될 때마다, err와 msg 중 하나만 참이고 데이터를 가지고 있다. 이 함수는 if 문을 이용해서 err가 참인지 점검하고, 아니라면 메시지를 출력한다.

```
def receipt(err,msg):
    if err is not None:
        print('Error: {}'.format(err))
    else:
        print('{} : Message on topic {} on partition {} with value of {}'
        .format(time.strftime('%Y-%m-%d %H:%M:%S',time.localtime(
        msg.timestamp()[1]/1000)), msg.topic(), msg.partition(),
        msg.value().decode('utf-8')))
```

print 문은 메시지 객체(msg)의 여러 필드들을 이용해서 메시지를 보기 좋게 출력한다. 메시지 객체에는 밀리초 단위의 타임스탬프가 있다. 이 값을 1,000으로 나누어서 얻은 초 단위 시간을 지역 날짜·시간 형식으로 변환한다. 또한, print 문은 메시지가 발행된 토픽 이름도 출력한다. 생산자로 임의의 토픽에 메시지를 전송할 수 있으므로, 하나의 생산자로 여러 개의 토픽에 메시지를 전송하는 경우 어떤 토픽이 메시지를 받아들였는지 알 필요가 있다. 토픽 이름 다음에는 파티션 번호(0, 1, 2)와 메시지 자체를 출력하는데, 콜백으로 넘어온 메시지 값은 바이트 스트림이므로 UTF-8 형식으로 복호화한다.

5 이제 실제로 메시지들을 카프카 토픽으로 보내는 루프를 살펴보자. 루프의 본문에서는 먼저 제3장 **파일 읽고 쓰기**에서 했던 것과 동일한 방식으로 가짜 인적 사항 레코드를 담은 사전 객체를 생성하고, 그 객체를 JSON 형식 문자열로 변환한다.

```
for i in range(10):
    data={'name':fake.name(),'age':fake.random_int(min=18, max=80,step=1),
```

```
        'street':fake.street_address(),'city':fake.city(),
        'state':fake.state(),'zip':fake.zipcode()}
    m=json.dumps(data)
```

6 변환된 데이터를 카프카에 보내기 전에, 이전 반복에서 보낸 메시지에 대한 확인 응답이 있는지 점검하기 위해 poll() 메서드를 호출한다. 확인 응답이 있다면 앞에서 정의한 콜백 함수(receipt) 가 호출된다. 마지막으로, 토픽 이름과 메시지, 확인용 콜백 함수를 지정해서 produce() 메서드 를 호출한다.

```
    p.poll(0)
    p.produce('users',m.encode('utf-8'),callback=receipt)
```

7 루프에서 벗어난 다음에는 다음을 호출해서 생산자를 마무리한다. 이렇게 하면 남아 있던 모든 확인 응답이 receipt()로 전달된다.

```
    p.flush()
```

모든 것이 잘 진행된다면, 카프카 클러스터의 users 토픽에 가짜 인적 사항 레코드 10개가 전송되고, 터미널에는 다음과 같은 형태의 확인 응답 메시지들이 출력될 것이다.

```
2020-06-22 15:29:30 : Message on topic users on partition 1 with value of {'name': 'Willie
Chambers', 'age': 66, 'street': '13647 Davis Neck Suite 480', 'city': 'Richardside', 'state'
: 'Nebraska', 'zip': '87109'}
```

지금까지 파이썬에서 카프카 토픽으로 데이터를 보내는 방법을 살펴보았다. 다음 절에서는 파이 썬에서 그 데이터를 소비하는 방법을 설명한다.

13.5.2 파이썬으로 카프카 소비자 구현

파이썬으로 구현한 소비자의 큰 흐름은 원하는 카프카 클러스터와 소비자 그룹에 대한 Consumer 객체를 생성하고, 소비할 토픽을 선택하고, 루프를 돌려서 새 메시지를 기다리는 것이다. 다음은 파이 썬 카프카 소비자 구현 과정이다.

1 먼저 Confluent Python Kafka 라이브러리의 Consumer 모듈을 도입해서 소비자 객체를 생성한다. 카프카 클러스터의 IP 주소들과 소비자 그룹 이름을 지정해야 하는데, 소비자 그룹 이름은 아무 것이나 지정해도 된다. 중요한 것은, 같은 소비자 그룹에 속할 여러 개의 소비자 객체를 생성할 때 는 그룹 이름을 동일하게 해야 한다는 점이다. 그러면 카프카가 이들을 같은 그룹에 배정한다. 또 한 카프카는 이 그룹이 토픽에서 마지막으로 읽은 메시지의 오프셋을 기억해 두므로, 나중에 소

비자 구현을 다시 실행할 때 원한다면 이전에 읽은 메시지 이후부터 토픽을 읽을 수도 있다. 여기서는 그냥 토픽을 처음부터 읽도록 auto.offset.reset 속성을 'earliest'로 설정한다.

```python
from confluent_kafka import Consumer

c=Consumer({'bootstrap.servers': 'localhost:9092,localhost:9093,localhost9093',
    'group.id':'python-consumer','auto.offset.reset':'earliest'})
```

2 참고로, 다음은 가능한 토픽들과 특정 토픽의 파티션 개수를 알아내는 코드이다.

```python
c.list_topics().topics
t.topics['users'].partitions
```

3 특정 토픽을 읽으려면 먼저 그 토픽을 구독(subscription)해야 한다.

```python
c.subscribe(['users'])
```

4 이제 루프를 돌려서 메시지들을 읽어 온다. 여기서는 새 메시지가 들어오길 무한정 기다리는 무한 루프를 사용하지만, 필요하다면 오프셋을 이용해서 특정 메시지들만 읽어올 수도 있다. poll()을 호출하면 메시지 객체가 반환되는데, 이 메시지 객체는 아무것도 아닐 수도 있고, 오류를 뜻할 수도 있고, 실제로 토픽의 메시지일 수도 있다. if 문으로 세 경우를 구분해서, 메시지가 아무것도 아니면 다음 반복으로 넘어가고, 오류이면 오류 메시지를 출력하고, 실제 메시지이면 UTF-8로 복호화해서 출력한다. 루프를 벗어난 후에는 close() 메서드를 호출해서 연결을 닫는다.

```python
while True:
    msg=c.poll(1.0) #timeout

    if msg is None:
        continue

    if msg.error():
        print('Error: {}'.format(msg.error()))
        continue

    data=msg.value().decode('utf-8')
    print(data)

c.close()
```

이 스크립트를 실행하면 터미널에는 다음과 같은 형태의 JSON 객체가 여러 개 출력될 것이다.

```
{'name': 'Joseph Vaughn', 'age': 39, 'street': '978 Jordan Extensions Suite 684','city':
'Zunigamouth', 'state': 'Michigan', 'zip': '38090'}
```

이 예제는 파이썬에서 카프카 토픽을 소비하는 아주 기본적인 뼈대만 보여줄 뿐이다. 그러나 이 뼈대에 살을 더 붙인다면 좀 더 복잡한 소비자도 구현할 수 있을 것이다.

13.6 요약

이번 장에서는 먼저 아파치 카프카를 스트림 처리에 활용하는 데 필요한 배경 지식을 살펴보았다. 로그가 무엇인지에서, 카프카가 로그를 어떤 식으로 활용하는지 이야기했으며, 카프카의 토픽과 파티션이 어떻게 구성되고 생산자와 소비자가 어떻게 작동하는지 살펴보았다. 그런 다음에는 아파치 NiFi에서 각각 하나의 처리기를 이용해서 생산자와 소비자를 구현해 보았다. 그리고는 다시 배경 지식으로 돌아가서, 무계 데이터로서의 스트림 데이터와 무계 데이터를 유계 데이터처럼 다루기 위한 시간 구간을 소개했다. 무계/유계와 시간 구간은 스트림 데이터를 다룰 때 중요한 고려사항이다. 모든 데이터를 한꺼번에 처리할 수 있다고 오판하는 우를 범하지 않으려면 데이터의 특징을 알아야 한다. 마지막으로, Confluent Python Kafka 라이브러리를 이용해서 파이썬에서 기본적인 생산자와 소비자를 구현하는 방법도 살펴보았다.

다음 장에서는 이러한 개념과 기법들에 기초해서 실시간 데이터 파이프라인을 구축해 본다.

14

아파치 스파크를 이용한 데이터 처리

제13장에서 우리는 데이터 스트리밍 기능을 데이터 파이프라인에 추가하는 방법을 살펴보았다. 이제 여러분은 파이썬이나 아파치 NiFi를 이용해서 스트림 데이터를 추출하고, 변환하고, 적재하는 수단과 방법을 갖추었다. 그런데 대량의 스트림 데이터를 변환할 때 데이터 공학자들은 아파치 스파크 같은 도구를 사용할 때가 많다. 사소하지 않은, 본격적인 변환에 대해 아파치 스파크Spark는 MapReduce 같은 대부분의 수단보다 빠르다. 그리고 아파치 스파크는 분산 데이터 처리를 지원한다.

이번 장의 주요 주제는 다음과 같다.

- 아파치 스파크의 설치와 설정
- PySpark의 설치와 설정
- PySpark를 이용한 데이터 처리

14.1 아파치 스파크의 설치와 설정

아파치 스파크는 분산 데이터 처리 엔진으로, 스트림 데이터와 일괄 데이터 둘 다 지원할 뿐만 아니라 그래프도 지원한다. 스파크는 핵심 기능을 담은 구성요소들은 물론, 새로운 기능을 추가하기 위한 라이브러리들도 제공한다. 그림 14.1은 스파크 생태계를 도식화한 것이다.

그림 14.1 **아파치 스파크 생태계**

스파크를 하나의 클러스터로서 실행하는 방법은 여러 가지이다. 첫째는 스파크를 독립형(standalone)으로 실행하는 것인데, 이 경우 스파크 자신이 제공하는 간단한 클러스터 관리자가 쓰인다. 둘째는 아마존 EC2 인스턴스에서 YARN이나 Mesos, 쿠버네티스를 이용해서 스파크를 실행하는 것이다. 작업량이 꽤 큰 실무 환경에서는 독립형으로 실행하는 것보다는 이처럼 클라우드에서 실행하는 것이 바람직할 것이다. 그러나 이번 장의 예제에서는 독립형 접근 방식을 사용한다. 독립형과 클라우드 기반 둘 다 원리는 같지만, 스파크에 익숙해지는 데는 복잡한 기반구조 설치 및 설정 과정이 필요하지 않은 독립형 접근 방식이 낫다.

다음은 아파치 스파크를 설치하고 설정하는 과정이다.

1 브라우저로 아파치 스파크 웹사이트(*http://spark.apache.org*)를 연다. 여기서 스파크의 최신 버전을 내려받거나, 문서들을 읽거나, 라이브러리들을 살펴보거나, 코드 예제를 찾을 수 있다.

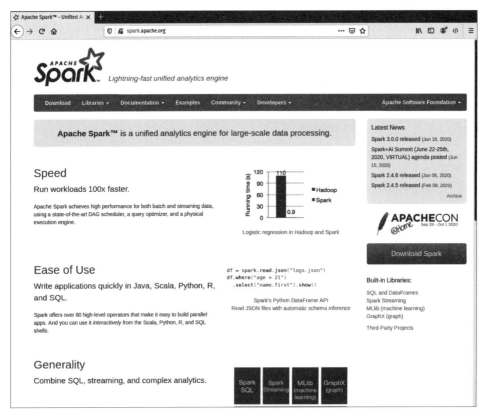

그림 14.2 **아파치 스파크 웹사이트**

2 상단 메뉴 줄에서 **Download**를 클릭해서 다운로드 페이지로 간다. 상단 1번 항목에서 여러분이 사용할 스파크 버전을 선택하기 바란다. 이번 장을 쓰는 현재 최신 버전은 3.0.0이다. 2번 항목에서는 패키지 유형을 선택한다. 이 책에서는 하둡^{Hadoop}을 사용하지 않지만, 패키지를 직접 빌드할 생각이 아니라면 어차피 제시된 것들 중 하나를 선택해야 한다. 나는 **Pre-built for Apache Hadoop 2.7**을 선택했다. Windows에서는 하둡이 실제로 설치되어 있다고 생각하도록 스파크를 속이기 위한 추가 과정이 필요하지만, 리눅스나 macOS에서는 그럴 필요가 없다. 그림 14.3은 두 항목을 선택한 후의 모습이다.

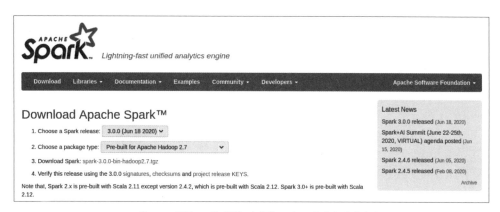

그림 14.3 하둡 2.7을 위한 아파치 스파크 패키지 내려받기

3 선택한 스파크 패키지 압축 파일을 내려 받은 후 디렉터리의 적당한 곳에 풀고, 홈 디렉터리의 spark3이라는 폴더로 옮기면 기본적인 설치가 끝난다.

```
tar -xvzf spark-3.0.0-bin-hadoop2.7.tgz
mv spark-3.0.0-bin-hadoop2.7 ~/spark3
```

4 이제 스파크 클러스터를 만들어 보자. 카프카에서 했던 것처럼, 스파크 디렉터리의 복사본을 현재 컴퓨터에 만들어서 또 다른 노드로 사용하기로 한다(혹시 다른 컴퓨터가 있다면 스파크의 복사본을 그 컴퓨터에 옮겨서 실제로 개별적인 노드로 운영해도 된다). 다음처럼 spark3 디렉터리를 spark-node라는 이름의 디렉터리에 복사하기 바란다.

```
cp -r spark3/ spark-node
```

5 이제 스파크가 제공하는 스크립트들을 이용해서, 이 두 노드로 이루어진 스파크 클러스터를 실행한다. 해당 스크립트 이름들에는 시대착오적인 단어인 master(주인)와 slave(노예)가 포함되어 있다. 둘 다 IT 분야에서 흔히 쓰이는 용어들이지만, 이런 어법에 반대하는 목소리가 오래전부터

있었다. 2020년에 깃허브가 기본 분기(branch) 이름을 master에서 main으로 변경한 것은 고무적인 일이다. 그러한 움직임에 호응해서, 스크립트 이름들에서 해당 용어들을 각각 head와 node로 바꾸기로 하자.

```
cd ~/spark3/sbin
cp start-master.sh start-head.sh
cd ~/spark-node/sbin
cp start-slave.sh start-node.sh
```

6 각 스파크 디렉터리에서 각각 해당 스크립트를 실행해서 2노드 클러스터를 시동한다.[역주1]

```
./start-head.sh
./start-node.sh spark://pop-os.localdomain:7077 -p 9911
```

7 단계 6에서 -p 옵션으로 노드의 포트 번호를 지정했음에 주목하자. 스크립트들은 이 옵션을 비롯해 다양한 옵션과 플래그를 지원한다.

   a -h, --host: 노드를 실행할 호스트의 이름. 예전에 쓰이던 -i, --ip는 폐기 예정이다.

   b -p, --port: 요청을 기다릴 포트 번호

   c --webui-port: 웹 UI의 포트 번호. 기본은 8080.

   d -c, --cores: 사용할 CPU 코어 개수.

   e -m, --memory: 사용할 메모리 양. 기본은 1GB이다(시스템의 전체 메모리가 1GB 이상일 때).

   f -d, --work-dir: 일꾼(worker) 노드가 사용할 작업용 디렉터리.

   g --properties-file: 다양한 설정을 담은 spark.conf 파일의 위치.

클러스터의 시동에는 1분 정도가 걸린다. 브라우저로 *http://localhost:8080/*을 열었을 때 그림 14.4처럼 클러스터에 대한 웹 UI가 나타나면 클러스터가 잘 작동하고 있는 것이다. 이 웹 UI에서 클러스터의 세부사항을 확인할 수 있다.

역주1 start-node.sh의 첫 인수는 start-head.sh로 시동한 스파크 헤드의 URL이다. 이 예의 spark://pop-os.localdomain:7077은 /home/paulcrickard처럼 저자의 환경에 고유한 값이므로, 여러분의 스파크 헤드 URL로 바꾸어야 한다. start-head.sh만 실행한 후 브라우저로 *http://localhost:8080*을 열고 페이지 상단을 보면 **Spark Master at** 다음에 spark:으로 시작하는 URL이 있는데(그림 14.4 참고), 그 URL이 바로 스파크 헤드 URL이다. start-node.sh 실행 후 스파크 웹 UI의 **Workers** 섹션에 일꾼(worker) 노드가 추가되어 있으면 제대로 된 것이다.

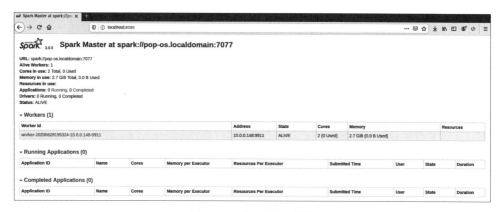

그림 14.4 **스파크 클러스터 웹 UI**

클러스터가 마련되었으니, 이제 이 클러스터를 파이썬에서 사용하는 데 필요한 환경을 설정하자.

14.2 PySpark의 설치와 설정

PySpark는 스파크와 함께 설치된다. ~/spark3/bin 디렉터리를 보면, 다른 여러 라이브러리 및 도구
와 함께 PySpark 관련 파일들이 있을 것이다. PySpark 라이브러리를 사용하려면 먼저 export 명령
을 이용해서 몇 가지 환경 변수를 설정해 주어야 한다. 터미널에서 다음 명령들을 실행하기 바란다.

```
export SPARK_HOME=/home/paulcrickard/spark3
export PATH=$SPARK_HOME/bin:$PATH
export PYSPARK_PYTHON=python3
```

첫 줄은 SPARK_HOME 변수를 설정한다. 이 변수는 스파크가 설치된 디렉터리를 가리키는데, 지금 예
제에서는 §14.1에서 만든 스파크 클러스터의 헤드에 해당하는 spark3 디렉터리를 지정하면 된다. 둘
째 줄은 SPARK_HOME의 bin 디렉터리를 시스템 경로에 추가한다. 이렇게 하면 운영체제는 PySpark
실행 파일을 찾을 때 ~/spark3/bin도 살펴본다. 셋째 줄은 PySpark가 사용할 파이썬 실행기의 이름
이다.

그런데 이 환경 변수 설정들은 현재 터미널에만 적용된다. 터미널을 열 때마다 매번 이 명령들을
실행하는 것은 번거로운 일이므로, 이 명령들을 ~/.bashrc 파일에 추가하는 것이 바람직하다. 변경된
.bashrc 파일을 현재 터미널에 바로 적용하고 싶으면 다음 명령을 실행하기 바란다.

```
source ~/.bashrc
```

이제 터미널을 열고 pyspark를 실행하면 다음과 같이 대화식 스파크 셸이 뜰 것이다.

그림 14.5 대화식 스파크 셸

그림 14.5와 같은 화면이 나왔다면 PySpark가 제대로 설정된 것이다. 그런데 이번 장의 예제들에서는 이 셸이 아니라 주피터 노트북에서 PySpark를 사용할 것이므로, Ctrl-D를 눌러서 셸을 종료하기 바란다. PySpark와 주피터를 연동하는 방법은 크게 두 가지이다

- **PySpark 드라이버 설정**: 첫째 방법은 환경 변수 PYSPARK_DRIVER_PYTHON과 ..._OPTS를 적절히 설정해서 PySpark가 주피터를 사용하게 만드는 것이다. 두 변수를 다음과 같이 설정하면 된다(모든 터미널에 적용하려면 앞에서처럼 ~/.bashrc에 추가할 것).

```
export PYSPARK_DRIVER_PYTHON=jupyter
export PYSPARK_DRIVER_PYTHON_OPTS='notebook'
```

- **findspark 라이브러리 활용**: 둘째 방법이자 이번 장에서 사용할 방법은 findspark 라이브러리를 이용한 코드를 주피터 노트북에 추가해서 주피터 쪽에서 스파크를 찾게 만드는 것이다. findspark는 다음과 같이 pip으로 설치할 수 있다.

```
pip3 install findspark
```

그럼 주피터 노트북에서 PySpark에 접근할 수 있는지 시험해 보자. 우선 다음 명령으로 노트북 서버를 띄운다.

```
jupyter notebook
```

잠시 기다리면 브라우저에 노트북 페이지가 열릴 것이다. 우측 상단 **New** 메뉴로 새 **Python 3** 노트북을 생성하고, 노트북의 첫 코드 블록에 다음 두 줄의 코드를 입력한 후 노트북을 실행하기 바란다.

```
import findspark
findspark.init()
```

이 코드가 아무 오류 없이 실행된다면 주피터 노트북이 스파크를 잘 찾은 것이다.

§14.1에서 실행한 스파크 클러스터가 여전히 실행 중이라는 가정 하에서, 다음 절에서는 몇 가지 기본적인 PySpark 활용 예제들을 살펴본다.

14.3 PySpark를 이용한 데이터 처리

PySpark로 데이터를 처리하는 방법으로 들어가기 전에, 먼저 스파크의 작동 방식에 익숙해지기 위해 스파크가 제공하는 예제들 중 하나를 실행해 보자. 스파크 웹사이트의 예제 모음 페이지(*http://spark.apache.org/examples.html*)를 보면 **Pi Estimation**이라는 예제가 있다. 그림 14.6은 이 예제의 파이썬 코드를 내 주피터 노트북에서 실행한 모습이다.

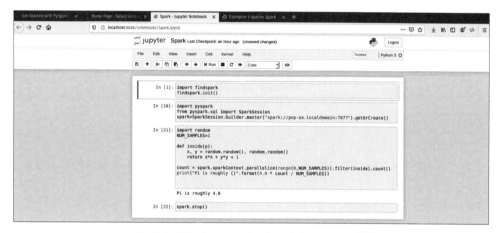

그림 14.6 **Pi Estimation 예제를 주피터 노트북으로 실행**

그런데 이 예제 코드를 주피터 노트북에서 실행하려면 코드를 좀 더 추가하고 수정해야 한다. 다음은 완결적인 노트북을 만드는 과정이다.

1 findspark 라이브러리를 도입하고 init() 메서드를 호출하는 코드를 새 노트북의 첫 코드 블록에 추가한다. 앞에서 PySpark와 주피터 노트북을 연동하는 둘째 방법을 소개할 때 제시한 것과 동일한 코드이다.

```
import findspark
findspark.init()
```

2 다음으로, pyspark 라이브러리와 SparkSession 모듈을 도입하고, 스파크 클러스터의 헤드(마스터) 노드의 URL을 지정해서 스파크 세션 객체를 생성한다. 아래 코드에서 spark://pop-os.localdomain:7077을 여러분의 스파크 헤드 URL(앞에서 스파크 클러스터를 실행할 때 지정했던)로 대체하기 바란다.

```
import pyspark
from pyspark.sql import SparkSession
spark=SparkSession.builder.master('spark://pop-os.localdomain:7077').appName(
    'Pi-Estimation').getOrCreate()
```

3 두 코드 블록을 실행한 후 브라우저로 스파크 웹 UI를 열면 그림 14.7처럼 **Running Application**
   섹션에 응용 프로그램이 하나 나타나 있을 것이다. 응용 프로그램 이름 Pi-Estimation은 앞의
   코드 블록에서 appName()으로 지정한 것이다.

그림 14.7 응용 프로그램 하나가 실행 중임을 보여주는 스파크 웹 UI. 종료된 두 스파크 셀 세션들도 보인다.

이상의 코드는 모든 PySpark 활용 코드에 필요한 '상용구 코드(boilerplate code)'이다. 이후의 예제
들에서는 이 상용구 코드를 생략한다.

4 그다음 코드 블록에는 실제 작업을 수행하는 코드를 추가한다. 이 코드는 파이*π*의 값을 추정하
   는데, 구체적인 계산 방법은 이 논의의 초점이 아니므로 넘어가기로 하자. 여기서 중요한 것은 이
   코드가 sparkContext를 이용해서 계산 작업을 클러스터에서 병렬로 수행한다는 것이다. 계산이
   끝나면, 반환된 결과를 담은 count 변수를 이용해서 파이 추정값을 구해서 출력한다.

```
import random
NUM_SAMPLES=10000
def inside(p):
    x, y = random.random(), random.random()
    return x*x + y*y < 1

count = spark.sparkContext.parallelize(range(0,
            NUM_SAMPLES)).filter(inside).count()
print('Pi is roughly {}'.format(4.0 * count /
                               NUM_SAMPLES))
```

5 마지막으로, 스파크 세션을 중지한다.

```
spark.stop()
```

세션이 중지되면 스파크 웹 UI의 **Completed Applications** 섹션에 Pi-Estimation이 나타날 것이다. 이제 좀 본격적인 데이터 공학 활용 방법을 살펴보자. 다음 절의 예제는 스파크의 DataFrame을 이용해서 만든 데이터를 카프카 토픽에 추가한다.

14.3.1 스파크를 이용한 데이터 공학

앞의 예제를 통해서 스파크 응용 프로그램의 전체적인 뼈대를 배울 수 있었다. 이번 장의 예제들은 모두 findspark를 이용해서 스파크를 찾고, PySpark 라이브러리를 이용해서 스파크 세션을 생성하고, 그 세션으로 어떤 작업을 수행하고, 마지막으로 세션을 중지하는 패턴을 따른다. 그런데 스파크를 이용한 데이터 공학 응용에서 '어떤 작업'에는 스파크의 DataFrame이 관여할 때가 많다. 이번 절에서는 pandas의 것과는 조금 다른 스파크 DataFrame을 소개한다.

앞에서처럼 findspark를 이용해서 스파크 환경을 설정하고, 필요한 라이브러리들을 도입하고, 스파크 세션을 생성한다. 다음이 이에 해당하는 상용구 코드이다.

```
import findspark
findspark.init()

import pyspark
from pyspark.sql import SparkSession

import os
os.chdir('/home/paulcrickard')

spark=SparkSession.builder.master('spark://pop-os.localdomain:7077').appName(
    'DataFrame-Kafka').getOrCreate()
```

이제 스파크 클러스터와 연결된 세션이 만들어졌다. 스파크 세션 객체(코드의 spark)는 제3장 **파일 읽고 쓰기**와 제4상 **데이터베이스 다루기**에서 했던 것과 비슷한 방식으로 CSV 데이터와 JSON 데이터를 DataFrame으로 읽어 들이는 수단들을 제공하는데, 완전히 같지는 않다. pandas에서는 CSV 파일을 read_csv 메서드로 읽어 들였지만, 스파크에서는 read.csv를 사용한다. 또한, pandas와는 달리 스파크에서 DataFrame의 내용을 보려면 show() 메서드를 호출해야 한다. 또 다른 차이점으로, pandas에서는 DataFrame의 열 형식들을 확인할 때 dtypes를 사용했지만 스파크에서는 printSchema()를 사용한다. 다음은 스파크 세션에서 data.csv 파일을 읽고 처음 다섯 행과 스키마를 출력하는 코드이다.

```
df = spark.read.csv('data.csv')
df.show(5)
df.printSchema()
```

이 코드는 그림 14.8과 비슷한 모습의 결과를 출력한다.

```
+----------------+---+--------------------+--------------+--------+-----+-----------+-----------+
|             _c0|_c1|                 _c2|           _c3|     _c4|  _c5|        _c6|        _c7|
+----------------+---+--------------------+--------------+--------+-----+-----------+-----------+
|            name|age|              street|          city|   state|  zip|        lng|        lat|
| Patrick Hendrix| 23|  5755 Jonathan Ranch| New Sheriland|Wisconsin|60519| 103.914462| -59.0094375|
|   Grace Jackson| 36|2502 Stewart Plaz...|   Ramirezville| Arizona|91946| 170.503858| 58.1631665|
|   Arthur Garcia| 61|     627 Liu Brooks|  Freemanhaven|  Kansas|97783| -39.845646|  38.689889|
|  Gary Valentine| 29|9682 Theresa Vist...|  Allenborough|  Oregon|81537| -30.304522| 81.2722995|
+----------------+---+--------------------+--------------+--------+-----+-----------+-----------+
only showing top 5 rows

root
 |-- _c0: string (nullable = true)
 |-- _c1: string (nullable = true)
 |-- _c2: string (nullable = true)
 |-- _c3: string (nullable = true)
 |-- _c4: string (nullable = true)
 |-- _c5: string (nullable = true)
 |-- _c6: string (nullable = true)
 |-- _c7: string (nullable = true)
```

그림 14.8 **CSV에서 읽은 DataFrame의 내용과 스키마**

출력의 첫 행은 실제 데이터가 아니라 헤더이다. 각 열에 _c0 같은 기본 이름이 표시되었음을 주목하자. 다섯 행 다음은 이 DataFrame의 스키마인데, 모든 열이 문자열 형식으로 되어 있다. CSV 파일을 읽을 때 스키마를 명시적으로 지정할 수 있으며, 스파크가 스키마를 추론하게 만들 수도 있다. 또한, CSV 파일에 지정된 열 이름들을 적용하게 만들 수 있다. 다음은 열 이름들을 적용하고 스키마를 추론하도록 지정하는 예이다.

```
df = spark.read.csv('data.csv',header=True,inferSchema=True)
df.show(5)
```

그림 14.9는 이 코드의 출력 예이다. 스파크가 열의 자료 형식들을 잘 추론했음을 알 수 있다.

```
+----------------+---+--------------------+--------------+--------+-----+-----------+-----------+
|            name|age|              street|          city|   state|  zip|        lng|        lat|
+----------------+---+--------------------+--------------+--------+-----+-----------+-----------+
| Patrick Hendrix| 23|  5755 Jonathan Ranch| New Sheriland|Wisconsin|60519| 103.914462| -59.0094375|
|   Grace Jackson| 36|2502 Stewart Plaz...|   Ramirezville| Arizona|91946| 170.503858| 58.1631665|
|   Arthur Garcia| 61|     627 Liu Brooks|  Freemanhaven|  Kansas|97783| -39.845646|  38.689889|
|  Gary Valentine| 29|9682 Theresa Vist...|  Allenborough|  Oregon|81537| -30.304522| 81.2722995|
|     Erin Mclean| 23|9349 Williams Lan...|East Markmouth|    Ohio| 4300|-110.860085|  11.476733|
+----------------+---+--------------------+--------------+--------+-----+-----------+-----------+
only showing top 5 rows

root
 |-- name: string (nullable = true)
 |-- age: integer (nullable = true)
 |-- street: string (nullable = true)
 |-- city: string (nullable = true)
 |-- state: string (nullable = true)
 |-- zip: integer (nullable = true)
 |-- lng: double (nullable = true)
 |-- lat: double (nullable = true)
```

그림 14.9 **열 이름들과 자료 형식들이 제대로 설정된 DataFrame**

특정 열을 선택할 때는 열 이름을 지정해서 select()를 호출한다. .show()를 붙여야 열의 내용이 출력됨을 기억하기 바란다. .show()가 없으면 그냥 해당 열을 담은 DataFrame이 반환될 뿐이다.

```
df.select('name').show()
```

pandas에서는 select 메서드를 호출하는 대신 그냥 [] 안에 열 이름을 지정하면 된다. 또한, pandas에서는 df[(df['열']<값)] 형태의 구문을 이용해서 주어진 열의 특정 값들을 선택할 수 있다. 스파크에서도 select 메서드와 filter 메서드로 같은 일을 할 수 있다. 둘의 차이점은, select는 주어진 조건의 평가 결과(true 또는 false)를 담은 DataFrame을 돌려주는 반면 filter는 주어진 조건을 충족하는 행들을 담은 DataFrame을 돌려준다는 것이다. filter의 결과에 select를 적용해서, 조건을 만족하는 행들의 특정 열들만 얻는 것도 가능하다.

```
df.select(df['age']<40).show()
df.filter(df['age']<40).show()
df.filter('age<40').select(['name','age','state']).show()
```

마지막 행에서 보듯이, 조건을 지정할 때 df['age']를 사용하지 않고 열 이름을 직접 지칭할 수도 있다는 점도 기억하기 바란다.

pandas에서 DataFrame의 행들을 훑을 때는 iterrows()를 사용했다. 스파크에서는 행들의 배열을 돌려주는 collect()를 사용하면 된다. 다음은 filter를 이용해서 나이가 40 미만인 행들을 선택하고 그 행들을 파이썬 배열로 변환하는 예이다.

```
u40=df.filter('age<40').collect()
u40
```

u40은 행들로 이루어진 보통의 파이썬 배열이므로, 정수 색인을 이용해서 특정 행에 접근할 수 있다. 필요하다면 특정 행(Row 형식의 객체)을 다른 자료 형식으로 변환하는 것도 물론 가능하다. 다음은 첫 행을 파이썬 사전 객체(dict 형식)로 변환하고, 필드 이름을 이용해서 특정 필드에 접근하는 방법을 보여주는 코드이다.

```
u40[0]
u40[0].asDict()
u40[0].asDict()['name']
```

이 코드는 다음과 같이 Row 객체의 내용과 해당 사전 객체의 내용, 그리고 name 필드의 값을 출력한다.

```
Row(name='Patrick Hendrix', age=23, street='5755 Jonathan Ranch', city='New Sheriland',
state='Wisconsin', zip=60519, lng=103.914462, lat=-59.0094375)
{'name': 'Patrick Hendrix', 'age': 23, 'street': '5755 Jonathan Ranch', 'city': 'New Sh
eriland', 'state': 'Wisconsin', 'zip': 60519, 'lng': 103.914462, 'lat': -59.0094375}
'Patrick Hendrix'
```

다음은 스파크 DataFrame의 행들을 훑는 방법을 보여주는 코드이다. collect()가 돌려준 배열의 각 항목을 for 루프를 이용해서 접근하는 것일 뿐이다. 루프의 각 반복에서는 해당 항목(행)을 사전 객체로 변환해서 터미널에 출력한다.

```
for x in u40:
    print(x.asDict())
```

SQL에 익숙한 독자라면 spark.sql을 이용해서 DataFrame의 행들을 좀 더 정교한 방식으로 검색할 수 있다. SQL을 사용하려면 다음처럼 먼저 뷰를 만든 다음에 SQL 질의문을 실행해야 한다.

```
df.createOrReplaceTempView('people')
df_over40=spark.sql('select * from people where age > 40')
df_over40.show()
```

마지막 행은 앞에서 filter 메서드를 사용했을 때와 동일한 결과를 출력한다. 좀 더 복잡한 조건으로 행들을 검색하고 취합한다면 SQL 접근 방식의 장점이 더 잘 드러날 것이다.

스파크는 DataFrame의 스키마(열 이름 등)나 데이터를 수정하거나 분석하는 메서드들도 제공한다. describe() 메서드는 특정 열의 데이터에 대한 기본적인 통계량(평균, 표준편차 등)을 돌려준다. 다음은 age 열의 기본적인 통계량을 출력하는 예이다.

```
df_over40.describe('age').show()
```

이 코드는 age 열의 count, mean, standard deviation, min, max(순서대로 행 수, 평균, 표준 편차, 최솟값, 최댓값)를 출력한다. 이 다섯 수치는 주어진 데이터를 잘 요약하는 기본적인 통계량들이다.

스파크의 DataFrame도 pandas처럼 데이터를 취합하고 합산하는 수단을 제공한다. 다음은 groupBy() 메서드를 이용해서 주(state) 이름들의 출현 횟수를 구하는 예이다.

```
df.groupBy('state').count().show()
```

열에 대해 총계(aggregation) 연산을 수행할 때는 agg라는 메서드를 사용한다. 이 메서드는 열 이름이 키이고 총계 연산의 종류를 뜻하는 문자열이 값인 사전 객체를 받는다. 다음은 age 열의 평균(mean)을 구하는 예이다.

```
df.agg({'age':'mean'}).show()
```

groupBy와 agg는 mean 외에 max, min, sum 등 다양한 연산을 지원하는데, 자세한 내용은 스파크 문서화를 보기 바란다. 지금까지 말한 메서드들 외에, pyspark.sql.functions 모듈은 대단히 많은 수의 함수들을 제공한다. 다음은 유용한 함수 몇 가지의 사용법을 보여주는 코드이다. 스파크의 파이썬 API 문서(*https://spark.apache.org/docs/latest/api/python/pyspark.sql.html*)에 모든 함수가 나와 있으니 참고하기 바란다.

```
import pyspark.sql.functions as f

# 고유한 주 이름들(총 50개)을 담은 배열을 돌려준다.
df.select(f.collect_set(df['state'])).collect()

# 고유한 주 이름들의 개수(50)를 담은 states라는 열 하나로 된
# DataFrame을 출력한다.
df.select(f.countDistinct('state').alias('states')).show()

# 거리 이름의 md5 해시를 담은 행들로 이루어진 배열을 돌려준다.
# 행의 예: Row(hash='81576976c4903b063c46ed9fdd140d62')
df.select(f.md5('street').alias('hash')).collect()

# 주 이름을 뒤집은 문자열을 담은 행들로 이루어진 배열을 돌려준다.
# 행의 예: Row(state-reverse='nisnocsiW')
df.select(f.reverse(df.state).alias('state-reverse')).collect()

# 이름의 SOUNDEX 값을 담은 행들로 이루어진 배열을 돌려준다.
# 행의 예: Row(soundex='P362')
select(f.soundex(df.name).alias('soundex')).collect()
```

끝으로, 데이터 처리를 마친 다음에는 다음과 같이 stop()을 호출해서 세션을 중지한다.

```
spark.stop()
```

이상으로 스파크와 PySpark를 이용해서 데이터를 처리하는 방법을 살펴보았다.

14.4 요약

이번 장에서는 아파치 스파크의 기초를 배웠다. 스파크의 설치, 설정 방법과 주피터 노트북에서 PySpark를 사용하기 위해 환경을 설정하는 방법을 이야기했으며, 노드를 추가해서 스파크를 수평으로 확장하는 방법도 살펴보았다. 또한, 스파크가 제공하는, pandas의 것과 비슷한 DataFrame을 이용해서 데이터를 다루는 여러 방법을 간단한 예제 코드를 통해서 살펴보았다.

다음 장에서는 스파크와 아파치 MiNiFi를 이용해서 시스템의 최외곽 경계(소위 '엣지')에 있는 사물 인터넷(IoT) 장치의 데이터를 활용하는 방법을 살펴본다.

15

MiNiFi, 카프카, 스파크를 이용한 실시간 엣지 데이터 처리

이번 장에서는 IoT(Internet-of-Things) 장치, 즉 **사물 인터넷** 장치나 초소형 컴퓨터, 감지기(sensor) 등이 생성하는 데이터를 아파치 NiFi 데이터 파이프라인에 보내는 방법을 살펴본다. 연산 능력이 부족한 초소형 컴퓨터나 장치에서 아파치 NiFi를 돌리는 것은 무리이다. 이런 문제를 해결하기 위한 것이 MiNiFi이다. MiNiFi는 NiFi의 경량화 버전으로, 처리기들 중 일부만 사용할 수 있고 GUI를 제공하지 않는다. MiNiFi는 소형 장치에서 무리 없이 실행되고 데이터를 NiFi 데이터 파이프라인에 보내는 것을 주된 용도로 두고 만들어졌다.

이번 장의 주요 주제는 다음과 같다.

- MiNiFi 설치 및 설정
- MiNiFi 데이터 파이프라인 구축 및 연동

15.1 MiNiFi 설치 및 설정

아파치 MiNiFi는 데이터 공급원에서 데이터를 수집하는 것을 주된 목적으로 하는, NiFi의 경량 버전이다. 최근 IoT 장치나 감지기, 그리고 라즈베리 파이Raspberry Pi 같은 저전력·저성능 컴퓨터가 데이터 공급원으로 쓰이는 경우가 점점 늘고 있다. 데이터 파이프라인에서 그런 장치의 데이터를 활용하려면 데이터를 데이터 파이프라인에 입력할 수 있어야 한다. MiNiFi는 그런 데이터를 통상적인 NiFi 데이터 파이프라인으로 스트리밍하는 기능을 제공한다.

MiNiFi 실행 파일은 MiNiFi 웹사이트(*https://nifi.apache.org/minifi/*)에서 내려받을 수 있다. 그림 15.1은 MiNiFi 프로젝트에 관한 정보와 문서를 제공하는 MiNiFi 웹사이트의 모습이다.

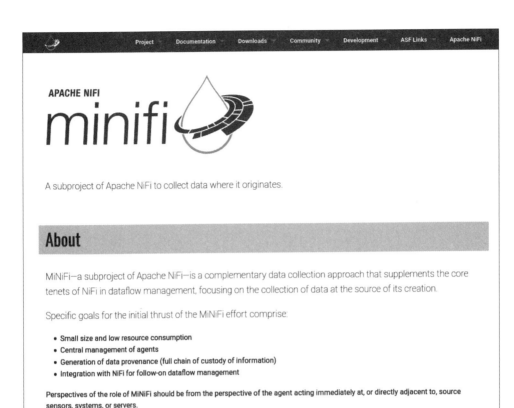

그림 15.1 **아파치 MiNiFi 웹사이트**

상단 메뉴 바에서 **Downloads**를 클릭하고 **Download MiNiFi Components**를 선택하면 다운로드 페이지가 나타난다. 여기서 자바로 구현된 MiNiFi를 내려받을 수도 있고 C++로 구현된 MiNiFi를 내려받을 수도 있다. 어떤 것이 더 적합한지는 MiNiFi를 실행할 장치의 능력에 달려 있다. CPU와 메모리가 넉넉하지 않다면 C++ 버전이 낫다. 자바 버전은 CPU와 메모리를 더 많이 사용하지만, 대신 사용 가능한 처리기가 더 많다. 참고로, *https://nifi.apache.org/docs/nifi-docs/html/getting-started.html#what-processors-are-available*에 NiFi에서 사용할 수 있는 처리기들이 범주별로 소개되어 있다.

MiNiFi에는 전체 NiFi 처리기 중 일부만 포함되어 있지만, 임의의 NiFi 처리기의 NAR 파일을 MiNiFi의 lib에 추가하면 MiNiFi에서도 그 처리기를 사용할 수 있다. 처리기에 따라서는 컨트롤러 서비스의 NAR 파일도 추가해야 할 수 있다.

이 책에서는 자바 버전을 사용하기로 한다. 다운로드 페이지 상단에 가장 최신의 MiNiFi 자바 버전이 있다. 이번 장을 쓰는 현재 최신 버전은 0.5.0이므로, minifi-0.5.0-bin.tar.gz를 내려받기로 한다. 그리고 페이지를 더 스크롤해서 **MiNiFi Toolkit Binaries** 섹션에 있는 도구 모음 압축 파일도 내려받기 바란다. C++ 버전과 자바 버전 모두 동일한 도구 모음을 사용하므로, 버전 번호만 맞으면 된다. 앞에서 MiNiFi 0.5.0 버전을 내려받았으므로, 여기서도 minifi-toolkit-0.5.0-bin.tar.gz를 내려받는다.

MiNiFi 압축 파일과 MiNiFi 도구 모음 압축 파일을 다 내려받았으면, 다음 명령들을 실행해서 압축 파일들을 여러분의 홈 디렉터리에 풀어 넣기 바란다.

```
tar -xvzf minifi-0.5.0-bin.tar.gz
tar -xvzf minifi-toolkit-0.5.0-bin.tar.gz
mv minifi-0.5.0 ~/minifi
mv minifi-toolkit-0.5.0 ~/minifi-toolkit
```

이후 실행 시 참조하기 편하도록, 디렉터리 이름들을 -0.5.0이 없는 minifi와 minifi-toolkit으로 변경했다. 이번 장의 예제들에서는 MiNiFi를 NiFi와 같은 컴퓨터에서 실행한다(이전 장들의 카프카 예제와 스파크 예제에서처럼). 그러나 실제 응용에서는 minifi-0.5.0 디렉터리를 실제 장치의 파일 시스템에 복사해야 할 것이다. MiNiFi 도구 모음은 NiFi가 있는 곳에 두면 된다.

마지막으로, 환경 변수 $MINIFI_HOME을 MiNiFi 디렉터리로 설정하고 그 디렉터리의 bin 디렉터리를 시스템 경로에 추가해야 한다. 다음이 이를 위한 명령들인데, 로그인할 때마다 실행하기가 번거로울테니 .bashrc 파일에 추가하는 것이 낫다.

```
export MINIFI_HOME=/home/paulcrickard/minifi
export PATH=$MINIFI_HOME/bin:$PATH
```

그림 15.2는 이 명령들을 추가한 .bashrc의 예이다. 제14장의 아파치 스파크 관련 환경 변수들도 보인다.

```
if ! shopt -oq posix; then
  if [ -f /usr/share/bash-completion/bash_completion ]; then
    . /usr/share/bash-completion/bash_completion
  elif [ -f /etc/bash_completion ]; then
    . /etc/bash_completion
  fi
fi

export JAVA_HOM=/usr/lib/jvm/java-1.11.0-openjdk.amd64
export SPARK_HOME=/home/paulcrickard/spark3
export PATH=$SPARK_HOME/bin:$PATH

export MINIFI_HOME=/home/paulcrickard/minifi
export PATH=$MINIFI_HOME/bin:$PATH
```

그림 15.2 **스파크와 MiNiFi를 위한 export 문들이 있는 .bashrc 파일**

이제 MiNiFi와 MiNiFi 도구 모음이 준비되었다. 그럼 소형 장치용 데이터 파이프라인을 만들어서 MiNiFi에 배치하고, 주 데이터 파이프라인과 연결해 보자.

15.2 MiNiFi 데이터 파이프라인 구축 및 연동

이번 절에서는 데이터 수집용 데이터 파이프라인을 만들어서 MiNiFi에 배치한다. 이 데이터 파이프라인은 FlowFile을 생성해서 NiFi에 있는 주 데이터 파이프라인에 전송한다.

안타깝게도, MiNiFi를 사용하려면 NiFi의 예전 버전이 필요하다. 최근 NiFi 버전들에서 nifi 템플릿의 출력 속성들이 바뀌었기 때문이다. 이 문제는 MiNiFi 버전 0.6.0에서 해결될 예정이지만, 일단 지금은 NiFi 버전 1.9.0 이하를 사용할 수밖에 없다. NiFi 버전 1.9.0은 *https://archive.apache.org/dist/nifi/1.9.0/*에서 내려받을 수 있다. nifi-1.9.0-bin.tar.gz를 내려받고, 제2장에서 했던 것처럼 tar -xvzf 명령으로 압축을 푼 후 mv나 파일 탐색기를 이용해서 디렉터리 이름을 적절히 변경하기 바란다.

또한, 자바 역시 예전 버전을 사용해야 한다. 다음은 OpenJDK 8 런타임을 설치하는 명령이다.

```
sudo apt-get install openjdk-8-jre
```

마지막으로, NiFi의 사이트 대 사이트 연결(site-to-site connection)을 설정해야 한다. $NIFI_HOME/conf로 가서 텍스트 편집기로 nifi.properties 파일을 열고, 중간 어딘가에 있는 Site to Site properties 섹션을 찾기 바란다. 아마 nifi.remote.input.socket.port 항목(원격 입력 소켓 포트 번호)에 아무것도 설정되어 있지 않을 것이다. 그림 15.3을 참고해서 이 포트 번호를 1026으로 설정하기 바란다.

```
# Site to Site properties
nifi.remote.input.host=
nifi.remote.input.secure=false
nifi.remote.input.socket.port=1026
nifi.remote.input.http.enabled=true
nifi.remote.input.http.transaction.ttl=30 sec
nifi.remote.contents.cache.expiration=30 secs
```

그림 15.3 **사이트 대 사이트 연결을 위해** nifi.remote.input.socket.port**를 1026으로 설정**

이제 MiNiFi에서 데이터를 받는 NiFi 데이터 파이프라인을 만들 준비가 되었다. NiFi GUI로 가서, MiNiFi와의 연결을 위한 입력 포트를 캔버스에 추가한다. 이름은 minifi로 하기 바란다. 이 포트를 통해서 MiNiFi의 데이터가 NiFi 데이터 파이프라인으로 입력된다.

그림 15.4는 이 입력 포트와 연결된 예제 NiFi 데이터 파이프라인의 완성된 모습이다.

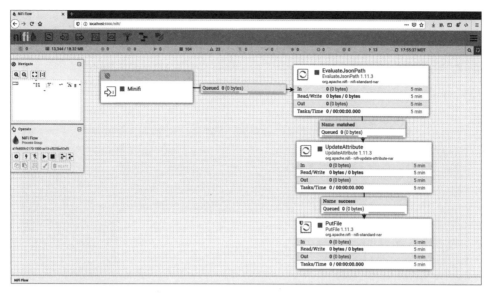

그림 15.4 **MiNiFi 데이터를 NiFi 호스트의 파일에 기록하는 예제 데이터 파이프라인**

다음은 NiFi 호스트에서 실행되는 주 데이터 파이프라인을 구축하는 과정이다.

1 캔버스에 `EvaluateJsonPath` 처리기를 추가하고, 속성 탭에서 **Destination** 속성을 `flowfile-attribute`로 변경한다. 더하기 아이콘으로 `fname`이라는 이름의 새 속성을 추가하고, 값을 `$.fname`으로 설정한다. 이 속성은 MiNiFi가 보낸 JSON 데이터를 저장할 파일 이름으로 쓰인다.

2 캔버스에 `UpdateAttribute` 처리기를 추가하고, 이름이 `filename`이고 값이 `${fname}`인 새 속성을 추가한다.

3 캔버스에 `PutFile` 처리기를 추가하고, **Directory** 속성을 NiFi 호스트의 적당한 출력 디렉터리로 설정한다. 나는 `/home/paulcrickard/output`으로 했다. 다른 속성들은 기본값 그대로 두면 된다.

처리기 연결 등을 마무리해서 데이터 파이프라인을 완성한 후 데이터 파이프라인을 실행하기 바란다. 이제 MiNiFi의 데이터를 받아서 처리하는 NiFi 데이터 파이프라인이 만들어졌다. 다음으로 할 일은 MiNiFi 쪽에서 실행될 데이터 파이프라인을 만드는 것이다. MiNiFi 데이터 파이프라인은 MiNiFi가 설치된 장치에서 직접 만드는 것이 아니라 NiFi에서 만들어서 그 장치에 배치한다.

먼저, NiFi 캔버스에 새 프로세스 그룹을 만들고 `minifitask`라는 이름을 붙인다. 프로세스 그룹 안으로 들어가서, 캔버스에 `GenerateFlowfile` 처리기를 추가한다. **SCHEDULING** 탭에서 **Run Schedule**을 `30 sec`로 설정하고, 속성 탭에서 **Custom Text** 속성을 `{"fname":"minifi.txt","body":"Some text"}`로 설정한다.

다음으로, 캔버스에 원격 프로세스 그룹을 하나 추가한다. 도구 모음에서 풍선 도움말이 **Remote Process Group**인 아이콘을 끌어다 놓으면 된다. 새 원격 프로세스 그룹의 **URLs** 속성을 *http://localhost:9300*(MiNiFi에서 연결할 NiFi의 URL)로 설정한다. 그리고 **Transport Protocol** 속성은 HTTP로 변경한다. 나머지 속성들은 기본값 또는 빈칸으로 남겨 둔다(그림 15.5 참고).

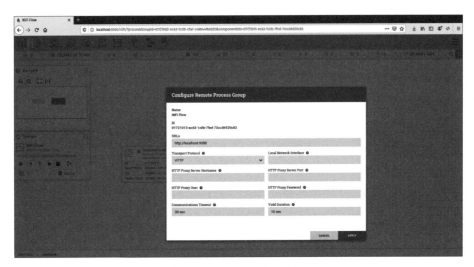

그림 15.5 **원격 프로세스 그룹 설정**

이제 GenerateFlowFile 처리기를 원격 프로세스 그룹에 연결한다. 그러면 **Create Connection** 대화상자가 나타나는데, **DETAILS** 탭의 **To Input**에서 앞에서 만든 입력 포트가 이미 선택되어 있을 것이다. 아니라면 선택 목록을 열어서 minifi를 선택하기 바란다. 대화상자를 닫으면 GenerateFlowFile 처리기와 원격 프로세스 그룹 사이에 대기열이 만들어져 있을 것이다. 원격 프로세스 그룹을 오른쪽 클릭한 후 **Enable Transmission**을 선택하자. 그림 15.6처럼 원격 프로세스 그룹 제목줄 왼쪽에 파란 동심원 아이콘이 표시된다면 연결이 성공한 것이다.

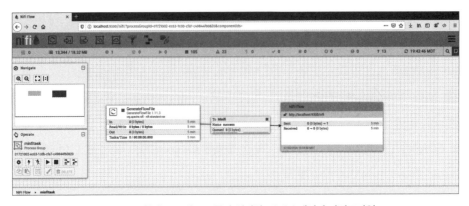

그림 15.6 **원격 프로세스 그룹과 연결된 MiNiFi 데이터 파이프라인**

이것으로 MiNiFi용 데이터 파이프라인이 완성되었다. 그런데 이 데이터 파이프라인(minifitask 프로세스 그룹)을 실제로 MiNiFi에서 실행하려면 해당 MiNiFi 환경에 맞게 변환해야 한다. 변환을 위해서는 이 데이터 파이프라인을 템플릿으로 만들어서 파일에 저장해야 한다. 먼저 minifitask 프로세스 그룹에서 나가서, 프로세스 그룹을 오른쪽 클릭한 후 **Create template**를 선택하고 이름을 minifitask로 지정해서 템플릿을 만들기 바란다. 그런 다음 NiFi GUI의 햄버거 메뉴에서 **Templates**를 선택하면 모든 템플릿이 나열된다. minifitask 행의 오른쪽 끝에 있는 **Download** 아이콘을 클릭해서 이 템플릿을 정의하는 XML 파일을 내려받기 바란다. 나는 /home/paulcrickard/Downloads 폴더에 minifitask.xml이라는 이름으로 저장했다.

이 템플릿 파일을 MiNiFi 도구 모음의 config.sh 스크립트를 이용해서 변환해야 한다. 먼저 홈 디렉터리에 minifi-templates라는 폴더를 만들고, MiNiFi 도구 모음 디렉터리(~/minifi-toolkit)로 가서 다음 명령을 실행한다.

```
./bin/config.sh transform /home/paulcrickard/Downloads/minifitask.xml \
/home/paulcrickard/minifi-templates/config.yml
```

그림 15.7과 같은 메시지가 출력되었다면 아무 문제없이 잘 변환된 것이다.

그림 15.7 **MiNiFi 도구 모음을 이용해서 XML 템플릿을 YAML 설정 파일로 변환**

minifi-templates에 config.yml이라는 파일이 생겼을 것이다. 이 파일을 $MINIFI_HOME/conf에 복사하기 바란다. MiNiFi 압축 파일에 있던 원래의 config.yml은 필요하지 않으니 그대로 덮어쓰면 된다.

이제 새 config.yml을 적용해서 MiNiFi를 실행하자. $MINIFI_HOME/bin으로 가서 다음 명령을 실행하기 바란다.

```
./minifi.sh start
```

그러면 MiNiFi 데이터 파이프라인이 실행된다. $MINIFI_HOME/logs/minifi-app.log를 보면 실행 상황을 확인할 수 있다. 그리고 NiFi GUI의 데이터 파이프라인에서도 MiNiFi 데이터 파이프라인과 연결된 입력 포트를 통해서 데이터가 입력됨을 확인할 수 있을 것이다. 그림 15.8은 minifi 입력 포트를 통해 FlowFile 두 개가 들어온 상황을 보여준다.

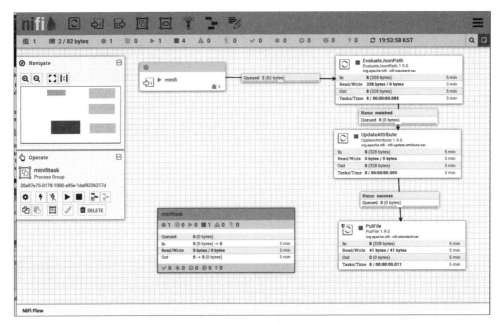

그림 15.8 **MiNiFi 데이터 파이프라인의 데이터가 NiFi 데이터 파이프라인의 입력 포트로 전달된 모습**

그림 15.8의 왼쪽 하단을 보면 MiNiFi 데이터 파이프라인의 템플릿을 만드는 데 사용한 minifitask 프로세스 그룹이 정지되어 있다. 즉, minifi 입력 포트로 들어온 데이터는 NiFi 호스트에 있는 minifitask 프로세스 그룹이 생성한 것이 아니라 실제로 MiNiFi에서 실행 중인 데이터 파이프라인에서 보낸 것이다.

MiNiFi 데이터 파이프라인은 데이터를 보내기만 하므로 CPU나 메모리가 많이 필요하지 않다. NiFi 쪽은 CPU와 메모리가 넉넉하므로, MiNiFi가 스트리밍한 데이터를 다양한 처리기들을 이용해서 처리할 수 있다. 예를 들어 제13장 **카프카를 이용한 데이터 스트리밍**에서처럼 데이터를 카프카 토픽에 보낼 수도 있을 것이다. 그러면 카프카를 지원하는 다양한 도구들을 활용할 수 있게 된다. 이처럼 MiNiFi는 소형 기기가 산출하는 데이터를 활용할 무궁무진한 기회를 만들어 준다.

15.3 요약

이번 장에서는 MiNiFi를 이용해서 데이터를 NiFi 인스턴스에 스트리밍하는 방법을 설명했다. MiNiFi를 설치, 설정하는 방법과 함께 원격 프로세스 그룹을 이용해서 원격 NiFi 인스턴스에 있는 입력 포트와 연결하는 방법을 이야기했다. MiNiFi를 이용하면 온도 측정기 같은 감지기나 라즈베리 파이 같은 초소형 컴퓨터를 스트림 데이터 공급원으로 만들 수 있다. 또한, 보통의 서버라고 해도 NiFi 대신 MiNiFi를 설치해서 데이터를 전송하게 하면 이미 다른 일로 바쁜 서버의 부담을 줄일 수 있다.

이것으로 이 책의 본문이 끝났다. **부록 A**에서는 다수의 컴퓨터로 NiFi 클러스터를 형성해서 데이터 파이프라인을 분산 실행하는 방법을 설명한다. NiFi 클러스터를 이용하면 대량의 데이터를 여러 서버들이 나누어 처리하게 할 수 있으며, 특정 작업을 특정 서버 하나에 전담시킬 수도 있다. NiFi와 카프카, 스파크를 클러스터로 묶으면 한 대의 컴퓨터에서 할 수 있는 것보다 훨씬 많은 데이터를 처리할 수 있게 된다.

A

NiFi 클러스터 구축

A.1 소개

이 책의 본문에서 여러분은 카프카 클러스터와 주키퍼 클러스터, 스파크 클러스터를 구축해 보았다. 데이터 파이프라인의 처리 능력을 높이려 할 때, 기존 서버 하나를 더 강력한 서버로 교체하는 대신 서버를 추가해서 클러스터를 구성하는 방법도 즐겨 쓰인다. 이번 장에서는 데이터 파이프라인이 다수의 서버에서 실행되도록 NiFi를 클러스터화하는 방법을 살펴본다.

이 부록의 주요 주제는 다음과 같다.

- NiFi 클러스터화의 기초
- NiFi 클러스터 구축
- 분산 데이터 파이프라인 구축
- 분산 데이터 파이프라인 관리

A.2 NiFi 클러스터화의 기초

아파치 NiFi의 클러스터화(clustering)는 **마스터 없는 클러스터화**(zero-master clustering, ZMC) 접근 방식을 따른다. 이름에서 짐작하겠지만, 이런 방식의 클러스터에는 미리 정해진 마스터master가 없다. 클러스터의 모든 노드가 동일한 작업을 수행할 수 있으며, 데이터는 노드들에 분할된다.

NiFi에는 클러스터화를 위한 아파치 주키퍼ZooKeeper가 내장되어 있다.역주1 주키퍼는 마스터 노드를 두는 대신, 노드 중 하나를 뽑아서 **클러스터 조정자**(cluster coordinator) 역할을 맡긴다. 클러스터 조정자는 새 노드의 클러스터 참여 여부를 결정하며(참여가 허락된 노드는 조정자에 연결된다), 새 노드에 갱신된 데이터 흐름을 제공한다.

그렇다면 클러스터 조정자가 마스터와 다를 바 없다는 생각이 들 수도 있지만, 그렇지는 않다. 마스터가 있는 클러스터와는 달리, 마스터가 없는 클러스터에서는 클러스터의 그 어떤 노드도 데이터 파이프라인을 변경할 수 있다. 변경된 파이프라인은 다른 모든 노드에 복제된다. 즉, 조정자가 아닌 노드들(그리고 주 노드가 아닌 노드들)도 조정자와 마찬가지로 데이터 파이프라인을 수정할 수 있다.

주키퍼는 **주 노드**(primary node)도 선출한다. 주 노드에서는 격리된 프로세스들을 실행할 수 있다. 격리된 프로세스(isolated process)는 오직 주 노드에서만 실행되는 NiFi 처리기이다. 노드 세 개로 이루어진 클러스터에서, 세 노드가 모두 한 디렉터리의 파일 하나 또는 데이터베이스의 테이블 하나에 접근하는 상황을 생각해 보면 이런 격리가 왜 필요한지 이해할 수 있을 것이다. 그런 경우 교착(deadlock) 또는 경쟁 조건(race condition)이 발생할 수 있다. 단일한 파일 또는 테이블에 접근하는 처리기를 주 노드 하나에서만 실행하면 경쟁 조건이 발생하지 않는다. 이 부록에는 주 노드에서 ExecuteSQL 처리기로 데이터를 가져오고, 그 데이터를 다른 노드들로 분산해서 처리하는 예제가 나온다.

NiFi를 클러스터화하면 한 대의 서버에서보다 훨씬 많은 데이터를 처리하는 데이터 파이프라인을 구축할 수 있다. 또한, NiFi 클러스터는 한 곳에서 다수의 데이터 파이프라인을 구축하고 감시하는 기능도 제공한다. 여러 개의 단일 노드 NiFi 인스턴스들을 클러스터화하지 않고 각자 개별적으로 실행한다면 그 인스턴스들을 모두 따로 관리해야 한다. 데이터 파이프라인 하나를 수정했다면, 그 데이터 파이프라인을 다른 모든 NiFi 인스턴스에 복제해야 한다. 버전 관리 도구를 사용한다고 해도 상당히 번거로운 일일 것이다. 또한, 여러 인스턴스에 서로 다른 데이터 파이프라인을 실행하는 경우 어떤 인스턴스에서 어떤 데이터 파이프라인을 실행하는지를 일일이 기억해야 하고, 특정 데이터 파이프라인을 수정하려면 해당 인스턴스에 접근해야 한다. 그러나 NiFi 인스턴스들을 하나의 클러스터로 묶으면 어떤 노드에서도 클러스터 전체를 관리할 수 있으므로 관리가 훨씬 쉽고 효율적이 된다.

역주1   내장 주키퍼 대신 외부에서 독립적으로 실행되는 주키퍼 서버를 이용해서 NiFi 클러스터를 형성할 수도 있다. 설치와 설정이 조금 더 복잡하긴 하지만, 내부 주키퍼를 사용할 때보다 클러스터가 안정적으로 실행된다는 평이 있으니 이 부록으로 클러스터화의 기본을 익힌 후 외부 주키퍼 연동도 시도해 보길 권한다.

A.3 NiFi 클러스터 구축

이번 절에서는 두 대의 컴퓨터에서 실행되는 2노드 클러스터를 구축해 본다. 불필요한 혼란과 번거로운 설정 작업을 피하기 위해 NiFi에 내장된 주키퍼를 사용하기로 한다. 다음은 2노드 NiFi 클러스터를 구축하는 과정이다.

1 한 컴퓨터(nifi-node-1이라고 하자)에 루트로 로그인하거나 sudo를 이용해서 /etc/hosts 파일을 텍스트 편집기로 열고, 클러스터를 구성하는 두 컴퓨터에 적절한 호스트 이름을 부여한다. IP 주소를 직접 사용하는 것보다는 호스트 이름을 사용하는 것이 클러스터의 구축과 관리에 더 유리하다. 다음은 내 경우인데, 마지막 두 줄이 새로 추가한 호스트 설정이다. nifi-node-1과 nifi-node-2의 IP가 서로 다르다.

```
127.0.0.1     localhost
::1           localhost
127.0.1.1     pop-os.localdomain     pop-os
10.0.0.63     nifi-node-2
10.0.0.148    nifi-node-1
```

2 호스트 이름이 잘 설정되었는지 확인하기 위해, ping 명령을 이용해서 다른 노드에 핑을 보내 보자. 다음은 nifi-node-1에서 nifi-node-2로 핑을 보내는 예이다.

```
paulcrickard@pop-os:~$ ping nifi-node-2
PING nifi-node-2 (10.0.0.63) 56(84) bytes of data.
64 bytes from nifi-node-2 (10.0.0.63): icmp_seq=1 ttl=64 time=55.1 ms
64 bytes from nifi-node-2 (10.0.0.63): icmp_seq=2 ttl=64 time=77.1 ms
64 bytes from nifi-node-2 (10.0.0.63): icmp_seq=3 ttl=64 time=101 ms
64 bytes from nifi-node-2 (10.0.0.63): icmp_seq=4 ttl=64 time=32.8 ms
```

3 다른 컴퓨터(nifi-node-2)에서도 단계 1과 2를 수행해서 호스트 이름을 등록하고 핑으로 확인하기 바란다.

4 다음으로, 두 노드 모두에 아파치 NiFi를 설치한다. §2.1에서처럼 *https://nifi.apache.org/download.html*에서 nifi-<버전 번호>-bin.tar.gz 파일(이진 실행 파일들이 있는 압축 파일)을 내려받고 파일 탐색기 또는 다음 명령(버전 번호는 적절히 변경할 것)으로 압축을 해제하면 된다.

```
tar -xvzf nifi-1.2.1-bin.tar.gz
```

이제 클러스터화를 위해 몇 가지 항목을 설정해야 한다. 특별한 언급이 없는 한, 두 노드 모두에서 다음 단계들을 수행해야 한다.

5 $NIFI_HOME/conf 디렉터리에 있는 주키퍼 설정 파일 zookeeper.properties를 텍스트 편집기로

열고, 제일 아래에 다음 두 줄을 추가한다. 이 두 줄은 클러스터를 구성하는 서버(노드)들을 주키퍼에 알려주는 역할을 한다. ; 다음의 2181은 NiFi가 주키퍼 서버에 접근할 때 사용하는 클라이언트 포트 번호이다.

```
server.1=nifi-node-1:2888:3888;2181
server.2=nifi-node-2:2888:3888;2181
```

6 주키퍼 설정 파일 윗부분을 보면 dataDir 항목이 있다. 이 항목에 설정된 디렉터리를 기억해 두기 바란다.

```
initLimit=10
autopurge.purgeInterval=24
syncLimit=5
tickTime=2000
dataDir=./state/zookeeper
autopurge.snapRetainCount=30
```

7 각 노드에서, 그 노드의 고유한 ID를 담은 myid라는 파일을 dataDir 항목에 설정된 디렉터리에 추가해야 한다. 다음은 1번 노드(nifi-node-1)에서 이 파일을 추가하는 명령들이다(NiFi 디렉터리에서 실행해야 한다).

```
mkdir state
mkdir state/zookeeper
echo 1 >> state/zookeeper/myid
```

8 2번 서버(nifi-node-2)에서는 echo 명령을 다음과 같이 바꾸어서 위의 명령들을 수행한다.

```
echo 2 >> state/zookeeper/myid
```

이제 주키퍼의 설정이 끝났다. 다음 단계부터는 nifi.properties 파일을 수정한다.

9 텍스트 편집기로 nifi.properties를 열고, 아래를 참고해서 nifi.state.management.embedded.zookeeper.start를 true로 변경하기 바란다.

```
####################
# State Management #
####################
nifi.state.management.configuration.file=./conf/state-management.xml
# The ID of the local state provider
nifi.state.management.provider.local=local-provider
# The ID of the cluster-wide state provider. This will be ignored if ...
nifi.state.management.provider.cluster=zk-provider
```

```
# Specifies whether or not this instance of NiFi should run an embedded ...
nifi.state.management.embedded.zookeeper.start=true
# Properties file that provides the ZooKeeper properties to use if ...
nifi.state.management.embedded.zookeeper.properties=./conf/zookeeper.properties
```

이렇게 변경하면 NiFi는 실행 시 내장된 주키퍼를 시동한다.

10 다음으로, nifi.zookeeper.connect.string 항목에 연결 문자열을 지정해야 한다. 연결 문자열
은 <호스트 이름>:<포트> 형태의 주키퍼 서버 주소들을 쉼표로 연결한 형태로, NiFi에서 주키퍼 서
버들에 연결할 때 쓰인다. 아래를 참고해서 이 항목의 값을 적절히 설정하기 바란다. 호스트 이름
으로는 단계 1에서 /etc/hosts에 설정한 것을 사용하면 되고, 포트 번호로는 단계 5에서 언급한
클라이언트 포트 번호 2181을 사용하면 된다.

```
# zookeeper properties, used for cluster management #
nifi.zookeeper.connect.string=nifi-node-1:2181,nifi-node-2:2181
nifi.zookeeper.connect.timeout=3 secs
nifi.zookeeper.session.timeout=3 secs
nifi.zookeeper.root.node=/nifi
```

11 다음으로, NiFi 클러스터 관련 항목들을 설정한다. nifi.cluster.is.node를 true로 설정하
고, nifi.cluster.node.address에 현재 노드의 호스트 이름을 설정한다. nifi.cluster.node.
protocol.port에는 아무 포트 번호나 지정하면 된다. 단, 여러 표준 서비스들이 사용하는 1024
이하의 번호들은 관리자 권한이 필요하므로 피해야 한다. 마지막으로, 흐름 선출(flow election) 과
정이 소비할 최대 시간을 뜻하는 nifi.cluster.flow.election.max.wait.time 항목을 추가하고
5분 미만의 시간을 지정하기 바란다. 나는 1 mins(1분)으로 설정했다. 필요하다면 nifi.cluster.
flow.election.max.candidates 항목(최대 후보 수)도 설정할 수 있지만, 나는 그냥 비워 두었다.
다음은 nifi-node-1의 예이다.

```
# cluster node properties (only configure for cluster nodes) #
nifi.cluster.is.node=true
nifi.cluster.node.address=nifi-node-1
nifi.cluster.node.protocol.port=8881
nifi.cluster.node.protocol.threads=10
nifi.cluster.node.protocol.max.threads=50
nifi.cluster.node.event.history.size=25
nifi.cluster.node.connection.timeout=5 sec
nifi.cluster.node.read.timeout=5 sec
nifi.cluster.node.max.concurrent.requests=100
nifi.cluster.firewall.file=
nifi.cluster.flow.election.max.wait.time=1 mins
nifi.cluster.flow.election.max.candidates=
```

12 다음으로, NiFi 웹 UI 관련 항목들을 설정한다. nifi.web.http.host를 각 노드의 호스트 이름 (nifi-node-1 또는 nifi-mode-2)으로 설정한다. nifi.web.http.port의 기본값은 8080인데, 다른 서비스가 이미 사용하고 있다면 다른 번호로 바꾸어야 한다. 나는 8888로 바꾸었다. 다음은 nifi-node-1의 예이다.

```
# web properties #
nifi.web.war.directory=./lib
nifi.web.http.host=nifi-node-1
nifi.web.http.port=8888
```

13 마지막으로, NiFi가 다른 서버들과 통신하는 데 사용하는 사이트 대 사이트 통신에 관한 항목들을 설정한다. nifi.remote.input.host를 현재 노드의 호스트 이름으로 변경하고, nifi.remote.input.socket.port를 임의의(1024보다 큰) 번호로 설정하면 된다. 다음은 nifi-node-1의 예이다.

```
# Site to Site properties
nifi.remote.input.host=nifi-node-1
nifi.remote.input.secure=false
nifi.remote.input.socket.port=8882
nifi.remote.input.http.enabled=true
nifi.remote.input.http.transaction.ttl=30 sec
nifi.remote.contents.cache.expiration=30 secs
```

이제 NiFi의 설정도 끝났다. 두 노드의 nifi.properties 파일은 호스트 이름(nifi-node-1 또는 nifi-node-2)만 빼고는 동일해야 한다.

이제 두 노드를 시동해 보자. 각 서버에서, NiFi의 bin 디렉터리로 가서 다음 명령을 실행하기 바란다.

```
./nifi.sh start
```

어떤 노드에서든, 브라우저로 *http://nifi-node-1:8888/nifi*나 *http://nifi-node-2:8888/nifi*를 열면 해당 NiFi 인스턴스의 GUI가 나타날 것이다. 그림 A.1은 nifi-node-2에서 실행 중인 NiFi의 GUI이다.

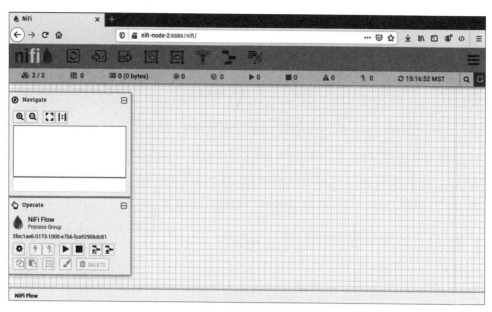

그림 A.1 **클러스터로 실행 중인 NiFi**

언뜻 보면 단일 NiFi 인스턴스와 다를 바가 없지만, 상단 상태 표시줄의 제일 왼쪽을 보면 **2/2**라는 문구가 있다. 이것은 이 NiFi가 2노드 클러스터의 두 번째 노드에서 실행 중이라는 뜻이다. 또한, 상태 표시줄 제일 오른쪽의 빨간색 게시 아이콘도 주목하자. 그림 A.2는 게시 아이콘에 마우스를 올려 놓은 모습인데, 이 노드가 클러스터의 다른 노드와 연결되었다는 점과 이 노드가 주 노드로 선출되었다는 점을 알 수 있다.

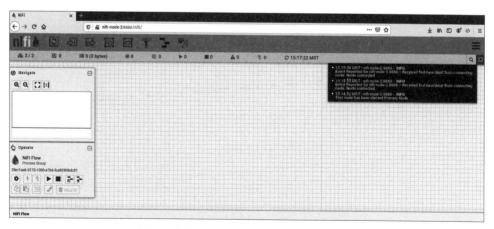

그림 A.2 **클러스터의 이벤트들을 보여주는 게시 메시지**

마지막으로, 햄버거 메뉴에서 **Cluster**를 선택하면 그림 A.3처럼 클러스터에 관한 창이 나타난다.

그림 A.3 **클러스터 세부사항**

이 창을 보면 클러스터 각 노드의 연결 상태(CONNECTED)와 함께 어떤 노드가 주 노드 또는 조정자 노드인지 알 수 있다. 또한, 여기서 대기열의 세부사항을 확인하거나, 노드의 연결을 끊거나, 다시 연결할 수도 있다. 클러스터가 잘 작동함을 확인했으니, 이제 분산 데이터 파이프라인을 만들어 보자.

A.4 분산 데이터 파이프라인 구축

분산 데이터 파이프라인(distributed data pipeline), 즉 클러스터의 여러 노드에서 실행되는 데이터 파이프라인을 구축하는 방법은 그냥 단일 서버에서 실행되는 데이터 파이프라인을 구축하는 방법과 거의 같다. 작업 부하의 분산과 데이터 분할 및 취합에 관한 세부사항은 NiFi가 알아서 처리한다. 다음은 완성된 예제 분산 데이터 파이프라인의 모습이다.

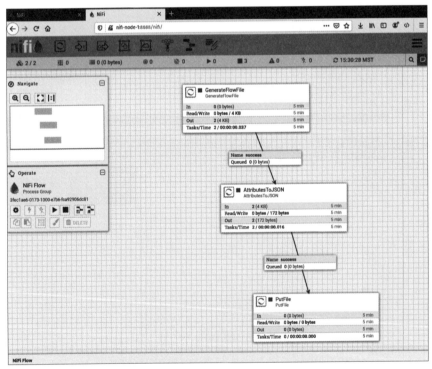

그림 A.4 **데이터를 생성하고, 특성들을 추출해서 JSON 객체의 필드들에 배정하고, JSON 객체를 디스크에 기록하는 기본적인 데이터 파이프라인**

이 데이터 파이프라인은 GenerateFlowFile 처리기로 고유한 FlowFile들을 생성하고, AttributesToJSON 처리기로 FlowFile의 특성들을 추출해서 FlowFile의 내용을 설정하고, PutFile을 이용해서 FlowFile을 적절한 출력 디렉터리(이를테면 /home/paulcrickard/output)에 기록한다. 이 책을 여기까지 읽었다면 이 정도 설명으로도 이 데이터 파이프라인을 충분히 구축할 수 있을 것이다.[역주2]

기본적으로 PutFile 처리기는 설정된 출력 디렉터리를 현재 노드의 파일 시스템에서 찾는다. 클러스터로 실행할 데이터 파이프라인은 어떤 노드에서 실행되든 잘 작동해야 하므로, PutFile 처리기가 파일을 기록하려면 모든 노드에 출력 디렉터리를 만들어 주어야 한다. 이런 준비 작업을 간소화하는 방법을 §A.5에서 이야기할 것이다.

주목할 점이 하나 더 있다. 이 데이터 파이프라인을 구축하는 데 사용한 NiFi가 실행 중인 노드가 아닌 다른 노드에서 브라우저로 NiFi GUI를 열면, 방금 구축한 데이터 파이프라인이 보일 것이다. 심지어는 처리기들의 위치와 크기도 동일하다. 한 노드에서 데이터 파이프라인을 변경하면 다른 모든 노드에도 반영된다. 따라서, 어떤 노드에서 작업해도 된다.

이제 데이터 파이프라인을 실행하고 두 노드의 출력 디렉터리들을 살펴보기 바란다. 그림 A.5처럼 고유한 이름의 파일들이 추가되어 있다면, 데이터 파이프라인이 두 노드에 분산되어서 실행되고 있는 것이다.

그림 A.5 **한 노드에 데이터 파이프라인이 기록한 FlowFile들**

여러분도 이와 같은 결과를 얻었다면, 간단하지만 잘 작동하는 분산 데이터 파이프라인을 성공적으로 구축한 것을 축하한다. 그럼 NiFi 클러스터의 기능들을 좀 더 살펴보자.

역주2 NiFi 1.0.0에 포함된 버전의 GenerateFlowFile 처리기는 이전 예제들에서 사용한 것과 조금 다르지만, **File Size** 속성을 0보다 큰 값(1B 등)으로 지정해야 한다는 점만 주의하면 별 어려움 없이 설정할 수 있을 것이다. AttributesToJSON 처리기는 §3.3.2 예제의 단계 5를 그대로 적용하면 된다.

A.5 분산 데이터 파이프라인 관리

앞의 예제 데이터 파이프라인은 두 노드에서 모두 실행된다. 그래서 `PutFile` 처리기가 파일들을 기록할 디렉터리를 두 노드 모두에 마련해야 했다. §A.2에서, 여러 처리기가 같은 자원(파일이든, 데이터베이스 테이블이든)에 접근하는 경우 경쟁 조건이 발생해서 문제가 생길 수 있다고 말했다. 그리고 경쟁 조건을 방지하는 방법은 처리기 하나를 주 노드에서 격리해서 실행하는 것이라는 점도 이야기했다.

그럼 이 방법을 예제 데이터 파이프라인의 `PutFile` 처리기에 적용해 보자. `PutFile`의 설정 대화 상자를 열고, 그림 A.6에서처럼 **SCHEDULING** 탭의 **Scheduling Strategy** 항목에서 **On primary node**를 선택하면 끝이다.

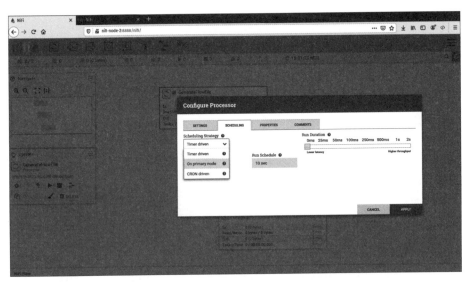

그림 A.6 처리기를 주 노드에서만 실행하도록 설정

이제 데이터 파이프라인을 실행하면 주 노드에서만 파일들이 저장된다. `GetFile`이나 `ExecuteSQL` 같은 처리기들에도 이 방법을 적용할 수 있다.

다시 클러스터 관리창(햄버거 메뉴의 **Cluster**)으로 돌아가서, 클러스터 테이블의 **Queue / Size** 열을 보면 각 노드의 데이터 파이프라인 대기열에 몇 개의 FlowFile이 있고 FlowFile들이 차지하는 용량은 얼마인지 확인할 수 있다. 그림 A.7은 두 노드 모두 FlowFile이 네 개인 상황이다.

	Node Address ▲	Active Thread Count	Queue / Size	Status	Uptime	Last Heartbeat	
ⓘ	nifi-node-1:8888	0	4 / 2.25 KB	CONNECTED	07/11/2020 16:11:47 MDT	07/11/2020 16:38:55 MDT	⏻
ⓘ	nifi-node-2:8888	0	4 / 2.25 KB	CONNECTED, PRIMARY, COORDINATOR	07/11/2020 16:14:48 MDT	07/11/2020 16:38:54 MDT	⏻

NiFi Cluster
Displaying 2 of 2
Filter [by address]

🔄 Last updated: 16:38:55 MDT

그림 A.7 각 노드의 대기열 현황. 두 노드 모두 FlowFile이 네 개 있다.

그림 A.7의 예는 데이터 파이프라인이 FlowFile들을 두 노드에 균등하게 분산했음을 말해 준다. **마스터 없는 클러스터화** 접근 방식에서는 데이터가 복사 또는 복제되지 않는다. 데이터는 그것을 처리하는 노드에만 존재한다. 따라서 클러스터의 한 노드가 고장나면 그 노드가 처리하던 데이터를 다른 노드들에 재분산해야 한다. 그런데 이러한 재분산은 고장난 노드가 여전히 네트워크에 연결되어 있을 때만 가능하다. 그렇지 않은 경우에는, 나중에 연결이 복구되고 노드가 클러스터에 다시 합류한 후에야 재분산이 일어난다.

클러스터 관리창에서 특정 노드 행의 오른쪽에 있는 전원 스위치 아이콘을 클릭하면 그 노드의 연결을 명시적으로 끊을 수 있다. 그림 A.8은 nifi-node-1의 연결을 끊은 모습이다.

그림 A.8 **클러스터와 nifi-node-1의 연결이 끊어졌다.**

그림 A.8을 보면 nifi-node-1 행의 **Status** 열이 **DISCONNECTED**이다. 클러스터와 연결이 끊어지긴 했지만 여전히 네트워크에 물려 있으므로, NiFi는 FlowFile들을 재분산한다.

오른쪽 끝의 전원 플러그 아이콘을 클릭하면 노드가 다시 연결된다. 그림 A.9는 nifi-node-1을 다시 연결한 후의 모습이다.

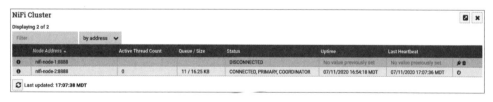

그림 A.9 **다시 연결된 nifi-node-1에 FlowFile들이 추가되었다.**

그림 A.9를 보면 두 노드의 FlowFile 개수가 다르다. 시간이 좀 지나면 그림 A.10처럼 FlowFile들이 균등하게 분산된다.

그림 A.10 **FlowFile들이 다시 균등하게 분산되었다.**

두 노드 모두 대기열에 13개의 FlowFile이 있는 상태가 되었음을 확인할 수 있다.

A.6 요약

이 부록에서는 NiFi 클러스터화의 기본적인 개념들을 소개했다. 또한, NiFi에 내장된 주키퍼를 이용해서 클러스터를 구축하고 분산 데이터 파이프라인을 실행해 보았다. 데이터 분산과 관련된 대부분의 작업을 NiFi가 처리해 주므로, 데이터 공학자는 경쟁 조건을 방지하는 것과 데이터 파이프라인이 어떤 노드에서도 잘 돌아가도록 처리기들을 설정하는 것만 신경 쓰면 된다. NiFi 클러스터를 이용하면 다수의 컴퓨터에서 실행 중인 NiFi 인스턴스들을 한 대의 컴퓨터에서 손쉽게 관리할 수 있다. 더 나아가서, NiFi 클러스터를 이용하면 대량의 데이터를 처리할 수 있을 뿐만 아니라 특정 NiFi 인스턴스가 장애를 일으켰을 때도 데이터 처리가 중단되지 않는다.

찾아보기